Berlitz

W0237712

Allemand

guide de conversation

Berlitz Publishing/APA Publications GmbH & Co. Verlag KG,
Singapore Branch, Singapore

ISBN 981-246-136-1

Imprimé à Singapour par Insight Print Services (Pte) Ltd., mai 2004.

Table des matières

Voyage 65

Visites Touristiques 97

Loisirs 108

Magasins et Services 129

Urgences/Santé! 161

Lexique Français–Allemand 169
Lexique Allemand–Français 202

Général 216

Prononciation

Cette section est destinée à vous familiariser avec les sonorités de l'allemand, tout en utilisant notre transcription phonétique simplifiée. Vous trouverez ci-dessous des explications sur la prononciation des lettres et des sons allemands, ainsi que des équivalents «imités». Ce système est employé dans tout le guide de conversation: il vous suffira de lire la prononciation comme si c'était du français, en prenant note des règles particulières énoncées ci-dessous.

La langue allemande

L'allemand est la langue nationale de l'Allemagne et de l'Autriche et constitue l'une des quatre langues officielles de la Suisse. Il est également parlé dans d'autres pays par plusieurs groupes germanophones. Voici les pays dans lesquels vous pouvez entendre parler allemand (les chiffres sont approximatifs):

Allemagne **Deutschland**

L'allemand correctement parlé, c'est-à-dire sans accent prononcé, est appelé **Hochdeutsch**. Les locuteurs natifs ont fréquemment un accent ou parlent des dialectes, qui varient d'une région à l'autre.

Autriche **Österreich**

L'allemand est la langue nationale de plus de 7,8 millions de personnes.

Suisse **Schweiz**

L'allemand est parlé par 70% de la population, essentiellement dans les régions du nord et de l'est. Autres langues: **le français** (20% de la population) dans la région ouest; **l'italien** dans le sud; et beaucoup plus rarement **le romanche**.

L'allemand est également l'une des langues parlées dans l'est de la France (**Alsace-Lorraine**), le nord de l'Italie (**Alto Adige**), l'est de la Belgique, le Luxembourg et le Liechtenstein. On compte également environ 1,5 million de germanophones aux Etats-Unis, 500 000 au Canada, ainsi que des groupes assez importants en Amérique du Sud, en Namibie et au Kazakhstan.

L'alphabet allemand est identique à celui du français, auquel il faut ajouter la lettre **ß**. Il se caractérise aussi par l'**Umlaut** (tréma) sur les voyelles **ä, ü, ö** (voir ci-dessous pour la prononciation).

On notera également le son **ch** qui se prononce au fond de la gorge après **a, o, u** mais se prononce à mi-chemin entre le **ch** et le **y** après le **e** et le **i**; afin de simplifier la transcription, nous n'avons utilisé qu'un seul symbole [çh] pour les 2 sons.

L'allemand se caractérise aussi par l'emploi de lettres majuscules au début des noms, ainsi que par les mots composés (**Schokoladeneis** – glace au chocolat) ou (s'ils sont très longs) par des mots séparés par un tiret.

Consonnes

Lettre	prononciation approximative	Symbole	Exemple	
b, d, f, g, m, k, l, n, p, r, t, x	se prononcent pratiquement comme en français; à la fin d'un mot, les consonnes **b, d, g,** se prononcent respectivement **p, t, k**			
c	se prononce comme le **ts** de **tsé-tsé** devant **e, i, ö** et **ä**	*ts*	**Celsius**	*tsèlsiouss*
	dans les autres cas, se prononce comme le **c** de **c**arotte			
ch	après **a, o, u** se prononce de manière gutturale, au fond de la bouche comme le **r** de c**r**u	*çh*	**machen**	*maçheun*
	après **ä, ö, ü, i, e,** se prononce à mi-chemin entre **ch** et **y**	*çh*	**brechen**	*brècheun*
g	se prononce généralement comme le **g** de **g**are (même devant **e** ou **i**)	*g*	**Gas**	*gâss*
		gh	**Geld**	*ghèlt*
	en fin de mot, le **g** se prononce parfois **k** ou bien, en	*k*	**Zug**	*tsoûk*
	fin de mot, comme dans le mot allemand i**ch**	*çh*	**wenig**	*véniçh*
h	au début d'un mot ou d'une syllable se prononce comme le premier son de «**H**ue!»	*h*	**Haus**	*haouss*
ng	se prononce comme la finale du mot campi**ng**	*nng*/ *nngh*	**lang** **bringen**	*lanng* *brinngheun*
j	se prononce **y** comme dans **io**de	*y*	**ja**	*yâ*
qu	comme **k** suivi de **v**	*kv*	**Quark**	*kvark*
s	devant une voyelle, au début d'un mot ou d'une syllabe, comme **z** dans **z**éro	*z*	**satt**	*zatt*
	à la fin d'une syllabe ou d'un mot, comme **s** dans **s**alade	*s*/*ss*	**Gäste**	*ghèssteu*
ß	comme **s** dans **s**alade	*ss*	**heiß**	*haïss*
sch	comme **ch** dans **ch**ou	*ch*	**schön**	*cheûn*
sp	en début de mot ou de syllabe, comme **ch** suivi de **p**	*chp*	**spät**	*chpè:t*

st	en début de mot ou de syllabe, comme **ch** suivi de **t**	*cht*	**Stadt**	*chtat*
v	comme **f** dans **faux**	*f*	**voll**	*fol*
w	comme **v** dans **vin**	*v*	**wo**	*vô*
z	comme **ts** dans **tsar**	*ts*	**zart**	*tsârt*

Voyelles

a	court comme le **a** de p**a**tte	*a*	**dann**	*dann*
	long comme le **â** de p**â**te	*â*	**haben**	*hâbeunn*
ä	court comme le **e** de m**e**ttre	*è*	**Gäste**	*ghèssteu*
	long comme le **è** de m**è**re	*è:*	**Bär**	*bè:r*
e	accentué suivi de 2 consonnes: comme le **e** de v**e**ston	*è*	**denn**	*dènn*
	accentué suivi d'une consonne: comme le **é** de th**é**	*é:*	**lesen**	*lé:zeun*
	inaccentué: comme le **e** de j**e**	*eu*	**bringen**	*brinngheun*
i	court, un son à mi-chemin entre **i** et **é**	*i*	**bis**	*biss*
	long comme le **i** de m**i**re	*î*	**ihm**	*îm*
ie	long comme le **î** d'ab**î**me	*î*	**viel**	*fîl*
o	court comme le **o** de p**o**ste	*o*	**Post**	*post*
	long comme le **au** de m**au**ve	*ô*	**rot**	*rôt*
ö	court comme le **eu** de j**eu**ne	*eu*	**Körper**	*keurpeur*
	long comme le **eu** de p**eu**	*eû*	**stören**	*chteûreunn*
u	court comme le **ou** de t**ou**te	*ou*	**Nuss**	*nouss*
	long comme le **ou** de j**ou**r	*oû*	**gut**	*goût*
ü	court comme le **u** de t**u**be	*u*	**müssen**	*musseunn*
	long comme le **û** de m**û**re	*u:*	**Tür**	*tu:r*
y	comme le **u** de t**u**be	*u*	**Symbol**	*zummbôl*

Diphtongues

au	comme **a** suivi de **ou**, prononcé de façon liée en insistant sur le **a**	aou	**Haus**	*haouss*
ei, ai	comme **a** suivi de **i**, prononcé de façon liée en insistant sur le **a**	aï	**eins** / **Mainz**	*aïnnss* / *maïnts*
eu, äu	comme le **oï** de Mo**ï**se, prononcé de façon liée en insistant sur le **o**	oï	**neun** / **Häuser**	*noïn* / *hoïzeur*

Accentuation

La première syllabe est généralement accentuée en allemand, sauf lors de l'ajout de préfixes courts. Dans ce cas, c'est la deuxième syllabe qui est accentuée, par exemple **bewegen** (bouger), **gesehen** (vu). Les caractères soulignés indiquent les syllabes accentuées, donc émises avec plus de force.

Prononciation de l'alphabet allemand

Nous avons mis au point tout au long de ce guide de conversation un système convivial, afin d'arriver à une prononciation qui soit la plus fidèle possible, bien que cette méthode engendre inévitablement une simplification des aspects les plus subtils de la prononciation allemande.

A	*â*
Ä	*è*
B	*bé:*
C	*tsé:*
D	*dé:*
E	*é:*
F	*èf*
G	*ghé:*
H	*hâ*
I	*î*
J	*yot*
K	*kâ*
L	*èl*
M	*èm*
N	*èn*
O	*ô*
Ö	*eû*
P	*pé:*
Q	*koû*
R	*èr*
S	*èss*
ß	*èsstsèt*
T	*té*
U	*ou*
Ü	*û*
V	*faou*
W	*vé:*
X	*ikss*
Y	*upsilonn*
Z	*tsèt*

Expressions Courantes

L'ESSENTIEL

Oui.	**Ja.** *yâ*
Non.	**Nein.** *naïn*
D'accord.	**In Ordnung.** *inn ordnounng*
S'il vous plaît.	**Bitte.** *bitteu*
Merci.	**Danke.** *dannkeu*
Merci beaucoup.	**Vielen Dank.** *fîleun dannk*

Salutations / Excuses
Begrüßung/Entschuldigung

Bonjour! / Salut!	**Hallo!** *halô*
Bonjour (le matin).	**Guten Morgen.** *goûteun morgheun*
Bonjour.	**Guten Tag.** *goûteun tâg*
Bonsoir.	**Guten Abend.** *goûteun âbeunt*
Bonne nuit.	**Gute Nacht.** *goûtè naçht*
Au revoir.	**Auf Wiedersehen.** *aouf vîdèrzé-eun*
Excusez-moi / S'il vous plaît (à un serveur)!	**Entschuldigen Sie bitte!** *entchouldigheun zî bitteu*
Excusez-moi! / Pardon! (pour qu'on vous laisse passer)	**Gestatten Sie?** *ghéchtatteun zî*
Pardon! / Désolé(e)!	**Entschuldigung!/Verzeihung!** *entchouldigounng/fèrtsaïoung*
Je ne l'ai pas fait exprès.	**Es war ein Versehen.** *ess vâr aïn fèrzé-eun*
Je vous en prie.	**Gern geschehen.** *ghèrn ghéché-eun*

PRESENTATIONS ➤ 118

Problèmes de communication
Verständigungsschwierigkeiten

Parlez-vous français?	**Sprechen Sie Französisch?** *shprèçheun zî franntseûziçh*
Y a-t-il quelqu'un ici qui parle français?	**Spricht hier jemand Französisch?** *chpriçht hîr yémannt franntseûziçh*
Je ne parle pas (beaucoup) allemand.	**Ich spreche kaum Deutsch.** *içh chprèçheu kaoum doïtch*
Pourriez-vous parler plus lentement?	**Könnten Sie etwas langsamer sprechen?** *keunnteun zî étvass lanngzâmèr chprèçheun*
Pourriez-vous répéter ça?	**Könnten Sie das wiederholen?** *keunnteun zî dass vîdèrhôleun*
Pardon?	**Wie bitte?** *vî bitteu*
Je regrette, mais je n'ai pas compris.	**Ich habe das leider nicht verstanden.** *içh hâbeu dass laïdèr niçht fèrchtanndeun*
Qu'avez-vous dit?	**Was haben Sie gesagt?** *vass hâbeun zî ghézâgt*
Pourriez-vous l'épeler, s.v.p.?	**Könnten Sie das bitte buchstabieren?** *keunteun zî dass bitteu boûçhchtabîreun*
Pourriez-vous l'écrire, s.v.p.?	**Könnten Sie das bitte aufschreiben?** *keunteun zî dass bitteu aoufchraïbeun*
Pourriez-vous me traduire ça?	**Könnten Sie mir das übersetzen?** *keunteun zî mîr dass ubèrzétseun*
Qu'est-ce que ça veut dire?	**Was bedeutet das?** *vass bedoïtèt dass*
Comment cela se prononce-t-il?	**Wie spricht man das aus?** *vî chpriçht mann dass aous*
Pourriez-vous me montrer l'expression dans le livre?	**Könnten Sie mir den Ausdruck im Buch zeigen?** *keunteun zî mîr dén aousdrouk im bouçh tsaïgen*
Je (ne) comprends (pas).	**Ich verstehe (nicht).** *içh fèrchtéhè (niçht)*

– *Das macht einhundertfünfunddreißig Euro.*
(Ça fait cent trente-cinq euros.)
– Ich verstehe nicht. (Je ne comprends pas.)
– *Das macht einhundertfünfunddreißig Euro.*
(Ça fait cent trente-cinq euros.)
– Könnten Sie das bitte aufschreiben?
Ach so. «135 Euro» … Bitte schön.
(Pourriez-vous l'écrire, s.v.p.? … Ah, 135 euros...Voilà.)

Questions Fragen

GRAMMAIRE

Pour poser des questions en allemand, on peut:

1. inverser le sujet et le verbe:
   Sprechen Sie Französisch? Parlez-vous français?
2. utiliser un interrogatif + l'ordre inversé (➤12-17)
   Wie möchten Sie zahlen? Comment voulez-vous payer?

Où? Wo?

Où est-ce?	**Wo ist es?** *vô ist ess*
au-dessus de la banque	**über der Bank** *ubèr dèr bannk*
de l'autre côté de la rue	**auf der anderen Straßenseite** *aouf dèr anndeureun chtrâsseun-saïteu*
au point de rendez-vous	**am Treffpunkt** *am trèffpounkt*
ici/là-bas	**hier/dort** *hîr/dort*
dans la voiture	**im Auto** *im aouto*
en ville	**in der Stadt** *inn dèr chtat*
en Allemagne	**in Deutschland** *inn doïchlannt*
près de la banque	**in der Nähe der Bank** *inn dèr nè:heu dèr bannk*
à gauche/à droite	**links/rechts** *linnks/reçhts*
à l'intérieur/à l'extérieur	**drinnen/draußen** *drinnneun/draousseun*
devant le café	**vor dem Café** *fôr dém kafé*
sous le pont	**unter der Brücke** *ounntèr dèr brukeu*

Où? Wohin?

Où allez-vous?	**Wohin gehen Sie?** *vôhinn ghé-eun zî*
de l'autre côté de la rue	**über die Straße** *ubèr dî chtrâsseu*
à travers la ville	**durch die Stadt** *doûrçh dî chtat*
ici/là bas	**hierher/dorthin** *hîrhér/dorthîn*
dans le musée	**in das Museum** *inn dass mouzéoum*
en ville	**in die Stadt** *inn dî chtat*
à l'hôtel	**zum Hotel** *tsoum hottèl*
sous le pont	**unter die Brücke** *ounntèr dî brukeu*
jusqu'aux feux	**bis zur Ampel** *biss tsoûr ammpèl*
vers Berlin	**in Richtung Berlin** *inn riçhtounng bèrlîn*

Quand? Wann?

A quelle heure arrive le train?	**Wann kommt der Zug an?** *vann kommt dèr tsoûg ann*
il y a 10 minutes	**vor zehn Minuten** *fôr tsén minnoûteun*
après le déjeuner	**nach dem Mittagessen** *nâçh dém mittâg-esseun*
toujours	**immer** *immèr*
vers minuit	**gegen Mitternacht** *ghégheun mittèrnaçht*
à 7 heures	**um sieben Uhr** *oum zîbeun oûr*
avant vendredi	**vor Freitag** *fôr fraïtâg*
jusqu'à demain	**bis morgen** *biss morgheun*
tous les jours	**täglich** *tè:gliçh*
pendant l'été	**während des Sommers** *vè:reunt dés zommèrs*
tôt/de bonne heure	**früh** *fru:*
chaque semaine	**jede Woche** *yédeu voçheu*
pendant 2 heures	**während zwei Stunden** *vè:reunt tsvaï chtounndeun*
de 9 h à 18 h	**von neun bis achtzehn Uhr** *von noïn biss açhtsén oûr*
tout de suite	**sofort** *zofôrt*
dans 20 minutes	**in zwanzig Minuten** *inn tsvanntsiçh minnoûteun*
jamais	**nie** *nî*
pas encore	**noch nicht** *noçh niçht*
maintenant	**jetzt** *yetst*
souvent	**oft** *oft*
le 8 mars	**am achten März** *am açhteun mèrts*
pendant la semaine	**an Werktagen** *ann vèrktâgheun*
une fois par semaine	**einmal in der Woche** *aïnmâl inn dèr voçheu*
quelquefois	**manchmal** *mannçhmâl*
bientôt	**bald** *balt*
alors/ensuite/puis	**dann** *dann*
en 2 jours	**innerhalb von zwei Tagen** *innèrhalp fon tsvaï tâgheun*

HEURES ➤ 220; DATE ➤ 218

Quelle sorte de ...? Was für ein ...?

C'est ...	**Es ist ...** *ess ist*
agréable/désagréable	**freundlich, nett/unfreundlich** *froïndliçh/net/ounfroïndliçh*
beau/laid	**schön/hässlich** *cheûn/hèssliçh*
bon marché/cher	**billig/teuer** *billiçh/toïèr*
bon/mauvais	**gut/schlecht** *goût/chleçht*
(très) chaud/chaud/froid	**heiß/warm/kalt** *haïss/varm/kalt*
délicieux/dégoûtant	**köstlich/scheußlich** *keustliçh/choïssliçh*
épais/mince	**dick/dünn** *dik/dunn*
étroit/large	**eng/weit** *eng/vaït*
facile/difficile	**einfach/schwer** *aïnfaçh/chvér*
grand/petit	**groß/klein** *grôss/klaïn*
jeune/vieux	**jung/alt** *young/alt*
juste/faux	**richtig/falsch** *riçhtiçh/falch*
libre/occupé	**frei/besetzt** *fraï/bézètst*
lourd/léger	**schwer/leicht** *chvér/laïçht*
mieux/pire	**besser/schlechter** *béssèr/chlèçhtèr*
moderne/démodé	**modern/altmodisch** *modèrn/altmôdich*
ouvert/fermé	**geöffnet/geschlossen** *ghéeufnet/ghechlosseun*
prochain/dernier	**nächste/letzte** *nè:çhsteu/lètsteu*
propre/sale	**sauber/schmutzig** *zaoubèr/chmoutsiçh*
rapide/lent	**schnell/langsam** *chnell/lanngzâm*
silencieux/bruyant	**leise/laut** *laïzeu/laout*
sombre/clair	**dunkel/hell** *dounnkel/hèll*
tôt/tard	**früh/spät** *fru:/chpè:t*
vide/plein	**leer/voll** *lér/fol*
vieux/neuf	**alt/neu** *alt/noï*

GRAMMAIRE

Il existe trois genres pour les noms allemands:

	singulier		pluriel
masculin	**der Mann**	l'homme	**die Männer**
féminin	**die Frau**	la femme	**die Frauen**
neutre	**das Kind**	l'enfant	**die Kinder**

Au pluriel, l'allemand supprime l'article indéfini: **Männer** = des hommes

Combien? Wie viel/Wie viele?

C'est combien?	**Was kostet das?** *vass kostèt dass*
Combien y en a-t-il?	**Wie viele gibt es?** *vî fîleu ghipt ess*
1/2/3/4/5	**eins, zwei, drei, vier, fünf** *aïnss, tsvaï, draï, fîr, funf*
aucun(e)	**keine** *kaïneu*
environ 100 euros	**etwa hundert Euro** *étvâ hounndèrt oïrô*
un peu	**ein wenig** *aïn vénich*
beaucoup de circulation	**viel Verkehr** *fîl fèrké:r*
assez	**genug** *ghénoûk*
quelques	**wenige** *vénigheu*
quelques/quelques-un	**einige von ihnen** *aïnigheu fon îneun*
beaucoup de gens	**viele Leute** *fîleu loïteu*
plus que ça	**mehr als das** *mér als dass*
moins que ça	**weniger als das** *vénighèr als dass*
beaucoup plus	**viel mehr** *fîl mér*
rien d'autre	**sonst nichts** *zonst nichts*
un peu de pain	**etwas Brot** *étvass brôt*
trop	**zu viel** *tsoû fîl*

Pourquoi? Warum?

Pourquoi?	**Warum (ist das so)?** *varoum (ist dass zô)*
Pourquoi pas?	**Warum nicht?** *varoum nicht*
à cause du temps	**wegen des Wetters** *végheun dess vèttèrss*
parce que je suis pressé	**weil ich es eilig habe** *vaïl ich ess aïlich hâbeu*
Je ne sais pas pourquoi.	**Ich weiß nicht, warum.** *ich vaïss nicht varoum*

Qui? / Lequel?
Wer?/Welcher/Welche/Welches?

Lequel voulez-vous?	**Welches möchten Sie?** *vèlçhess meuçhteun zî*
un comme ça	**so eins** *zô aïnss*
celui-là / celui-ci	**jenes/dieses** *yéness/dîzess*
pas celui-là	**nicht das da** *niçht dass dâ*
aucun	**keiner/keine/keines** *kaïnèr/kaïneu/kaïness*
quelqu'un	**jemand** *yémannt*
quelque chose	**etwas** *ètvass*

A qui? Wem?

A qui est-ce?	**Wem gehört das?** *vém ghèheûrt dass*
Cela appartient à …	**Es gehört …** *ess ghèheûrt …*
elle / lui	**ihr/ihm** *îr/îm*
moi, vous, toi, eux / elles	**mir, Ihnen, dir, ihnen** *mîr, îneun, dîr, îneun*
personne	**niemandem** *nîmanndèm*
C'est … sac.	**Dies ist … Tasche.** *dîz ist … tacheu*
mon	**meine** *maïneu*
notre	**unsere** *ounzèreu*
votre, ta	**Ihre, deine** *îreu, daïneu*
son (fém. et masc.)	**seine/ihre** *zaïneu/îreu*
leur	**ihre** *îreu*

GRAMMAIRE

Adjectifs possesifs: Ils s'accordent en genre et en nombre avec le nom qu'ils modifient. Ils suivent les mêmes règles de déclinaison que **der, die, das** (voire page 169).

	masc. sing.	*fém. sing.*	*neut. sing.*	*pluriel*
mon / ma / mes	**mein**	**meine**	**mein**	**meine**
ton / ta / tes	**dein**	**deine**	**dein**	**deine**
son / sa / ses (à lui)	**sein**	**seine**	**sein**	**seine**
son / sa / ses (à elle)	**ihr**	**ihre**	**ihr**	**ihre**
notre / nos	**unser**	**unsere**	**unser**	**unsere**
votre / vos	**euer**	**eure**	**euer**	**eure**
leur / leurs	**ihr**	**ihre**	**ihr**	**ihre**
votre / vos (forme politesse)	**Ihr**	**Ihre**	**Ihr**	**Ihre**

Comment? Wie?

Comment voulez-vous payer?	**Wie möchten Sie zahlen?** *vî meuçhteun zî tsâleun*
avec une carte de crédit	**mit Kreditkarte** *mit krédîtkarteu*
Comment arrivez-vous?	**Wie kommen Sie hierher?** *vî kommeun zî hîrhér*
en voiture	**mit dem Auto** *mit dém aouto*
avec un/une amie	**mit einem Freund/einer Freundin** *mit aïnèm froïnt/aïnèr froïndinn*
par hasard	**durch Zufall** *doûrçh tsoûfal*
complètement	**ganz** *gannts*
également	**gleich** *glaïçh*
extrêmement	**äußerst** *oïssèrst*
à pied	**zu Fuß** *tsoû foûss*
vite/rapidement	**schnell** *chnèl*
lentement	**langsam** *lanngzâm*
trop vite	**zu schnell** *tsoû chnèl*
totalement	**völlig** *feullïçh*
très	**sehr** *zér*
sans passeport	**ohne Reisepass** *ôneu raïzepass*

C'est ...?/Y a-t-il ...? Ist es ...? Gibt es ...?

C'est ...?	**Ist es ...?** *ist èss*
C'est gratuit?	**Ist es frei?** *ist èss fraï*
Ce n'est pas prêt.	**Es ist nicht fertig.** *èss ist niçht fèrtiçh*
Y a-t-il ...?	**Gibt es ...?** *ghipt èss*
Y a-t-il des bus pour aller en ville?	**Gibt es Busse in die Stadt?** *ghipt èss bousseu inn dî chtat*
Il n'y a pas d'eau chaude.	**Es gibt kein warmes Wasser.** *èss ghipt kaïn varmess vassèr*
Le/la voici/voilà.	**Hier/Dort ist es.** *hîr/dort ist èss*
Les voici/voilà.	**Hier/Dort sind sie.** *hîr/dort zinnt zî*

Pouvoir…? Können …?

Est-ce que je peux/nous pouvons avoir …?	**Kann ich/Können wir … haben?** *kann içh/keunneun vîr … hâbeun*
Pouvez-vous me montrer …?	**Können Sie mir … zeigen?** *keunneun zî mîr … tsaïgheun*
Pouvez-vous me dire …?	**Können Sie mir sagen …?** *keunneun zî mîr zâgheun*
Qui/Comment/Quand?	**Wo/Wie/Wann?** *vô/vî/vannn*
Pouvez-vous m'aider?	**Können Sie mir helfen?** *keunneun zî mîr hèlfeun*
Pouvez-vous m'indiquer le chemin pour …?	**Können Sie mir den Weg nach … zeigen?** *keunneun zî mîr dén vék nâçh … tsaïgheun*
Je ne peux pas.	**Leider nicht.** *laïdèr niçht*

Qu'est-ce que vous voulez? Was wünschen Sie?

Je voudrais …	**Ich hätte gern …** *içh hètteu ghèrn*
Est-ce que je peux avoir …?	**Könnte ich … haben?** *keunnteu içh … hâbeun*
Nous voudrions …	**Wir hätten gern …** *vîr hètteun ghèrn*
Donnez-moi …	**Geben Sie mir …** *ghébeun zî mîr*
Je cherche …	**Ich suche …** *içh zoûçheu*
Je voudrais …	**Ich möchte gern …** *içh meuçhteu ghèrn*
aller à …	**nach … gehen** *nâçh … ghé:eun*
trouver …	**… finden** *… finndeun*
voir …	**… sehen** *… zé:eun*
parler à …	**mit … sprechen** *mit … chprèçheun*

– Entschuldigung. (Excusez-moi!)
– Ja? (Oui?)
– Können Sie mir helfen? (Pouvez-vous m'aider?)
– Ja, natürlich. (Oui, bien sûr.)
– Ich möchte gern mit Frau Müller sprechen. (Je voudrais parler à madame Müller.)
– Einen Moment, bitte. (Un moment, s.v.p.)

Autres mots utiles
Andere nützliche Wörter

heureusement	**glücklicherweise** *gluklịchèr-vaïzeu*
j'espère que …	**ich hoffe, dass** *ịch hoffé dass*
bien sûr	**natürlich** *natu:rlịch*
peut-être	**vielleicht** *vîllaïçht*
malheureusement	**leider** *laïdèr*
aussi	**auch** *aouçh*
et	**und** *ount*
mais	**aber** *âbèr*
ou	**oder** *ôdèr*

Exclamations Ausrufe

Enfin!	**Endlich!** *èndliçh*
Zut!	**Verdammt!** *fèrdammt*
Mon Dieu!	**O Gott!** *ô got*
Ça ne me fait rien.	**Es ist mir egal.** *ess ist mîr égâl*
Pas question!	**Auf keinen Fall!** *aouf kaïneun fall*
C'est absurde!	**Unsinn!** *ounzinn*
C'est bien fait!	**Richtig so!** *riçhtiçh zô*
Ah bon? / Vraiment?	**Wirklich?** *vîrkliçh*
Quelles bêtises!	**Quatsch!** *kvatch*
Ça suffit!	**Das reicht!** *dass raïçht*
C'est vrai.	**Das stimmt.** *dass chtimt*
Pas possible!	**Unmöglich!** *ounmeûgliçh*
Comment ça va?	**Wie geht's?** *vî ghéts*
super	**ausgezeichnet** *aousghetsaïçhnet*
formidable	**großartig** *grôssârtiçh*
bien	**gut** *goût*
pas mal	**nicht schlecht** *niçht chleçht*
ça va	**einigermaßen** *aïnighèrmâsseun*
pas bien	**nicht gut** *niçht goût*
plutôt mal	**schrecklich** *chrèkliçh*
(ça ne va) pas du tout	**furchtbar** *foûrçhtbâr*

Hébergement

Vous pourrez trouver tous les types de logements, de l'hôtel au camping, dans les centres d'information touristique **(Fremdenverkehrsbüro).** Des guides hôteliers **(Hotelführer)** sont en vente dans les librairies. Mieux vaut réserver à l'avance et confirmer votre séjour, surtout pendant la haute saison ou lors d'événements spéciaux. Si vous ne réservez pas, vous trouverez un logement certainement disponible en dehors des villes et des centre-villes.

Hotel *hottel*

Que votre chambre d'hôtel soit sobre ou fantaisie, elle sera impeccable, généralement ornée de luxueux édredons en duvet de canard ou d'oie.

Hotel garni *hottèl garni.*

Hôtel avec chambres confortables, et servant uniquement le petit déjeuner. Une petite restauration et des boissons sont en général disponibles.

Schlosshotel *chlosshottèl*

Château converti en hôtel; souvent situé en campagne.

Rasthof/Motel *rasthôf/mottèl*

Pavillon en bord de route, motel; la plupart d'entre eux sont situés juste à la sortie des autoroutes ou routes principales.

Gasthaus/Gasthof *gasthaouss/gasthôf*

Auberge, offrant logement, repas et boissons.

Pension/Fremdenheim *pènziôn/frèmdeunhaïm*

Pension de famille; offrant pension complète ou demi-pension. Repas servis aux hôtes uniquement.

Jugendherberge *yougheunt hèrbèrgheu*

Auberge de jeunesse; en Autriche, en Allemagne et en Suisse, il s'agit d'établissements haut de gamme. Variante: la maison de jeunesse de vacances, qui ferme généralement plus tard.

Ferienwohnung *fé:rieunvônoung*

Appartement meublé situé dans des lieux touristiques; vous devrez probablement réserver à l'avance. Sinon, contactez l'office du tourisme local.

Réservations Reservierungen

A l'avance Im Voraus

Pouvez-vous recommander un hôtel à ...?	**Können Sie ein Hotel in ... empfehlen?** *keunneun zî aïn hottèl inn ... empfé:leun*
Est-ce près du centre-ville?	**Liegt es in der Nähe des Stadtzentrums?** *lîgt ess inn dèr nèheu dess chtattsèntroumz*
C'est combien par nuit?	**Was kostet es pro Nacht?** *vass kostet èss prô naçht*
Y a-t-il quelque chose de moins cher?	**Gibt es nichts Billigeres?** *ghipt èss niçhts billighèrèss*
Pourriez-vous m'y réserver une chambre, s.v.p.?	**Könnten Sie mir dort bitte ein Zimmer reservieren?** *keunteun zî mîr dort bitteu aïn tsimmèr rézèrvîreun*
Comment puis-je m'y rendre?	**Wie komme ich dorthin?** *vî kommeu içh dorthinn*

A l'hôtel Im Hotel

Avez-vous des chambres libres?	**Haben Sie noch Zimmer frei?** *hâbeun zî noçh tsimmèr fraï*
Je regrette, nous sommes complet.	**Wir sind leider voll belegt.** *vîr zinnt laïdèr fol belé:gt*
Y a-t-il un autre hôtel près d'ici?	**Gibt es ein anderes Hotel in der Nähe?** *ghipt èss aïn anndèrèss hottèl inn dèr nèheu*
Je voudrais une chambre à un lit/chambre pour deux personnes.	**Ich hätte gern ein Einzelzimmer/Doppelzimmer.** *içh hètteu ghèrn aïn aïntsèl-tsimmèr/doppèl-tsimmèr*
Une chambre avec ...	**Ein Zimmer mit ...** *aïn tsimmèr mit*
des lits jumeaux	**zwei Einzelbetten** *tsvaï aïntsèlbéteun*
un grand lit	**einem Doppelbett** *aïnem doppelbètt*
une salle de bains/douche	**Bad/Dusche** *bât/doucheu*

– Haben Sie noch Zimmer frei? (Avez-vous des chambres libres?)

– Wir sind leider voll belegt. (Je regrette, nous sommes complet.)

– Oh. Gibt es ein anderes Hotel in der Nähe? (Oh. Y a-t-il un autre hôtel près d'ici?)

– Ja. Versuchen Sie es im Hotel «Ambassador» auf der anderen Straßenseite. (Oui, essayez l'hôtel «Ambassador» de l'autre côté de la rue.)

Réception Empfang

J'ai réservé.	**Ich habe reserviert.** *içh hâbeu réezèrvîrt*
Je m'appelle ...	**Ich heiße ...** *içh haïssé*
Nous avons réservé une chambre pour deux personnes et une chambre à un lit.	**Wir haben ein Doppelzimmer und ein Einzelzimmer reserviert.** *vîr hâbeun aïn doppèl-tsimmèr unt aïn aïntsel-tsimmèr rézèrvîrt*
J'ai confirmé ma réservation par lettre.	**Ich habe meine Reservierung schriftlich bestätigt.** *içh hâbeu maïneu rézèrvîrung chriftliçh béchtè:tigt*
Pourrions-nous avoir des chambres côte à côte?	**Könnten wir nebeneinander liegende Zimmer haben?** *keunnteun vîr nébeun-aïnanndèr lîgheundeu tsimmèr hâbeun*

Equipement Ausstattung und Service

Y a-t-il ... dans la chambre?	**Gibt es ... im Zimmer?** *ghipt ess ... im tsimmèr*
la climatisation	**eine Klimaanlage** *aïneu klîma-annlâgheu*
la télévision	**einen Fernseher** *aïneun fèrnzéèr*
le téléphone	**ein Telefon** *aïn téléfôn*
Y a-t-il ... à l'hôtel?	**Hat das Hotel ...?** *hat dass hottèl*
un service de télécopie	**einen Telefaxdienst** *aïneun téléfaksdînst*
un service de nettoyage	**einen Wäschedienst** *aïneun vèchedînst*
la télévision par satellite/câble?	**Satellitenfernsehen/Kabelfernsehen** *zatellîteun-fèrnzéeun/kâbelfèrnzéeun*
un sauna	**eine Sauna** *aïneu zaouna*
une piscine	**ein Schwimmbad** *aïn chvimmbât*
Pourriez-vous mettre ... dans la chambre?	**Könnten Sie ... ins Zimmer stellen?** *keunnteun zî ... inns tsimmèr chtélleun*
un lit supplémentaire	**ein zusätzliches Bett** *aïn tsoûzètsliçhess bèt*
un lit d'enfant	**ein Kinderbett** *aïn kinndèrbèt*
Y a-t-il des aménagements pour ...?	**Haben Sie Einrichtungen für ...?** *hâbeun zî aïnriçhtungheun fur*
handicapés	**Behinderte** *bèhinndèrteu*
enfants	**Kinder** *kinndèr*

Combien de temps? Wie lange?

Nous resterons …	**Wir bleiben …**	*vîr blaïbeun*
une nuit seulement	**nur eine Nacht**	*noûr aïneu naçht*
quelques jours	**ein paar Tage**	*aïn pâr tâgheu*
une semaine (au moins)	**(mindestens) eine Woche**	*(minndèsteuns) aïneu voçheu*
Je voudrais rester une nuit supplémentaire.	**Ich möchte noch eine Nacht bleiben.**	*içh meuçhteu noçh aïneu naçht blaïbeun*

– Guten Tag. Mein Name ist Jacques Leblanc.
(Bonjour. Je m'appelle Jacques Leblanc.)
– Guten Tag, Herr Leblanc. (Bonjour monsieur Leblanc.)
– Wir haben ein Doppelzimmer reservieren lassen.
(Nous avons réservé une chambre pour deux personnes.)
– Ach ja. Bitte unterschreiben Sie hier.
(Ah oui. Signez ici, s.v.p.)

Kann ich bitte Ihren Pass sehen?	Est-ce que je peux voir votre passeport, s.v.p.?
Bitte füllen Sie dieses Formular aus.	Remplissez cette fiche, s.v.p.
Bitte unterschreiben Sie hier.	Signez ici, s.v.p.
Was ist Ihr Kraftfahrzeugkennzeichen?	Quel est votre numéro d'immatriculation?

ZIMMER FREI: … EURO	chambres libres: … euro
FRÜHSTÜCK INBEGRIFFEN	petit déjeuner compris
MAHLZEITEN ERHÄLTLICH	repas servis
NAME/VORNAME	nom/prénom
WOHNORT/STRASSE/NR.	lieu de résidence/rue/numéro
NATIONALITÄT/BERUF	nationalité/profession
GEBURTSDATUM/GEBURTSORT	date/lieu de naissance
AUF DER DURCHREISE	en transit
VON/NACH	venant de/à destination de
PASSNUMMER	numéro de passeport
KRAFTFAHRZEUGKENNZEICHEN	numéro d'immatriculation de la voiture
ORT/DATUM	lieu/date
UNTERSCHRIFT	signature

Prix Preise

Quel est le prix ...?	**Was kostet es ...?** *vass kostèt èss*
par nuit/semaine	**pro Nacht/Woche** *prô naçht/voçhè*
pour la chambre et le petit déjeuner	**für Übernachtung mit Frühstück** *fur ubèrnaçhtung mit fru:chtuk*
sans les repas	**ohne Mahlzeiten** *ôneu mâltsaïteun*
pour la pension complète	**mit Vollpension** *mit folpénziôn*
pour la demi-pension	**mit Halbpension** *mit halppenziôn*
Est-ce-que cela comprend ...?	**Ist ... im Preis inbegriffen?** *ist ... im praïs innbegriffeun*
le petit déjeuner	**das Frühstück** *dass fru:chtuk*
le service	**die Bedienung** *dî bedînung*
la T.V.A.	**die Mehrwertsteuer** *dî mé:rvértchtoïèr*
Dois-je verser des arrhes?	**Muss ich eine Anzahlung leisten?** *muss içh aïneu anntsâloûnk laïssteun*
Y a-t-il une réduction pour enfants?	**Gibt es eine Ermäßigung für Kinder?** *ghipt èss aïneu èrmè:ssigung fur kinndèr*

Décision Entscheidung

Puis-je voir la chambre?	**Kann ich das Zimmer sehen?** *kann içh dass tsimmèr zé:eun*
C'est bien. Je la prends.	**Gut, ich nehme es.** *goût içh némeu èss*
Elle est trop ...	**Es ist zu ...** *èss ist tsoû*
froide/chaude	**kalt/warm** *kalt/varm*
sombre/petite	**dunkel/klein** *dounkèl/klaïn*
bruyante	**laut** *laout*
Avez-vous quelque chose de ...?	**Haben Sie etwas ...?** *hâbeun zî étvass*
plus grand/moins cher	**Größeres/Billigeres** *greûssèrèss/billighèrèss*
plus calme	**Ruhigeres** *roûhighèrèss*
plus chaud	**Wärmeres** *vèrmèress*
Non, je ne la prends pas.	**Nein, ich nehme es nicht.** *naïn içh né:meu èss niçht*

Problèmes Probleme

Le/La … ne marche pas.	**… funktioniert nicht.** *… founktsionnîrt niçht*
climatisation	**Die Klimaanlage** *dî klîma-annlâgheu*
ventilateur	**Der Ventilator** *dèr ventillâtôr*
chauffage	**Die Heizung** *dî haïtsung*
lumière	**Das Licht** *dass liçht*
télévision	**Der Fernseher** *dèr fèrnzéèr*
Je ne peux pas allumer/éteindre le chauffage.	**Ich kann die Heizung nicht anmachen/ausmachen.** *içh kann dî haïtsung niçht annmaçheun/aous maçheun*
Il n'y a pas d'eau chaude.	**Es gibt kein heißes Wasser.** *èss ghipt kaïn haïssess vassèr*
Il n'y a pas de papier toilette.	**Es gibt kein Toilettenpapier.** *èss ghipt kaïn toalètteunpapîr*
Le robinet fuit.	**Der Wasserhahn tropft.** *dèr vassèrhân tropft*
Le lavabo est bouché./Les toilettes sont bouchées.	**Das Waschbecken/die Toilette ist verstopft.** *dass vachbékeun/dî toalètteu ist fèrchtopft*
La fenêtre/porte est coincée.	**Das Fenster/die Tür klemmt.** *dass fènstèr/dî tu:r klemmt*
Ma chambre n'a pas été faite.	**Mein Zimmer ist nicht gemacht.** *maïn tsimmèr ist niçht ghémaçht*
Le/la/les … est/sont cassé(e)(s).	**… ist kaputt.** *… ist kaput*
stores	**Das Rollo** *dass rollô*
lampe	**Die Lampe** *dî lammpeu*
serrure	**Das Schloss** *dass chloss*
Il y a des insectes dans notre chambre.	**In unserem Zimmer sind Insekten.** *inn ounzèrem tsimmèr zinnt innzèkteun*

Action Maßnahmen

Pourriez-vous vous en occuper?	**Können Sie sich darum kümmern?** *keunneun zî ziçh daroum kummèrn*
Je voudrais changer de chambre.	**Ich möchte in ein anderes Zimmer umziehen.** *içh meuçhteu inn aïn anndèress tsimmèr oumtsî-eun*
Je voudrais parler au directeur.	**Ich möchte mit dem Geschäftsführer sprechen.** *içh meuçhteu mit dém ghéchèftsfu:rèr chprèçheun*

Besoins généraux
Generelle Fragen

Le 220 volts c.a., 50 Hz est aujourd'hui la norme allemande, autrichienne et suisse.

A propos de l'hôtel Zum Hotel

Où est le/la/l' ...?	**Wo ist ...?** *vô ist*
bar	**die Bar** *dî bâr*
salle de bains	**das Bad** *dass bât*
parking	**der Parkplatz** *dèr pârkplats*
salle à manger (à l'hôtel)	**der Speisesaal** *dèr chpaïzézâl*
ascenseur	**der Aufzug/der Lift** *dèr aouftsoûg/dèr lift*
douche	**die Dusche** *dî ducheu*
piscine	**das Schwimmbad** *dass chvimmbât*
salle de télévision	**der Fernsehraum** *dèr fèrnzéraoum*
toilettes/WC	**die Toilette** *dî toalètteu*
tableau d'affichage de l'agence de voyages	**das Anschlagbrett des Reiseveranstalters** *dass annchlâgbret dess raïzéfèrannchtaltèrss*
Y a-t-il un garage à l'hôtel?	**Gibt es eine Hotelgarage?** *ghipt ess aïneu hottèlgarâjeu*
A quelle heure fermez-vous la porte d'entrée?	**Wann schließen Sie den Vordereingang?** *vann chlîsseun zî dén fordèraïnganng*
A quelle heure servez-vous le petit déjeuner?	**Wann servieren Sie das Frühstück?** *vann sèrvîreun zî dass fru:stuk*
Y a-t-il un service de chambre?	**Gibt es einen Zimmerservice?** *ghipt ess aïneun tsimmèrzèrvîs*

AMTSANSCHLUSS: WÄHLEN SIE ...	composez le ... pour l'extérieur
BITTE IM ZIMMER NICHT ESSEN	pas de nourriture dans la chambre
BITTE NICHT STÖREN	ne pas déranger
EMPFANG: WÄHLEN SIE ...	pour la réception, composez le ...
FEUERTÜR	porte coupe-feu
NOTAUSGANG	sortie de secours
NUR FÜR RASIERAPPARATE	prise pour rasoirs

Besoins personnels

Persönliche Fragen

La clé de la chambre …, s.v.p.	**Den Schlüssel für Zimmer …, bitte.** *dén chlussel fur tsimmèr … bitteu*
J'ai perdu ma clé.	**Ich habe meinen Schlüssel verloren.** *içh hâbeu maïneun chlussel fèrlôreun*
Je me suis enfermé(e) dehors.	**Ich habe mich aus meinem Zimmer ausgesperrt.** *içh hâbeu miçh aous maïnem tsimmèr aousghéchpèrt*
Pourriez-vous me réveiller à …, s.v.p.?	**Könnten Sie mich um … wecken?** *keunteun zî miçh um … vékeun*
Je voudrais le petit déjeuner dans ma chambre.	**Ich möchte auf meinem Zimmer frühstücken.** *içh meuçhteu aouf maïnem tsimmèr fru:chtukeun*
Puis-je laisser ceci dans le coffre-fort de l'hôtel?	**Kann ich dies in den Safe legen?** *kann içh dîz inn dén séf légheun*
Puis-je prendre mes affaires du coffre-fort?	**Kann ich meine Sachen aus dem Safe haben?** *kann içh maïneu zaçheun aous dém "safe" hâbeun*
Où puis-je trouver …?	**Wo kann ich … finden?** *vô kann içh … finndeun*
la femme de chambre	**das Zimmermädchen** *dass tsimmèrmè:tçheun*
le portier	**den Portier** *dén portyér*
Puis-je avoir …?	**Kann ich … haben?** *kann içh … hâbeun*
une serviette de bain	**ein Badetuch** *aïn bâdetoûçh*
une couverture (supplémentaire)	**eine (zusätzliche) Decke** *aïneu (tsoûzètsliçheu) dékeu*
des cintres supplémentaires	**(noch) einige Kleiderbügel** *(noçh) aïnigheu klaïdèrbu:ghel*
un oreiller	**ein Kopfkissen** *aïn kopfkisseun*
du savon	**Seife** *zaïfeu*

Courrier et téléphone Post und Telefon

Evitez les coûts élevés et suppléments lorsque vous téléphonez d'une chambre d'hôtel en Allemagne, en Autriche et en Suisse, en achetant une **Telefonkarte** (carte téléphonique) ou en appelant d'un téléphone public.

Y a-t-il du courrier pour moi?	**Ist Post für mich da?** *ist posst fur miçh dâ*
Y a-t-il des messages pour moi?	**Hat jemand eine Nachricht für mich hinterlassen?** *hat yémannt aïneu nâçhriçht fur miçh hinntèrlasseun*

PETIT DEJEUNER ➤ 43; CHANGER DE L'ARGENT ➤ 138

Logement Unterkunft

Nous avons réservé … au nom de …	**Wir haben … auf den Namen … reservieren lassen.** *vîr hâbeun … aouf dén nâmeun … rezèrvîreun lasseun*
un appartement	**eine Ferienwohnung** *aïneu fé:rîeunvônoung*
une maison	**ein Ferienhaus** *aïn fé:rîeunhaouss*
Où devons-nous prendre les clés?	**Wo müssen wir die Schlüssel holen?** *vô musseun vîr dî chlussèl hôleun*
Où est le/la …?	**Wo ist …?** *vô ist*
compteur électrique	**der Stromzähler** *dèr chtrômtsè:lèr*
boîte à fusibles	**der Sicherungskasten** *dèr ziçhèroungskasteun*
robinet d'arrêt	**der Absperrhahn** *dèr apchpèrhân*
chauffe-eau	**das Heißwassergerät** *dass haïssvassèrgheurè:t*
Y a-t-il des fusibles de rechange?	**Gibt es Ersatzsicherungen?** *ghibt èss èrzatsziçhèrungheun*
Y a-t-il des bouteilles de gaz de rechange?	**Gibt es Gasflaschen als Reserve?** *ghipt èss gâssflacheun als rézèrveu*
Y a-t-il des draps de rechange?	**Gibt es zusätzliche Bettlaken?** *ghipt èss tsoûzètsliçheu bétlâkeun*
Quel jour vient la femme de ménage?	**An welchem Tag kommt die Putzfrau?** *ann vèlçhem tâg komt dî poutsfraou*

Problèmes Probleme

Où est-ce que je peux vous contacter?	**Wo kann ich Sie erreichen?** *vô kann içh zî èrraïçheun*
Comment fonctionne la cuisinière/le chauffe-eau?	**Wie funktioniert der Herd/das Heißwassergerät?** *vî founktsionnîrt dèr hèrt/dass haïssvassèrgheurè:t*
Le/La … est cassé(e).	**… ist kaputt.** *… ist kapout*
Nous avons cassé/perdu …	**Wir haben … zerbrochen/verloren.** *vîr hâbeun … tsèrbroçheun/fèrlôreun*
C'était déjà abîmé quand nous sommes arrivés.	**Das war schon bei unserer Ankunft beschädigt.** *dass vâr chôn baï ounzèrèr annkunft beché:digt*

ARTICLES MENAGERS, NETTOYAGE ➤ 148

Termes utiles Nützliche Wörter

chaudière	**der Boiler**	*dèr boïlèr*
cuisinière	**der Herd**	*dèr hèrt*
couverts	**das Besteck**	*dass béchtèk*
congélateur	**der Gefrierschrank**	*dèr ghefrîrchrannk*
réfrigérateur	**der Kühlschrank**	*dèr ku:lchrannk*
bouilloire	**der Kessel**	*dèr késsèl*
casserole	**der Kochtopf**	*dèr koçhtopf*
grille-pain	**der Toaster**	*dèr tôstèr*
papier toilette	**das Toilettenpapier**	*dass toalètteunpapîr*
machine à laver	**die Waschmaschine**	*dî vachmachîneu*

Chambres Zimmer

balcon	**der Balkon**	*dèr balkôn*
salle de bains	**das Badezimmer**	*dass bâdetsimmèr*
chambre	**das Schlafzimmer**	*dass chlâftsimmèr*
salle à manger	**das Esszimmer**	*dass èsstsimmèr*
cuisine	**die Küche**	*dî kuçheu*
salle de séjour / salon	**das Wohnzimmer**	*dass vôntsimmèr*
toilettes / WC	**die Toilette**	*dî toalètteu*

Auberge de jeunesse Jugendherberge

Les auberges de jeunesse allemandes, autrichiennes et suisses sont des établissements haut de gamme. Si vous souhaitez une carte pour auberges de jeunesse ou un complément d'informations, contactez:
(Allemagne) **Deutsches Jugendherbergswerk** ☎ 0049 (0)5231 / 74010
(Autriche) **Österreicher Jugendherbergsverband** ☎ 0043 (0)222 / 533 18 33
(Suisse) **Schweizer Jugendherbergen** ☎ 0041 (0)1 / 360 14 14

Vous reste-t-il des places pour ce soir?	**Haben Sie heute Nacht noch Plätze frei?** *hâbeun zî hoïteu naçht noçh plètseu fraï*
Louez-vous des draps?	**Verleihen Sie Bettzeug?** *fèrlaîeun zî bèt-tsoïg*
A quelle heure les portes ferment-elles?	**Wann werden die Türen abgeschlossen?** *vann vèrdeun dî tu:reun apghéchlosseun*
J'ai une carte d'étudiant internationale.	**Ich habe einen internationalen Studentenausweis.** *içh hâbeu aïneun innèrnatsiônâleun chtouddènteunaousvaïs*

BESOINS GENERAUX ➤ 26; CAMPING ➤ 30

Camping Camping

Le camping est très populaire dans les pays germanophones et les terrains sont souvent de qualité élevée. Si vous désirez une liste des campings, des équipements et des tarifs, contactez: (Allemagne) **Deutscher Camping-Club** (Autriche) **Österreicher Camping-Club** (Suisse) **Schweizerischer Camping- und Caravanning-Verband.**

Réservation Reservierung

Y a-t-il un camping près d'ici?	**Gibt es hier in der Nähe einen Campingplatz?** *ghipt ess hîr inn dèr nè:hé aïneun kèmpinngplats*
Avez-vous de la place pour une tente/une caravane?	**Haben Sie Platz für ein Zelt/einen Wohnwagen?** *hâbeun zî plats fur aïn tselt/aïneun vônvâgheun*
Quel est le tarif ...?	**Wie hoch sind die Gebühren ...?** *vî hôçh zinnt dî ghébu:reun*
par jour/semaine	**pro Tag/Woche** *prô tâg/voçheu*
pour une tente/voiture	**für ein Zelt/ein Auto** *fur aïn tsèlt/aïn aouto*
pour une caravane	**für einen Wohnwagen** *fur aïneun vônvâgheun*
Pouvons-nous camper n'importe où sur le terrain?	**Können wir überall auf dem Platz zelten?** *keunneun vîr ubèral aouf dém plats tsèlteun*
Pouvons-nous garer la voiture à côté de la tente?	**Können wir das Auto neben dem Zelt parken?** *keunneun vîr dass aouto nébeun dém tsèlt parkeun*

Equipement Einrichtungen

Est-il possible de faire la cuisine sur le terrain?	**Gibt es auf dem Platz Kochgelegenheiten?** *ghipt ess aouf dém plats koçhghélégheunhaïteun*
Y a-t-il des branchements électriques?	**Gibt es hier Stromanschlüsse?** *ghipt ess hîr chtrômannchlusseu*
Où est ...?	**Wo ist ...?** *vô ist ...*
l'eau potable	**das Trinkwasser** *dass trinnkvassèr*
Où sont les ... ?	**Wo sind ...?** *vô zinnd ...*
poubelles	**die Mülleimer** *dî mullaïmèr*
douches/machines à laver	**die Duschen/die Waschmaschinen** *dî doucheun/dî vachmachîneun*

ZELTEN VERBOTEN	camping interdit
TRINKWASSER	eau potable

RESERVATIONS ➤ 21; DUREE DU SEJOUR ➤ 23

Plaintes Beschwerden

Il y a trop de soleil/d'ombre/de gens ici.	**Hier ist es zu sonnig/schattig/überfüllt.** *hîr ist tsoû zonniçh/chattiçh/ubèrfult*
Le sol est trop dur/inégal.	**Der Boden ist zu hart/uneben.** *dèr bôdeun ist tsoû hart/ounébeun*
Avez-vous un emplacement plus plat?	**Haben Sie eine ebenere Stelle?** *hâbeun zî aïneu é:beunèreu chtéleu*

Matériel de camping Campingausrüstung

allumettes	**die Streichhölzer** *dî chtraïçhheultsèr*
bidon à eau/jerrycan	**der Wasserkanister** *dèr vassèrkannistèr*
briquet	**der Feueranzünder** *dèr foïèranntsundèr*
canif	**das Taschenmesser** *dass tacheunmessèr*
chaise/table pliante	**der Klappstuhl/Klapptisch** *dèr klapchtoûl/klaptich*
chaise longue (de camping)	**die Campingliege** *dî kèmpinnglîgeu*
charbon	**die Holzkohle** *dî holtskôleu*
gaz butane	**das Butangas** *dass boutângâss*
glacière	**die Kühlbox** *dî ku:lboks*
grand piquet de tente	**die Zeltstange** *dî tsèltchtanngheu*
kérosène	**das Kerosin** *dass kèrosîn*
maillet	**der Holzhammer** *dèr holts-hammèr*
marteau	**der Hammer** *dèr hammèr*
matelas (pneumatique)	**die (Luft)matratze** *dî (louft)matratseu*
pain de glace	**der Kälteakku** *dèr kèltéakoû*
pétrole	**das Paraffin** *dass parafîn*
piquets de tente	**die Heringe** *dî hérinngheu*
pompe	**die Pumpe** *dî poumpeu*
pot	**der Kochtopf** *dèr koçhtopf*
réchaud (de camping)	**der Camping kocher** *dèr kèmpinngkoçhèr*
sac à dos	**der Rucksack** *dèr roukzak*
sac de couchage	**der Schlafsack** *dèr chlâfzak*
tapis de sol	**der Zeltboden** *dèr tsèltbôdeun*
tente	**das Zelt** *dass tsèlt*
torche électrique	**die Taschenlampe** *dî tacheunlammpeu*

Départ Abreise

A quelle heure devons-nous libérer la chambre?	**Wann müssen wir das Zimmer räumen?** *vann musseun vîr dass tsimmèr roïmeun*
Pourrions-nous laisser nos bagages ici jusqu'à …heures?	**Könnten wir unser Gepäck bis … Uhr hier lassen?** *keunteun vîr ounnzèr ghépèk biss … oûr hîrlasseun*
Je pars maintenant.	**Ich reise jetzt ab.** *içh raïzeu yètst ap*
Pourriez-vous m'appeler un taxi, s.v.p.?	**Könnten Sie mir bitte ein Taxi bestellen?** *keunnteun zî mîr bitteu aïn taksi béchtèlleun*
J'ai passé un très bon séjour.	**Es war ein sehr angenehmer Aufenthalt.** *ess vâr aïn zér annghéné:mèr aoufeunthalt*

Paiement Bezahlen

Puis-je avoir ma note, s.v.p.?	**Kann ich bitte die Rechnung haben?** *kann içh bitteu dî rèçhnounng hâbeun*
A combien s'élève ma note de téléphone?	**Wie hoch ist meine Telefonrechnung?** *vî hôçh ist maïneu téléfônreçhnounng*
Je crois qu'il y a une erreur sur cette note.	**Ich glaube, Sie haben sich verrechnet.** *içh glaoubeu zî hâbeun ziçh fèrrèçhnet*
J'ai passé … coups de téléphone.	**Ich habe … Anrufe gemacht.** *içh hâbeu … annroûfeu ghémaçht*
J'ai pris … au mini-bar.	**Ich habe … aus der Minibar entnommen.** *içh hâbeu … aous dèr minnibâr èntnommeun*
Pourriez-vous me rendre mon passeport/mes arrhes?	**Kann ich meinen Pass/meine Kaution zurückhaben?** *kann içh maïneun pass/maïneu kaoutsiôn tsoûruk hâbeun*
Est-ce que je peux avoir un reçu, s.v.p.?	**Kann ich bitte eine Quittung haben?** *kann içh bitteu aïneu kvittounng hâbeun*

Pourboire: le service est généralement inclus dans les notes d'hôtels et de restaurants. Néanmoins, si le service s'est avéré particulièrement satisfaisant, vous pouvez laisser un pourboire supplémentaire.

	Allemagne	Autriche	Suisse
Portier	1 euro	1 euro	1–2 F
f.de chambre, par semaine	3–5 euros	3–5 euros	10 F
serveur	Arrondir la note (facultatif)	5 %(facultatif)	facultatif

HEURES ➤ 220

La table

Restaurants Restaurants

Beisel *baïzèl*
Equivalent autrichien d'une **Gasthaus**.

Bierhalle *bîrhalleu*
Brasserie; outre la bière disponible dans d'énormes fûts, vous pourrez également commander des plats chauds, des salades et des bretzels. Les brasseries les plus connues se trouvent à Munich, où est organisée une gigantesque fête de la bière (**Oktoberfest**) à la fin du mois de septembre.

Bierstube *bîrchtoubeu*
L'équivalent d'une petite brasserie, bien que l'atmosphère puisse y être très différente; cet établissement ne sert généralement que quelques «plats du jour».

Café *kafé*
Café-restaurant proposant pâtisseries, petite restauration et boissons. Vous trouverez dans un **Tanzcafé** une petite piste de danse.

Gasthaus/Gasthof *gasthaouss/gasthôf*
Auberge, généralement située à la campagne. Elle propose une cuisine familiale et une ambiance chaleureuse.

Gaststätte *gaststètteu*
Autre terme pour restaurant.

Konditorei *konnditôraï*
Pâtisserie souvent pourvue d'une salle pour y consommer café et pâtisseries.

Raststätte/Rasthof *rastchtètteu/rasthôf*
Restoroute; Généralement situé le long des autoroutes, avec possibilités d'hébergement et station-service.

Ratskeller *râtskelleur*
Restaurant aménagé dans la cave d'un hôtel de ville.

Restaurant *réstoran*
Les restaurants sont habituellement des établissements haut de gamme allant des spécialités locales à la cuisine internationale.

Schnellimbiss *chnèllimbiss*
Etablissement de petite restauration. On y sert principalement de la bière et des saucisses. Le «stand de saucisses» (**Würstchenstand**) lui ressemble souvent.

Weinstube *vaïnchtoubeu*
Restaurant sympathique, situé dans les régions viticoles, où vous pourrez déguster des vins nouveaux avec des plats chauds simples et des collations.

Heures des repas Essenszeiten

das Frühstück *dass fru:chtuk*
Petit déjeuner: de 7 à 10 h. Plus copieux que le petit déjeuner français: vous pourrez y consommer un assortiment de viandes froides, fromages, pâtés, confitures et marmelades, accompagnés d'un vaste choix de pains différents, avec thé, café ou chocolat chaud.

das Mittagessen *dass mittâgèsseun*
Déjeuner: de 11h30 à 14 h. La plupart des Allemands aiment prendre leur repas principal en milieu de journée, et la plupart des restaurants proposeront un menu à prix fixe (**Menü** ou **Gedeck**) à midi et le soir. Si vous souhaitez un repas moins copieux, regardez dans **Kleine Gerichte** ou essayez les établissements de petite restauration ou de restauration rapide.

das Abendessen/Abendbrot *dass âbèntèsseun/âbentbrôt*
Dîner/souper: les repas du soir habituels dans les foyers allemands se composent d'un assortiment de pains ou de petits pains accompagnés de viandes froides, de fromages, de petits légumes macérés dans du vinaigre et parfois de salade. Vous pourrez également commander un menu complet dans les restaurants, qui servent souvent entre 18h30 et 20h30; tandis que le service peut durer jusque 22 ou 23 heures dans les restaurants plus importants.

La plupart des restaurants vous proposeront plusieurs menus à prix fixe (**Tagesgedeck**), correspondant à différents niveaux de prix. Ces menus changent généralement tous les jours et sont composés de plats typiques à prix raisonnables. Le service est toujours compris.

L'ESSENTIEL

Une table pour 1/2/3/4	**Ein Tisch für eine/zwei/drei/vier** *aïn tich fur aïn/tsvaï/draï/fîr*
Merci.	**Danke.** *dannkeu*
L'addition, s.v.p.	**Die Rechnung, bitte.** *di rèçhnoung bitteu*

Chercher un restaurant
Eine Gaststätte finden

Pouvez-vous nous recommander un bon restaurant?	**Können Sie uns ein gutes Restaurant empfehlen?** *keunnen zî ouns aïn goûtèss réstorran emmpfé:leun*
Y a-t-il un restaurant … près d'ici?	**Gibt es hier in der Nähe ein … Restaurant?** *gipt ess hîr inn dèr nè:heu aïn … réstorran*
local traditionnel	**traditionelles gutbürgerliches** *traditsionnèllèss goûtburgèrliçhèss*
chinois	**chinesisches** *çhiné:zichèss*
grec	**griechisches** *grîçhichèss*
italien	**italienisches** *italyénichèss*
turc	**türkisches** *turkichèss*
végétarien	**vegetarisches** *véghétârichèss*
bon marché	**preiswertes** *praïsvértèss*
Où puis-je trouver un/une …?	**Wo finde ich …?** *vô finndeu içh*
stand de saucisses	**einen Würstchenstand** *aïneun vurstçheunchtannt*
café	**ein Café** *aïn kafé*
café/restaurant avec jardin	**ein Café/Restaurant mit Garten** *aïn kafé/réstorrang mit garten*
restaurant rapide	**einen Schnellimbiss** *aïnen chnèllimmbiss*
café glacier	**eine Eisdiele** *aïneu aïsdileu*
pizzéria	**eine Pizzeria** *aïneu pitsérîâ*
snack bar	**eine Imbissstube** *aïneu immbiss-chtoûbeu*
grill	**ein Steakhaus** *aïn chté:khaouss*

DIRECTIONS ➤ 94

Réservations Reservierungen

Je voudrais réserver une table pour 2 personnes.
Ich möchte einen Tisch für zwei Personen bestellen.
içh meuçhteu aïneun tich fur tsvaï pèrzônen béchtèlleun

Pour ce soir/demain à … heures.
Für heute Abend/Morgen um … Uhr.
fur hoïteu âbent/morgheun um oûr

Nous viendrons à 20.00 h.
Wir kommen um zwanzig Uhr.
vir kommen um tsvanntsiçh oûr

Une table pour 2 personnes, s.v.p.
Einen Tisch für zwei Personen, bitte.
aïnen tich fur tsvaï pèrzôneun bitteu

Nous avons réservé une table.
Wir haben einen Tisch bestellt.
vir hâbeun aïneun tich béchtèllt

Ihr Name, bitte?	C'est à quel nom, s.v.p.?
Es tut mir leid. Wir haben sehr viel zu tun.	Je regrette. Il y a beaucoup de monde.
Es tut mir leid. Wir sind völlig ausgebucht.	Je regrette. Nous sommes. complets.
In … Minuten wird ein Tisch frei.	Nous aurons une table libre dans … minutes.
Kommen Sie in … Minuten wieder.	Revenez dans … minutes.

Où s'asseoir Wo man sitzt

Pouvons-nous nous asseoir …? — **Können wir … sitzen?** *keunnen vir … zitseun*

là-bas — **dort drüben** *dort dru:beun*

dehors — **im Freien** *im fraïeun*

dans une zone non-fumeur — **in einer Nichtraucherecke** *in aïner niçhtraouçhèrékeu*

près de la fenêtre — **am Fenster** *am fènsteur*

– Ich möchte einen Tisch für heute Abend bestellen.
(Je voudrais réserver une table pour ce soir.)
– Für wie viele Personen? (Pour combien de personnes?)
– Für vier. (Pour quatre.)
– Wann kommen Sie? (A quelle heure arriverez-vous?)
– Wir kommen um 20 Uhr. (Nous arriverons à 20.00 h.)
– Und Ihr Name, bitte? (Et, c'est à quel nom, s.v.p.?)
– Loiseau.
– Gut. Bis heute abend. (Très bien, alors à ce soir.)

HEURES ➤ 220; CHIFFRES ➤ 216

Commander Bestellen

Excusez-moi, s.v.p.!	**Entschuldigen Sie, bitte!** *enntchouldiggeun zî bitteu*
La carte des vins, s.v.p.	**Die Weinkarte, bitte.** *dî vaïnkarteu bitteu*
Avez-vous un menu à prix fixe?	**Haben Sie ein Menü?** *hâbeun zî aïn ménu*
Pouvez-vous recommander des spécialités régionales?	**Können Sie einige typische hiesige Gerichte empfehlen?** *keunneun zî aïniggeu tupicheu hîziggeu ghériçhteu emmpfé:leun*
Pourriez-vous me dire ce qu'est …?	**Können Sie mir sagen, was … ist?** *keunnen zî mîr zâgen vass … ist*
Qu'y a-t-il dedans?	**Was ist drin?** *vass ist drin*
Je voudrais …	**Ich hätte gern …** *içh hètteu gèrn*
Je prendrai …	**Ich nehme …** *içh né:meu*
une bouteille/un verre/ une carafe de …	**eine Flasche/ein Glas/eine Karaffe …** *aïneu flacheu/aïn glâss/aïneu karaffeu*

Möchten Sie bestellen?	Vous désirez commander?
Was nehmen Sie?	Qu'est-ce que vous prendrez?
Was möchten Sie trinken?	Que voulez-vous boire?
Ich empfehle Ihnen …	Je vous recommande …
… haben wir nicht.	Nous n'avons pas de …
Das dauert … Minuten.	Ça va prendre … minutes.
Guten Appetit.	Bon appétit.

– Möchten Sie bestellen? (Vous désirez commander?)
– Können Sie etwas typisch hiesiges empfehlen?
(Pouvez-vous nous recommander des spécialités régionales?)
– Ja. Ich empfehle Ihnen den Sauerbraten.
(Oui. Je vous conseille «Sauerbraten».)
– Gut, den nehme ich. (Bon, je prends ça.)
– Selbstverständlich. Und was möchten Sie trinken?
(Entendu. Et que voulez-vous boire?)
– Eine Karaffe Rotwein, bitte. (Une carafe de vin rouge, s.v.p.)

BOISSONS ➤ 49

Accompagnements Beilagen

Est-ce que je pourrais avoir … sans …?	**Kann ich … ohne … haben?** *kann ich … ôneu … hâbeun*
Avec … comme accompagnement.	**Mit … als Beilage.** *mit … als baïlâgeu*
Est-ce que je pourrais avoir une salade à la place des légumes?	**Kann ich bitte Salat statt Gemüse haben?** *kann ich bitteu zalât chtat ghèmu:zeu hâbeun*
Le plat est-il servi avec des légumes/pommes de terres?	**Ist Gemüse/Sind Kartoffeln bei dem Essen dabei?** *ist ghèmu:zeu/zint kartoffeln baï dém èsseun dabaï*
Avez-vous des sauces?	**Haben Sie Soßen?** *hâbeun zi zôsseun*
Est-ce que vous voulez … avec?	**Möchten Sie … dazu haben?** *meuchteun zî … datsoû hâbeun*
des légumes	**Gemüse** *ghèmu:zeu*
de la salade	**Salat** *zalât*
des pommes de terre	**Kartoffeln** *kartoffeln*
des frites	**Pommes frites** *pomm frit*
des sauces	**Soße** *zôsseu*
des glaçons	**Eis** *aïss*
Puis-je avoir du/de la/de l'/des …?	**Könnte ich etwas … haben?** *keunnteu ich èttvass … hâbeun*
assaisonnement	**Würze** *vurtseu*
beurre	**Butter** *boutteur*
citron	**Zitrone** *zitrôneu*
édulcorant	**Süßstoff** *su:ss-chtoff*
huile/vinaigre	**Öl/Essig** *eûl/èssich*
moutarde	**Senf** *zènf*
pain	**Brot** *brôt*
poivre	**Pfeffer** *pfèffeur*
sel	**Salz** *zalts*
sucre	**Zucker** *tsoukkèr*

GLOSSAIRE DE L'ALIMENTATION ➤ 52

Questions d'ordre général Allgemeine Fragen

Est-ce que nous pouvons avoir un/une ... s.v.p.?	**Können wir bitte ... haben?** *keunnen vîr bitteu ... hâbeun*
cendrier	**einen Aschenbecher** *aïneun acheunbèçheur*
tasse/verre	**eine Tasse/ein Glas** *aïneu tasseu/aïn glâs*
fourchette/couteau	**eine Gabel/ein Messer** *aïneu gâbel/aïn mèssèr*
serviette	**eine Serviette** *aïneu zèrviètte*
assiette/cuillère	**einen Teller/Löffel** *aïneun tèllèr/leuffèl*
Je voudrais un peu plus de ...	**Ich hätte gern noch etwas ...** *içh hètteu gèrn noçh ètvâs*
Ça suffit, merci.	**Nichts mehr, danke.** *niçhts mé:r dannkeu*
Où sont les toilettes?	**Wo sind die Toiletten?** *vô zint dî toalèttenn*

Régimes spéciaux Sonderwünsche

Je ne dois pas manger de plats contenant du ...	**Ich darf nichts essen, was ... enthält.** *içh darf niçhts èsseun vass ... ènt-hèlt*
sel/sucre	**Salz/Zucker** *zalts/tsoukker*
Avez-vous des repas/boissons pour diabétiques?	**Haben Sie Gerichte/Getränke für Diabetiker?** *hâbeun zi ghérichteu/ghétrènkeu fur diabétiker*
Avez-vous des repas végétariens?	**Haben Sie vegetarische Gerichte?** *hâbeun zî véghétâricheu ghérichteu*

Pour les enfants Für Kinder

Faites-vous des portions enfants?	**Haben Sie Kinderportionen?** *hâbeun zî kinndèrpôrtsiôneun*
Pouvons-nous avoir une chaise haute (pour bébé)?	**Können wir bitte einen Kinderstuhl haben?** *keunneun vîr bitteu aïneun kinndèrchtoul hâbeun*
Où puis-je faire réchauffer le biberon?	**Wo kann ich das Fläschchen wärmen?** *vô kann içh dass flèch-çhen vèrmeun*
Où puis-je allaiter/changer le bébé?	**Wo kann ich das Baby füttern/wickeln?** *vô kann içh dass baby futtern/vikeuln*

ENFANTS ➤ 113

Restauration rapide
Schnellgerichte

Boissons Getränke

Je voudrais …	**Ich hätte gern …** *içh hètteu gèrn*
un chocolat (chaud)	**eine (heiße) Schokolade** *aïné (haïsseu) chokolâdeu*
un café	**einen Kaffee** *aïneun kafé*
noir/au lait	**schwarz/mit Milch** *chvarts/mit milçh*
un thé	**einen Tee** *aïneun té:*
de vin rouge/blanc	**Rotwein/Weißwein** *rôtvaïn/vaïssvaïn*
une bouteille	**eine Flasche** *aïneu flacheu*
un verre	**ein Glas** *aïn glas*
Une petite/grande bière, s.v.p.	**Ein kleines/großes Bier, bitte.** *aïn klaïnès/grôssès bîr bitteu*

Bitte schön?	Vous désirez?
… haben wir nicht mehr.	Nous n'avons plus de …
Möchten Sie sonst noch etwas?	Voulez-vous autre chose ?

Et nourriture … Und zu essen …

Un morceau de … s.v.p.	**Ein Stück …, bitte.** *aïn chtuk … bitteu*
gâteau	**Kuchen** *koûçheun*
J'en voudrais deux.	**Ich hätte gern zwei davon.** *içh hètteu gèrn tsvaï dafôn*
un hamburger	**Hamburger** *hammbourghèr*
des frites	**Pommes frites** *pom frit*
un sandwich	**belegtes Brot** *bélé:gtèss brôt*
saucisse	**Wurst** *vourst*

Eis *aïss*

glace; quelques parfums courants sont **Erdbeereis** (fraise), **Schokoladeneis** (chocolat), **Vanilleeis** (vanille).

Une … portion, s.v.p.	**Eine … Portion, bitte.** *aïneu … pôrtsiôn bitteu*
petite	**kleine** *klaïneu*
grosse	**große** *grôsseu*
C'est pour emporter.	**Es ist zum Mitnehmen.** *èss ist tsoum mitné:meun*
C'est tout, merci.	**Danke, das ist alles.** *dannkeu dass ist allèss*

BOISSONS ➤ 49–51

– Was hätten Sie gern? (Vous désirez?)
– Zwei Kaffee, bitte. (Deux cafés, s.v.p.)
– Schwarz oder mit Milch? (Noirs ou au lait?)
– Mit Milch, bitte. (Au lait, s.v.p.)
– Möchten Sie sonst noch etwas?
(Voulez-vous autre chose?)
–Nein danke, das ist alles.
(Non, c'est tout, merci.)

Réclamations Beschwerden

Je n'ai pas de couteau/ fourchette/cuillère.	**Ich habe kein Messer/keine Gabel/keinen Löffel.** *içh hâbeu kaïn mèssèr/ kaïneu gâbèl/kaïneun leuffel*
Il doit y avoir une erreur.	**Es muss ein Irrtum vorliegen.** *ess mouss aïn irtoum fôrlîgeun*
Ce n'est pas ce que j'ai commandé.	**Das habe ich nicht bestellt.** *dass hâbeu içh niçht béchtèllt*
J'ai demandé ...	**Ich wollte ...** *içh volteu*
Je ne peux pas le manger.	**Das kann ich nicht essen.** *dass kann içh niçht èsseun*
La viande est ...	**Das Fleisch ist ...** *dass flaïch ist*
trop cuite	**zu stark gebraten** *tsou chtark ghébrâteun*
pas assez cuite	**zu roh** *tsou rô*
trop dure	**zu zäh** *tsou tsè:*
C'est trop ...	**Das ist zu ...** *dass ist tsou*
amer/acide	**bitter/sauer** *bitteur/zaouèr*
La nourriture est froide.	**Das Essen ist kalt.** *dass èsseun ist kalt*
Ça n'est pas frais.	**Das ist nicht frisch.** *dass ist niçht frich*
Il y en a encore pour combien de temps?	**Wie lange dauert unser Essen noch?** *vi lanngeu daouert ounzer èsseun noçh*
Nous ne pouvons plus attendre. Nous partons.	**Wir können nicht länger warten. Wir gehen.** *vir keunneun niçht lèngheur varteun. vir ghé:heun*
Avez-vous oublié nos boissons?	**Haben Sie unsere Getränke vergessen?** *hâbeun zî ounzèreu ghétrènkeu fèrgèsseun*
Ce n'est pas propre.	**Das ist nicht sauber.** *dass ist niçht zaouber*
Je voudrais parler au maître d'hôtel/ au patron.	**Ich möchte mit dem Oberkellner/ Geschäftsführer sprechen.** *içh meuçhteu mit dém ôbèrkèllnèr/ghéchèftsfu:rer chprèçheun*

Paiement Bezahlen

Pourboire: le service est généralement compris dans la note, mais si vous êtes particulièrement satisfait, un pourboire personnel pour le serveur est apprécié.

Je voudrais payer.	**Ich möchte bezahlen.** *içh meuçhteu betsâleun*
L'addition, s.v.p.	**Die Rechnung, bitte.** *dî rèçhnoung bitteu*
Nous voudrions payer séparément.	**Wir möchten getrennt bezahlen.** *vir meuçhteun ghétrènt betsâleun*
Tous les repas ensemble, s.v.p.	**Alles zusammen, bitte.** *alless tsouzammeun bitteu*
Je crois qu'il y a une erreur sur l'addition.	**Ich glaube, Sie haben sich verrechnet.** *içh glaoubeu zî hâbeun ziçh fèrrèçhneut*
Que représente ce montant?	**Wofür ist dieser Betrag?** *vôfu:r ist dîzer bétrâg*
Je n'ai pas pris ça. J'ai pris …	**Das hatte ich nicht. Ich hatte …** *dass hatteu içh niçht. içh hatteu*
Le service est-il compris?	**Ist die Bedienung inbegriffen?** *ist di bédînoung innbégriffeun*
Puis-je payer avec cette carte de crédit?	**Kann ich mit dieser Kreditkarte bezahlen?** *kann içh mit dîzer kréditkarteu betsâleun*
J'ai oublié mon portefeuille.	**Ich habe meine Brieftasche vergessen.** *içh hâbeu maïneu brîftacheu fèrghèsseun*
Puis-je avoir un reçu s.v.p.?	**Kann ich bitte eine Quittung haben?** *kann içh bitteu aïneu kvittoung hâbeun*
Puis-je avoir une note détaillée, s.v.p.?	**Kann ich eine detaillierte Rechnung haben?** *kann içh aïneu détaïllîrteu rèçhnoung hâbeun*
C'était un très bon repas.	**Das Essen war sehr gut.** *dass èsseun vâr zér goût*

– Die Rechnung, bitte.
(L'addition, s.v.p.)
– Selbstverständlich.Bitte schön. (Bien sûr. Voilà.)
– Ist die Bedienung inbegriffen? (Le service est-il compris?)
– Ja. (Oui.)
– Kann ich mit dieser Kreditkarte zahlen?
(Est-ce que je peux payer avec cette carte de crédit?)
– Natürlich … (Bien sûr …)
– Danke. Das Essen war sehr gut. (Merci. C'était un très bon repas.)

CHIFFRES ➤ 216

Plats Die verschiedenen Gerichte

Petit déjeuner Frühstück

Le petit déjeuner allemand est généralement beaucoup plus copieux et varié qu'en France. On sert souvent de la charcuterie, du fromage, une grande variété de pains ou de petits pains avec du beurre et de la confiture, le tout accompagné de café ou de thé. Dans les hôtels, il s'agit souvent d'un buffet, où vous pourrez choisir également des céréales, des yaourts ou des croissants.

Je voudrais …	**Ich hätte gern …** *içh hètteu gèrn*
pain	**Brot** *brôt*
beurre	**Butter** *boutteur*
céréales	**Müsli/Cornflakes** *mu:sli/«cornflakes»*
fromage	**Käse** *kè:zeu*
charcuterie	**Aufschnitt** *aoufchnit*
œufs	**Eier** *aï-eur*
œuf à la coque	**ein gekochtes Ei** *aïn ghékoçhtès aï*
œufs sur le plat	**Spiegeleier** *chpîgelaï-eur*
œufs brouillés	**Rühreier** *ru:raï-eur*
miel/confiture	**Honig/Marmelade** *hôniçh/marmeulâdeu*
marmelade	**Orangenmarmelade** *oranjeun-marmeulâdeu*
lait	**Milch** *milçh*
jus d'orange	**Orangensaft** *orancheunzaft*
pain grillé	**Toast** *tôst*

Hors-d'œuvres Vorspeisen

Aufschnittplatte *aoufchnitplatteu*
Assortiment de charcuterie et de viandes froides accompagnées de cornichons et de pain

Bauernomelette *baouern omletteu*
Omelette aux oignons et au lard coupé en dés

Bündnerfleisch *bunndnèrflaïch*
Bœuf fumé, séché servi en fines tranches (Suisse)

Fleischpastete *flaïchpastéteu*
Pâté à la viande

Matjesfilet nach Hausfrauenart *mâtyèsfillé naçh haousfraoueunârt*
Filets de hareng avec pommes et oignons

Russische Eier *roussicheu aïeur*
Œufs cuits durs avec mayonnaise

Stolzer Heinrich *stôlzer haïnriçh*
Saucisse de porc frite dans une sauce à la bière (bavarois)

AUTRES BOISSONS ➤ 51

Potages et soupes Suppen

Les potages figurent sur les menus sous deux formes principales: **Suppe** (potage) et **Brühe** (bouillon). Soyez attentifs à ces spécialités.

Backerbsensuppe	*bakèrpseunzoupeu*	sorte de potage aux pois cassés
Bauernsuppe	*baouernzoupeu*	potage au chou et aux saucisses de Francfort
Bohnensuppe	*bôneunzoupeu*	potage aux haricots
Champignonsuppe	*chammpignonzoupeu*	potage aux champignons
Erbsensuppe	*èrpzeunzoupeu*	potage aux pois
Flädlesuppe	*flèdlézoupeu*	bouillon avec lanières de crêpes
Gemüsesuppe	*ghému:sezoupeu*	potage de légumes
Gulaschsuppe	*goulâchzoupeu*	potage épicé de bœuf cuit en ragoût
Hühnerbrühe	*hu:neurbru:eu*	bouillon de poulet
Leberknödelsuppe	*lébèrkneudèlzoupeu*	potage aux boulettes de foie
Nudelsuppe	*noûdèlzoupeu*	potage aux nouilles
Ochsenschwanzsuppe	*ochsènchvanntszoupeu*	potage à la queue de bœuf
Serbische Bohnensuppe	*sèrbicheu bôneunzoupeu*	potage épicé aux haricots
Tomatensuppe	*tomâteunzoupeu*	potage aux tomates

Poissons et fruits de mer Fisch und Meeresfrüchte

Les poissons et fruits de mer populaires sont énumérés ci-dessous ou figurent dans le glossaire de l'alimentation.

Dorsch	*dorch*	morue
Forelle	*forèlleu*	truite
Garnelen	*garné:leun*	crevettes
Kabeljau	*kâbèlyaou*	cabillaud
Lachs	*laks*	saumon
Languste	*lanngousteu*	langouste
Muscheln	*mouchèln*	coquillages / moules
Salm	*zalm*	saumon
Scholle	*cholleu*	plie
Tintenfisch	*tinnteunfich*	calmar, poulpe

Viandes Fleisch

Ich hätte gern ...	*içh hètteu gèrn*	Je voudrais du/de la/de l'/des ...
Ente	*ènteu*	canard
Hähnchen	*hè:nçheun*	poulet
Kalbfleisch	*kalpflaïch*	veau
Kaninchen	*kanînçheun*	lapin
Lammfleisch	*lammflaïch*	agneau
Reh	*ré:*	chevreuil
Rindfleisch	*rinntflaïch*	bœuf
Schinken	*chinnkeun*	jambon
Schweinefleisch	*chvaïneflaïch*	porc
Truthahn	*troûthân*	dinde
Würste	*vursteu*	saucisses

Morceaux de viande Fleischstücke

Afin de savoir quel morceau vous sera servi au repas, regardez la fin du mot: la viande vient en premier lieu (par exemple, **Schweine-**) suivie du morceau (**-kotelett**).

-braten	*brâteun*	rôti
-brust	*broust*	blanc
-hachse/haxe	*hakseu*	jarret
-herz	*hèrts*	cœur
-kotelett	*kotlètt*	côtelette
-klößchen	*kleûss-çheun*	boulettes
-leber	*lébèr*	foie
-plätzli	*plètsli*	escalope
-rücken	*rukeun*	échine/râble
-spießchen	*chpîss-çheun*	brochettes
-zunge	*tsoungeu*	langue

Plats de viande Fleischgerichte

Eisbein	*aïsbaïn*	jarret de porc macéré dans du vinaigre
Faschiertes	*fachîrtes*	viande hachée
Fleischkäse	*flaïchkè:zeu*	«fromage d'Italie»
Gehacktes	*ghèhaktès*	viande hachée
Kalbshaxen	*kalpshakseun*	jarret de veau rôti
Leberkäse	*lébèrkè:zeu*	genre de pâté de foie
Wiener Schnitzel	*vîneur chnitsèl*	escalope de veau panée

Bauernschmaus *baouèrnchmaouss*
Choucroute garnie de lard bouilli, porc fumé, saucisses, boulettes, pommes de terre (autrichien)

Berner Platte *bèrnèr platteu*
Choucroute ou haricots verts, généreusement garnis de côtelettes de porc, de lard et bœuf bouillis, de saucisses, de langue et de jambon (Suisse)

Holsteiner Schnitzel *holchtaïner chnitsèl*
Escalope de veau panée, recouverte d'un œuf sur le plat, garnie de légumes et généralement accompagnée de pain et de beurre, d'anchois, de moules et de saumon fumé

Kohlroulade *kôlroulâdeu*
Feuilles de chou farcies de viande hachée

Maultaschen *maoultacheun*
Raviolis à la souabe farcis de viande, de légumes et assaisonnés

Pfefferpotthast *pfèffèrpot-hast*
Viande épicée et oignons en cocotte

Rouladen *roulâdeun*
Tranches de bœuf ou de veau farcies, roulées et braisées (dans une sauce brune au jus de viande)

Sauerbraten *zaouerbrâteun*
Rôti de bœuf mariné avec des fines herbes et braisé dans une sauce riche

Schlachtplatte *chlaçhtplatteu*
Assortiment de charcuterie et de viandes froides

Saucisses Würste

Bierwurst	*bîrvourst*	porc et bœuf, fumée
Blutwurst	*bloûtvourst*	boudin noir
Bockwurst	*bokvourst*	grande saucisse de Francfort
Bratwurst	*brâtvourst*	porc, frite ou grillée
Fleischwurst	*flaïchvourst*	légèrement assaisonnée, appréciée des enfants
Jagdwurst	*yâgtvourst*	porc fumé, semblable au salami
Leberwurst	*lébèrvourst*	saucisse de foie
Katenrauchwurst	*kâteunraouçhvourst*	de campagne, fumée
Regensburger	*ré:geunsbourghèr*	très épicée, fumée
Rotwurst	*rôtvourst*	boudin noir
Weißwurst	*vaïsvourst*	veau et lard avec persil et oignons
Zervelat(wurst)	*sèrvélât(vourst)*	porc, bœuf et lard, assaisonnée et fumée (type de cervelas)
Zwiebelwurst	*tsvîbelvourst*	foie et oignon

Plats d'accompagnement Beilagen

Kartoffeln *kartoffèln*

Pommes de terre, pouvant être préparées selon une des manières suivantes: **Bratkartoffeln/Röstkartoffeln** (sautées), **Geröstete/Rösti** (rissolées), **Kartoffelbrei/-püree** (en purée), **Kartoffelsalat** (en salade), **Salzkartoffeln** (bouillies)

Klöße/Knödel *kleûsseu/kneûdèl*

Boulettes – autre spécialité très vivement recommandée; elles accompagnent souvent potages, ragoûts et plats de viande. En voici quelques variétés: **Grießklöße** (semoule), **Kartoffelklöße** (pommes de terre), **Leberknödel** (foie), **Mehlklöße** (farine), **Nockerl** (petites), **Semmelknödel** (boulettes de pain bavaroises). Notons que les boulettes sont appelées **Klöße** dans le Nord de l'Allemagne, et **Knödel** dans le Sud

Teigwaren *taïgwâreun*

Pâtes; quelques variétés: **Nudeln** (nouilles), **Spätzle** et **Knöpfli** (genres de gnocchi)

Vous reconnaîtrez les légumes suivants: **Brokkoli, Karotten, Sellerie, Tomaten.**

Blumenkohl	*bloûmeunkôl*	chou-fleur
Bohnen	*bôneun*	haricots
Cornichons	*kornichons*	cornichons
Erbsen	*èrpseun*	petits pois
Gurke	*gourkeu*	concombre
Karfiol	*karfiôl*	chou-fleur
Kopfsalat	*kopfzalât*	laitue
Mohrrüben	*môrru:beun*	carrottes
Zwiebeln	*tsvîbeln*	oignons
gemischter Salat	*ghémichter zalât*	crudités
grüner Salat	*gru:nèr zalât*	salade verte
Rettichsalat	*rèttichzalât*	salade de raifort
Rotkrautsalat	*rôtkraoutzalât*	chou rouge en salade
Tomatensalat	*tomâteunzalât*	salade de tomates

Kohl/Kraut *kôl/kraout*

Chou; légume populaire aux préparations multiples: **Grünkohl** (frisé), **Krautsalat** (salade de chou cru), **Rotkohl/-kraut** (chou rouge), **Sauerkraut** (choucroute), **Weißkohl/-kraut** (chou blanc)

Pilze *piltseu*

Champignons. Citons parmi les variétés courantes utilisées dans la cuisine allemande: les **Champignons** (blancs de Paris), les **Pfifferlinge** ou **Pferlinge** (girolles/chanterelles)

Fromage Käse

La plupart des fromages produits en Allemagne, en Autriche et en Suisse sont doux, bien que l'on compte quelques fromages forts – généralement classés dans trois catégories: **würzig, pikant** et **scharf**.

fromages durs	(doux)	**Allgäuer Bergkäse** (semblable au gruyère), **Räucherkäse** (fumé), **Schichtkäse, Tilsiter**
	(piquant)	**Handkäse, Harzer Käse, Schabzieger**
fromages moelleux	(doux)	**Allgäuer Rahmkäse, Altenburger** (fromage de chèvre), **Edelpilz** (fromage bleu), **Frischkäse** (fromage blanc), **Kümmelkäse** (aux graines de cumin), **Sahnekäse** (fromage à crème)
fromages suisses	(doux)	**Emmentaler, Greyerzer, Appenzeller**

Fruit Obst

Apfelsine	*apfelzîneu*	orange
Birne	*birneu*	poire
rote/schwarze Johannisbeeren	*rôteu/chvartseu yohannisbéreun*	groseilles/cassis
Kirschen	*kircheun*	cerises
Pflaumen	*pflaoumeun*	prunes
Zitrone/Limone	*tsitrôneu/limôneu*	citron/citron vert
Zwetschgen	*tsvètchgeun*	quetsches

Dessert Nachtisch

Vous reconnaîtrez: **Banane, Mandarine, Melone, Aprikosen, Datteln, Orange.**

Apfelkuchen	*apfèlkouçheun*	tarte aux pommes
Dampfnudeln	*dammpfnoudèln*	boulettes douces
gemischtes Eis	*gemichtes aïss*	portion de glace panachée
Germknödel	*gèrmkneûdel*	boulettes au lait
Obstsalat	*ôbstzalât*	salade de fruits
Pfannkuchen	*pfannkouçheun*	crêpes
Rote Grütze	*rôteu grutseu*	compote de baies rouges
Streuselkuchen	*stroïselkouçheun*	brioche parsemée de crumble
Zwetschgenkuchen	*zvètchgeunkouçheun*	tarte aux quetches

Boissons Getränke

Bière Bier

La bière est très populaire en Allemagne et en Autriche – et il ne s'agit pas que de bières blondes! Pour commander facilement, demandez une **Bier vom Fass** (bière à la pression). Si vous voulez être plus spécifique, demandez **ein Helles** (bière blonde) ou **ein Dunkles** (bière brune). Soyez attentif à:

Alkoholfreies Bier: sans alcool
Altbier: à teneur élevée en houblon
Berliner Weiße mit Schuss: bière blonde avec un soupçon de sirop de framboise
Bockbier, Doppelbock, Märzen, Starkbier: à teneur élevée en alcool et en malt
Export: claire et forte, plus alcoolisée et moins amère qu'une pils
Hefeweizen/Hefeweißbier: blonde, brassée à partir de froment
Kölsch: dorée et légère, brassée à Cologne
Eisbock: sa concentration d'alcool est la plus élevée de toutes les bières allemandes
Malzbier: brune et douce, peu alcoolisée
Pisener (Pils): blonde et forte avec un arôme de houblon
Radlermaß/Alsterwasser: panaché (bière et limonade)
Weißbier: blonde, brassée à partir de graines de froment

Vin Wein

L'association des terres viticoles allemandes (**VDP**) est synonyme de contrôle qualité et garantit la qualité supérieure des vins porteurs du label VDP. Le sceau du vin (**Weinsiegel**) sur le goulot de la bouteille correspond à un code couleur qui en facilite la reconnaissance: sceau jaune pour sec (**trocken**), vert pour demi-sec (**halbtrocken**) et rouge pour doux (**lieblich**).

Kabinett: vin léger et sec
Spätlese: plus mûr, plus charnu, souvent plus doux
Auslese: vin légèrement sec, plus riche qu'un **Spätlese**
Beerenauslese: vin légèrement doux, mielleux et riche
Trockenbeerenauslese: vin doux, comparable aux meilleurs Sauternes
Eiswein: très doux, assez rare et cher
Tafelwein: vin de table, de qualité inférieure
Qualitätswein bestimmter Anbaugebiete: vin de qualité moyenne
Qualitätswein mit Prädikat: vin de qualité supérieure

Régions viticoles Weinregionen

Ahr (région au sud de Bonn) Les vins rouge clair de la région sont les meilleurs d'Allemagne; produits aux alentours des villes de Ahrweiler, Neuenahr et Walporzheim.

Rheingau Région produisant les vins les plus réputés, par exemple **Riesling** (Schloss Johannisberger, Hattenheimer, Kloster Eberbacher, Steinberge, Rüdesheimer); **Sekt** (vin mousseux) produit à Eltville et Hochheim; les rouges, produits à Assmannshausen et Ingelheim.

Rheinhessen (région de la rive gauche du Rhin, au sud de Mainz) Niersteiner, Domtal, Oppenheimer. Un vin de qualité inférieure est vendu sous le nom de Liebfraumilch. Parmi les villes produisant des vins de qualité exceptionnelle, citons: Alsheim, Bingen, Bodenheim, Dienheim, Guntersblum, Ingelheim, Nackenheim, Nierstein, Oppenheim et Worms.

Rheinpfalz (plus au sud de Rheinhessen) Produit essentiellement des vins blancs: Dürkheimer, Deidsheimer, Forster, Ruppertsberger, Wachenheimer.

Mittelrhein (région viticole entre Rüdesheim et Coblence). Vignobles à Bingen, Bacharach, Boppard et Oberwesel.

Mosel (Vallée de la Moselle; bouteilles vertes, au lieu du verre brun des vins du Rhin). Les vins de Moselle de qualité supérieure sont produits dans les vignobles de Bernkastel, Brauneberger, Graach, Piesport, Wehlen, Zeltingen. Appellations à repérer: Bernkasteler, Graacher, Piesporter, Zeltinger.

Baden (essentiellement des vins blancs, quelques rouges légers; au sud-ouest de l'Allemagne). Markgäfler, Mauerwein, Seewein, Rulander, Gutedel, Kaiserstuhl, Sauser (doux).

Württemberg (bonne région viticole de vins rouges) Cherchez Trollinger (rouge), Schillerwein (rosé) et Stettener Bortwasser. Le meilleur vin de la région est produit à Cannstaat, Feuerbach et Untertürckheim.

Franken (Franconie: région des alentours de Würzburg, produisant des vins secs, forts et blancs). Régions viticoles: Iphofen, Eschendorf, Andersacker, Rodelsee, Würzburg. Appellations à repérer: Bocksbeutel, Steinwein.

Nahe (vins blancs charnus) Si vous désirez quelques excellents vins, cherchez Schloss Böckelheim, ou des régions telles que Bad Kreuznach, Bretzenheim, Münster, Niederhausen, Nordheim, Roxheim et Winzerheim.

Autriche (quelques bons vins blancs, rouges ordinaires) Essayez de repérer: Gumpoldskirchner (sud de Vienne); Dürnsteiner, Loibner, Dremser (région de Wachau); vins de table tels que Nussberger, Grinzinger, Badener (région de Vienne).

Suisse (vins de table rouges et blancs) Les cantons germanophones produisent essentiellement des vins rouges légers: Hallauer, Maienfelder, Stammheimer.

Autres boissons Andere Getränke

Vous reconnaîtrez le **Cognac, Rum, Wodka, Whisky.** Parmi les autres boissons que vous souhaiterez peut-être commander dans les pays germanophones, citons l'**Apfelwein** (cidre), le **Bowle** (punch), le **Glühwein** (vin chaud), le **Portwein** (porto), le **Weinbrand** (cognac).

Plus courants sont les nombreuses eaux-de-vie et liqueurs, typiques d'Allemagne, d'Autriche et de Suisse. Voici quelques suggestions:

Schnaps *chnaps*

Terme générique désignant les eaux-de-vie, souvent obtenus par distillation de fruits. Parmi les variétés, citons l'**Apfelschnaps** (pomme); le **Birnenschnaps** (poire); le **Bommerlunder** (eau-de-vie aromatisée au cumin); la **Doppelkorn** (eau-de-vie de grain); le **Dornkaat/Steinhäger** (semblable au gin); la **Heidelbeergeist** (eau-de-vie de myrtille); le **Kirschwasser** (kirsch); l'**Obstler** (eau-de-vie de fruits); la **Pfümli(wasser)/Zwetschgenwasser** (eau-de-vie de prunes/quetches); la **Träsch** (eau-de-vie de poires et de pommes) et la **Weizenkorn** (eau-de-vie de grain).

Likör *likeûr*

Liqueur; essayez de trouver des variétés telles que la **Aprikosenlikör** (abricot), la **Eierlikör** (liqueur aux œufs), la **Himbeerlikör** (framboise), la **Kirschlikör** (cerise), la **Kümmel** (aromatisée au cumin).

Vous trouverez sans difficulté vos boissons non alcoolisées ou sodas préférés, telles que *Coca-Cola®, Fanta®, Pepsi®*. Le **Kaffee und Kuchen** (café et gâteaux) est également populaire le soir, et les variétés de café sont nombreuses en Autriche.

Je voudrais …	**Ich hätte gern …** *içh hètteu gèrn*
un chocolat (chaud)	**eine (heiße) Schokolade** *aïneu (haïsseu) chokkolâdeu*
(un verre de) lait	**(ein Glas) Milch** *(aïn glas) milçh*
de l'eau minérale	**Mineralwasser** *minnerâlvasser*
gazeuse	**mit Kohlensäure** *mit kôleunzoïreu*
non gazeuse	**ohne Kohlensäure** *ôneu kôleunzoïreu*
jus de fruit	**Fruchtsaft** *fruçhtzaft*
café	**Kaffee** *kafé*
thé	**Tee** *té:*

Glossaire allemand de l'alimentation

A

Aal anguille
Aalsuppe soupe à l'anguille
Abendbrot dîner
Abendessen dîner
alkoholfrei non alcoolisé
alkoholfreies Bier bière sans alcool
alkoholfreies Getränk boissons non alcoolisées
alle Preise inklusive Bedienung und Mehrwertsteuer (MwSt.) frais de service et TVA (taxes de vente) compris
Allgäuer Käsesuppe potage au fromage de l'Allgau
Alsterwasser bière avec limonade
Altbier semblable à une bière blonde
Ananas ananas
Anis anis
Aperitif apéritif
Apfel pomme
Apfelcreme crème à la pomme
Apfelkuchen tarte aux pommes
Apfelküchlein beignets aux pommes
Apfelsaft jus de pommes
Apfelschnaps eau de vie de pommes
Apfelsine orange
Apfelsinensaft jus d'oranges
Apfelstrudel strudel aux pommes
Apfelwein cidre
Appetithäppchen canapés
Aprikosen abricots
Aprikosenlikör liqueur d'abricots
... Art (plat) façon ...
Auberginen aubergines
-auflauf soufflé à
Aufschnitt(platte) morceaux froids (charcuterie, viande) ➤ 43
auf Vorbestellung commandes à l'avance uniquement
Auslese classification des vins ➤ 49
Austern huîtres

B

Bachsaibling truite d'eau douce
Back- cuit (au four)
Backerbsensuppe genre de potage aux pois ➤ 44
Backpflaumen pruneaux
Banane banane
Barsch perche d'eau douce
Basilikum basilic
Basler Mehlsuppe potage à la farine avec fromage râpé (suisse)
Bauernomelette lard coupé en dés et omelette aux oignons
Bauernschmaus choucroute avec morceaux de viande, boulettes de pâte et pommes de terre ➤ 46
Bauernsuppe potage au chou et aux saucisses de Francfort
(deutsches) Beefsteak hamburger
Beerenauslese classification des vins ➤ 49
Beilagen accompagnements
belegtes Brot canapé

Berliner beignet à la gelée
Berliner Weiße bière blonde ➤ 49
Berner Platte choucroute ou haricots verts avec morceaux de viande ➤ 46
Bete betterave
Bethmännchen boulettes de massepain
Beuschel veau avec sauce au citron
Bienenstich gâteau au miel et aux amandes
Bier bière ➤ 49
Bierwurst saucisse fumée porc et bœuf
Birne poire
Birnen, Bohnen & Speck poires, haricots verts et lard
Birnenschnaps eau-de-vie de poires
Bismarckhering hareng macéré dans du vinaigre avec oignons
blau cuit au bouillon (au bleu)
Blaubeer-Kaltschale potage froid aux myrtilles
Blaubeeren myrtilles
Blaukraut chou rouge
Blindhuhn ragoût de légumes westphalien
Blumenkohl chou-fleur
blutig saignant
Blutwurst boudin noir
Bockbier bière forte ➤ 49
Bockwurst grande saucisse de Francfort
Bohnen haricots
Bohnensuppe potage aux haricots avec lard
Bommerlunder eau de vie aromatisé au cumin
Borretsch bourrache
Bouillon potage clair
Bowle punch
Brachse/Brasse brème
Brat- rôti
-braten rôti
Bratkartoffeln pommes de terre sautées
Bratwurst saucisse de porc frite
Brechbohnen haricots verts
Brokkoli brocolis
Brombeeren mûres
Brot pain
Brötchen petits pains
-brust poitrine
Bückling hareng saur
Buletten boulettes de viande
Bündnerfleisch bœuf fumé ➤ 43
Butterkuchen gâteau crumble au beurre
Butterreis riz au beurre

C

Cayenne-Pfeffer poivre de Cayenne
Champignons champignons blancs
Champignonsuppe potage aux champignons
Chicorée endive
Christstollen gâteau de Noël aux fruits confits
Cornichons petits cornichons
-creme crème de
Cremeschnitte millefeuille
Curryreis riz au curry

D **Dampfnudeln** petits pains au lait
dasselbe mit ... même chose, avec...
Datteln dattes
Dill aneth
Doornkaat gin allemand, eau-de-vie aux baies de genièvre
Doppelbock bière forte ➤ 49
(Doppel)Korn liqueur de grain distillée, semblable au whisky
Doppelrahm-Frischkäse fromage à la crème
Dorsch morue
dunkles Bier bière brune
(gut) durchgebraten bien cuit

E **Edelpilz** fromage bleu, semblable à du Roquefort
Egli perche
Eier œufs
Eierlikör liqueur aux œufs
Eierspeisen plats aux œufs
Eintopfgerichte ragoûts
Eis/-eis glace
Eisbein jarret de porc macéré dans du vinaigre
Eistee thé glacé
Eiswein classification des vins ➤ 49
Endivien chicorée frisée
Endiviensalat salade de chicorée frisée
Endpreise einschließlich Service und Mehrwertsteuer service et TVA compris
Ente canard
Erbsen pois
Erbsensuppe potage aux pois
Erdbeeren fraises
Erdnüsse cacahuètes
Essig vinaigre
Essiggurken cornichons au vinaigre
Estragon estragon
Export bière blonde forte ➤ 49
Expresso expresso

F **falscher Hase** rôti de viande hachée
Fasan faisan
Faschiertes viande hachée
Feigen figues
Felchen féra
Fenchel fenouil
Filetsteak steak de bœuf
Fisch poisson ➤ 44
Fischbeuschelsuppe potage à la laitance de poisson et aux légumes
Fischfrikadellen croquettes de poisson
Fischgerichte plats de poisson
Fischsuppe potage de poisson
Fisolen haricots verts
Flädlesuppe bouillon avec lanières de crêpes
Fleisch (gerichte) viande (plats) ➤ 45–46
Fleischkäse «fromage» d'Italie
Fleischklößchen boulettes de viande
Fleischpastete pâté en croûte à la viande
Fleischsalat salade de viande coupée en dés avec mayonnaise

Fleischwurst saucisse légèrement assaisonnée ➤ 46

Fondue pain trempé dans du fromage fondu (type fondue savoyarde)

Forelle truite

Frankfurterwürstchen saucisse de Francfort

französisches Weißbrot baguette française

Fridattensuppe bouillon avec lanières de crêpes

Frikadellen boulettes de viande hachée

Frisch geräucherte Gänsebrust auf Toast poitrine d'oie fraîchement fumée sur pain grillé

Frischkäse fromage à la crème

frittiert frit en grande friture

Früchtetee thé aux fruits

Fruchtjogurt yoghourt aux fruits

Fruchtsaft jus de fruits

Frühstück petit déjeuner ➤ 43

für unsere kleinen Gäste repas pour enfants

für zwei Personen pour deux (personnes)

G

Gans oie

Gänseleberpastete pâté de foie d'oie

Garnelen crevettes

Gebäck pâtisseries

gebacken cuit (au four)

(im schwimmenden Fett) gebacken frit en grande friture

(in der Pfanne) gebraten frit (à la poêle)

(im Ofen) gebraten rôti (au four)

gebrühter Weißkrautsalat salade de chou blanc étuvé

gedämpft cuit à la vapeur

Geflügel volaille

gefüllt farci

gegrillt grillé

gehackt haché

Gehacktes viande hachée

gekocht bouilli

gekochtes Ei œuf à la coque

Gelbwurst saucisse légèrement assaisonnée, appréciée des enfants

Gelee gelée / confiture

gemischter Salat salade mixte / crudités

gemischtes Gemüse assortiment de légumes

Gemüse légumes ➤ 47

Gemüse nach Wahl légumes au choix

geräuchert fumé

Germknödel petits pains au lait

Geröstete pommes de terre sautées

geschmort braisé

Geschnetzeltes morceaux de veau dans une sauce au vin

(in Butter) geschwenkt sauté (dans du beurre)

Geselchtes viande salée et fumée, généralement du porc

gespickter Hirsch cerf lardé

Getränke boissons ➤ 49–51

Gewürz épices

Glace/-glace glace

Glühwein vin chaud
Glutenfreies Brot pain sans gluten
Götterspeise gelée de fruits
Grießbrei semoule
Grießklöße boulettes de semoule
Grießnockerlsuppe potage aux boulettes de semoule
grüne Bohnen haricots verts
grüner Salat salade verte
Grünkohl chou frisé
Gugelhupf kouglof
Gulasch goulasch; gros morceaux de bœuf cuits en ragoût dans une sauce riche au jus de viande et au paprika
Gulaschsuppe potage épicé de bœuf cuit en ragoût
Gurken concombre

H

-hachse jarret
Hackbraten pain de viande
Hackepeter porc tartare épicé
Haferbrei flocons d'avoine
Hähnchen poulet
halbfester Käse fromage demi-dur
halbtrocken demi-sec
Hammelfleisch mouton
hart dur
Hase lièvre
Haselnüsse noisettes
Hauptgerichte plats principaux
Häuptlsalat laitue
hausgemacht fait maison
-haxe jarret
Hecht brochet
Hefeklöße boulettes à base de levure
Hefekranz gâteau de pâte à la levure en forme d'anneau, avec amandes et parfois fruits confits
Hefeweizen bière blonde ➤ 49
Heidelbeeren myrtilles
Heidelbeergeist eau-de-vie de myrtilles
Heidschnucken mouton de la lande de Lüneberg
Heilbutt flétan
heiß chaud
heißer Apfelwein cidre de pomme chaud
helles Bier bière blonde
-hendl poulet
Hering(salat) (salade de) harengs
-herz cœur
Himbeeren framboises
Himbeerlikör eau-de-vie de framboises
hohe Rippe côtes de bœuf rôties
Holsteiner Schnitzel escalope de veau panée recouverte d'un œuf sur le plat ➤ 46
Honig miel
Honigkuchen biscuits au miel
Hoppel-Poppel œufs brouillés avec saucisses coupées en dés ou lard
Huhn poulet
Hühnerbrühe bouillon de poule
Hummer homard
Hummerkrabben grosses crevettes
Hüttenkäse fromage blanc

I

Imbiss collations
... im Preis inbegriffen ... inclus dans le prix
Ingwer gingembre

J

Jagdwurst saucisse de porc fumée, semblable à du salami
Jakobsmuscheln coquilles Saint-Jacques
Jogurt yoghourt
Johannisbeersaft jus de groseilles

K

Kabeljau cabillaud
Kabinett classification des vins ➤ 49
Kaffee café ➤ 51
Kaffeesahne crème pour café
Kaisergranate sorte de crevette
Kaiserschmarren crêpe découpée en lanières avec raisins, servie avec du sirop
Kakao cacao / chocolat chaud
Kalbfleisch veau
Kalbshaxen jarret de veau
Kalbsleber foie de veau
kalt froid
Kaltschale potage froid aux fruits
Kaninchen lapin
Kapaun chapon
Kapern câpres
Karamel caramel
Kardamon cardamome
Karfiol chou-fleur
Karotten carottes
Karpfen carpe
Kartoffelauflauf soufflé de pommes de terre
Kartoffelbälle croquettes de pommes de terre
Kartoffelbrei purée de pommes de terre
Kartoffelchips frites
Kartoffelklöße boulettes de pommes de terre
Kartoffelkroketten croquettes de pommes de terre
Kartoffelmus purée de pommes de terre
Kartoffeln pommes de terre
Kartoffelpuffer beignets de pommes de terre
Kartoffelsalat (mit Speck) salade de pommes de terre (avec lard)
Kartoffelstock purée de pommes de terre
Kartoffelsuppe potage aux pommes de terre
Käse fromage ➤ 48
Käsebrett/Käse nach Ihrer Wahl assortiment de fromages
Käseschnitte sorte de croque-monsieur
Käsestangen bâtonnets au fromage
Käsewähe tarte chaude au fromage
Kasseler Rippenspeer côtes de porc fumées
Katenrauchwurst saucisse fumée de campagne
Kekse petits gâteaux secs
Kerbel cerfeuil
-keule cuissot

Kirschcreme crème aux cerises
Kirschen cerises
Kirschlikör liqueur de cerises (kirsch)
Kirschwasser eau-de-vie de cerises
kleine Mahlzeiten repas légers/collations
Klöße boulettes
Knoblauch ail
Knödel boulettes
Knödelsuppe potage aux boulettes
Knöpfli sorte de gnocchi
koffeinfreier Kaffee café décaféiné
Kognak cognac
Kohl chou ➤ 47
Kohlrabi chou-rave
Kohlroulade feuilles de chou farcies de viande hachée
Kokosnuss noix de coco
Kompott/-kompott compote
Königinpastete bouchée à la reine
Königinsuppe potage avec bœuf, crème sûre et amandes
Königsberger Klopse boulettes de viande dans une sauce blanche aux câpres
Kopfsalat laitue
-kotelett côtelette
Krabben crevettes
Kraftbrühe consommé de bœuf
Kräuter fines herbes
Kräutersalz sel parfumé aux fines herbes
Kräutertee thé aux fines herbes
(roher) Krautsalat salade de chou (cru)
Krautstiel betterave blanche
Krautwickel roulades de chou farcies braisées
Krebs écrevisse
Kren raifort
Krenfleisch porc servi avec légumes coupés fins et raifort
Kresse cresson
Kuchen/-kuchen gâteau
Kulmbacher Eisbock bière très forte ➤ 49
Kümmel cumin; liqueur aromatisée au cumin
Kürbis potiron
Kutteln tripes

L

Labskaus ragoût épais de viande hachée et marinée avec une purée de pommes de terre
Lachs saumon
Lammfleisch agneau
Languste langouste
Lauch poireaux
Laugenbrötchen bretzels
Leber foie
Leberkäse genre de pâté de foie
Leberknödel boulettes de foie
Leberknödelsuppe potage aux boulettes de foie
Leberwurst saucisse de foie
Lebkuchen pain d'épice
Leckerli biscuits au gingembre
leicht léger
Leipziger Allerlei pois, carottes et asperges
Lenden- filet de bœuf
Lendenstück filet

lieblich délicieux
Likör liqueur ➤ 51
Limette citron vert
Limonade limonade
Limone citron
Linsen lentilles
Linsensuppe potage aux lentilles
Lorbeer feuille de laurier

M

Maibowle punch au vin blanc, aromatisé à l'aspérule odorante
Mais maïs
Maispoularde poulet élevé au maïs
Majoran marjolaine
Makrele maquereau
Makronen macarons
Malzbier bière légèrement alcoolisée ➤ 49
Mandarine mandarine
Mandeln amandes
Marillen abricots
mariniert mariné
Marmelade marmelade, confiture
Märzen bière forte ➤ 49
Masthühnchen poulet
Matjesfilet nach Hausfrauenart filets de hareng ➤ 43
Matjeshering jeune hareng fumé
Maultaschen genre de ravioli
Meeresfrüchte fruits de mer
Meerrettich raifort
Mehlklöße boulettes de farine
Mehlnockerln petites boulettes
Melone melon
Mettwurst saucisse de porc épicée et fumée
Milch lait
Milchkaffee café au lait
Milchmixgetränk lait frappé
Mineralwasser eau minérale
mit Ei avec œuf
mit Eis avec glaçons
mit Kohlensäure gazéifié, gazeux (boissons)
mit Milch avec lait
mit Sahne avec crème
mit Zitrone avec citron
mit Zucker avec sucre
Mittagessen déjeûner
mittel moyen
Mohnbrötchen petits pains aux graines de pavot
Mohrrüben carottes
Mokka moka; aromatisé au moka
Muscheln moules
Muskatblüte macis
Muskatnuss noix de muscade

N

nach ... Art façon ...
nach Wahl au choix
Nachspeisen desserts ➤ 48
Nachtisch dessert ➤ 48
Nelke clou de girofle
Nieren rognons
Nockerl petite boulette
Nudeln nouilles ➤ 47
Nudelsuppe potage aux nouilles
nur auf Bestellung uniquement sur commande
Nürnberger Bratwurst saucisse de veau et porc frits

Nürnberger Rostbratwurst saucisse de porc à la Nuremberg

Nuss- ... aux noix/noisettes

Nüsse noisettes

O

Obst fruits ➤ 48

Obstler eau-de-vie de fruits

Obstsalat salade de fruits

Ochsenschwanzsuppe potage de queue de bœuf

ohne Kohlensäure non gazéifié, non gazeux (boissons)

Öl huile

Omelett(e) omelette

Orangeade orangeade

Orangen oranges

Orangenmarmelade marmelade d'oranges

Orangensaft jus d'oranges

P

Palatschinken dans la liste des desserts, crêpes fourrées de confiture ou de fromage à la crème; dans les autres cas, plat salé

Pampelmuse pamplemousse

paniert pané

Paradeiser tomates

Pellkartoffeln pommes de terre en robe des champs

Petersilie persil

Petersilienkartoffeln pommes de terre persillées

Pfeffer poivre

Pfefferkörner grains de poivre

Pfefferminze menthe poivrée

Pfefferpotthast viande épicée et oignons en cocotte

Pfifferlinge chanterelles

Pfirsich pêche

Pflaumen prunes

Pflümli(wasser) eau-de-vie de prune

Pharisäer café avec rhum et crème fouettée

Pichelsteiner Eintopf ragoût de viande et de légumes

pikant piquant

Pickelsteiner casserole de Franconie avec raifort, ail et salsifis

Pilsener pils ➤ 49

Pilze champignons ➤ 47

Piment piment

-plätzli escalope

Pökelfleisch viande salée

Pommes frites pommes frites

Porree poireau

Portwein porto

Poulet poulet

Preiselbeeren canneberges

Presskopf fromage de tête

Printen biscuits au miel

Prinzessbohnen haricots princesses

pur pur

-püree purée

Q

Quark produit laitier, semblable à un yoghourt nature

Quitte coing

R

Raclette fromage fondu avec pommes de terre et petits oignons au vinaigre

Radieschen radis

Radlermaß panaché
Räucheraal anguille fumée
Räucherhering hareng fumé
Rebhuhn perdrix
Regensburger saucisse fumée très épicée
Reh chevreuil
Reibekuchen galette frite de pommes de terre
reif mûr
Reis riz
Reisgerichte plats de riz
Rettichsalat salade de radis blancs
Rhabarber rhubarbe
Ribisel groseilles
Rindfleisch bœuf
Rindswurst saucisse de bœuf grillée
Rippensteak entrecôte
Rochen raie
Roggenbrot pain de seigle
Rohschinken jambon cru
Rollmops hareng macéré dans du vinaigre
Rosenkohl choux de Bruxelles
Rosinen raisins
Rosinenbrot pain aux raisins
Rosmarin romarin
Rösti pommes de terre sautées
Röstkartoffeln pommes de terre frites
rot rouge
Rotbarsch bar rouge
Rote Grütze compote de baies rouges
rote Beete betterave rouge
rote Johannisbeeren groseilles
Rotkohl chou rouge
Rotkrautsalat salade de chou rouge
Rotwurst boudin
Rouladen tranches roulées et braisées de bœuf ou de veau
Rüben betteraves
-rücken longe
Rüdesheimer Kaffee café avec eau de vie et crème fouettée
Rüebli carottes
Rühreier œufs brouillés
Rum rhum
Russische Eier œufs à la russe

S

Safran safran
saisonbedingt saisonnier
Salate salades ➤ 47
Salbei sauge
Salm saumon
Salz sel
Salzgurke concombre au sel
Salzkartoffeln pommes de terre à l'anglaise
Sardinen sardines
Sauerbraten bœuf mariné, braisé ➤ 46
Sauerkirsch-Kaltschale potage froid aux griottes
Sauerkraut choucroute
Sauerkraut und Rippchen choucroute et côtelettes
Schalotten échalotes
scharf piquant
Schellfisch aiglefin
Schillerlocke cornet de pâte fourré de crème vanille
Schillerwein sorte de rosé
Schinken jambon

Schinkenröllchen mit Spargel roulade de jambon farcie aux asperges

Schlachtplatte assortiment de saucisses et de viandes froides

Schlesisches Himmelreich filet de porc fumé, cuit avec un mélange de fruits secs

Schmelzkäse fromage à tartiner

Schnaps eau-de-vie forte ➤ 51

Schnecken escargots

Schnepfe bécasse des bois

Schnittlauch ciboulette

Schnitzel escalope

(heiße) Schokolade chocolat (chaud)

Schokoladen- … au chocolat

Scholle plie

Schupfnudeln nouilles de pommes de terre enroulées

schwarze Johannisbeeren cassis

schwarzer Kaffee café noir

Schwarzwälder Kirschtorte gâteau Forêt-Noire

Schwarzwurzeln salsifis

Schweinefleisch porc

Schweinekamm épaule de porc

Schweinekotelett côte de porc

Schweinshaxe jarret de porc

Seebarsch bar

Seebutt barbue

Seehecht colin

Seezunge sole

sehr trocken extra sec

Sekt vin mousseux

selbstgemacht fait maison

Sellerie céleri

Selleriesalat salade de céleri-rave

Semmelknödel boulettes de pâte

Semmelsuppe potage aux boulettes de pâte

Senf moutarde

Seniorenmenü repas pour personnes du troisième âge

Serbische Bohnensuppe potage épicé aux haricots ➤ 44

Sesambrötchen petits pains aux grains de sésame

Soleier œufs cuits dans l'eau salée

Spanferkel cochon de lait

Spargel(spitzen) (pointes d') asperge

Spätlese classification des vins ➤ 49

Spätzle sorte de gnocchi

Speck lard

Speckknödel boulettes de pâte au lard

Spekulatius petits gâteaux aux amandes

Spezialität des Hauses spécialité de la maison

Spezialitäten der Region spécialités régionales

Spiegeleier œufs sur le plat

Spiegeleier mit Schinken/Speck œufs au jambon/lard

-spießchen brochette…

Spinat épinards

Sprotten sprats

Stachelbeeren groseilles à maquereau

Starkbier bière forte ➤ 49

Steckrüben navets

Steinbutt turbot

Steinhäger eau-de-vie de baies de genièvre, semblable à du gin
Steinpilze cèpes de «Bordeaux»
Steinpilze Försterinnenart champignons forestière
Stolzer Heinrich saucisse dans de la bière ➤ 43
Stör esturgeon
Strammer Max pain avec jambon, œufs sur le plat et parfois oignons
Streichkäse fromage à tartiner
Streuselkuchen brioches recouvertes de crumble
Stückchen pâtisseries
Sülze fromage de tête
Sülzkotelett aspic de côtes de porc
Suppen potages
süß sucré
Süßspeisen desserts
Süßstoff édulcorant

T

Tafelspitz mit Meerrettich bœuf bouilli dans une sauce à la crème au raifort
Tagesgedeck menu du jour
Tagesgericht plat du jour
Taube pigeon, pigeonneau
Tee thé
Teewurst saucisse molle, à tartiner
Teigwaren pâtes ➤ 47
Teilchen pâtisseries
Teltower Rübchen jeunes navets
Thymian thym
Tintenfisch calmar/poulpe
Toast pain grillé
Tomaten tomates
Tomatenketchup ketchup
Tomatensaft jus de tomate
Tomatensalat salade de tomates
Tomatensuppe potage de tomates
Topfbraten rôti braisé
Topfenstrudel pâte feuilletée fourrée de fromage à la crème aromatisé à la vanille, roulée et cuite au four
Torte/-torte gâteau fourré
Töttchen ragoût de veau aigre-doux westphalien
Träsch eau-de-vie de poires et de pommes
Trauben raisins
Traubensaft jus de raisins
trocken sec
Trockenbeerenauslese classification des vins ➤ 49
Truthahn dinde

U

überbacken gratiné
unser Küchenchef empfiehlt ... suggestion(s) du chef ...

V

Vanille vanille
VDP (Verband Deutscher Prädikats- & Qualitäts Weingüter) vin officiellement reconnu ➤ 49
Vollkornbrot pain complet
vollmundig charnu
vom Rost grillé
Vorspeisen hors-d'œuvres/entrées ➤ 43

W **Wacholder** genévrier
Wachsbohnen haricots jaunes
Wachtel caille
Waldmeister aspérule odorante
Walnüsse noix
wärme Getränke boissons chaudes
Wasser eau
Wassermelone pastèque
weich doux
Wein vin ➤ 49
Weinbrand cognac
Weincreme crème au vin
Weintrauben raisins
weiß blanc
Weißbier bière blonde, légère ➤ 49
Weißbrot pain blanc
weiße Bohnen haricots blancs
Weißherbst sorte de rosé
Weißkohl/-kraut chou blanc
Weißwurst saucisse de veau et de lard avec persil et oignons
Weizenkorn eau-de-vie de grain distillée, semblable à du whisky
Wermut vermouth
Whisky whisky
Wiener Schnitzel escalope de veau panée
Wienerli saucisse de Francfort à la viennoise
Wild gibier
Wildschwein sanglier
Windbeutel choux à la crème
Wirsing chou de Savoie
Wodka vodka
Würste saucisses ➤ 46
Wurstplatte assortiment de saucisses
Würze épices, condiments
würzig épicé, assaisonné

Z **Zander** sandre (géante)
Zervelat(wurst) saucisse de porc, bœuf et lard ➤ 46
Zimt cannelle
Zitrone citron
zu allen Gerichten servieren wir ... tous les plats sont accompagnés de ...
Zucchetti courgette
Zucker sucre
Zuckererbsen jeunes pois verts
Zunge/-zunge langue
Zungenwurst boudin avec morceaux de langue et dés de graisse
Zuschlag supplément
Zwetschgen prunes/quetches
Zwetschgenkuchen tarte aux prunes/quetches
Zwetschgenwasser eau-de-vie de prunes/quetches
Zwiebelbrot pain aux oignons
Zwiebeln oignons
Zwiebelsuppe potage aux oignons
Zwiebelwurst saucisse au foie et oignons
Zwischengerichte pour les petits appétits

Voyage

L'ESSENTIEL

Un billet pour …	**Eine Fahrkarte nach …** *aïneu fârkarteu nâçh*
Combien est …?	**Wie viel kostet …?** *Vî fîl kostèt*
Quand?	**Wann?** *vann*
Quand est-ce que … arrivera?	**Wann kommt … an?** *vann kommt … ann*
Quand est-ce que … partira?	**Wann fährt … ab?** *vann fè:rt … ap*

L'Allemagne, l'Autriche et la Suisse possèdent toutes trois un système de transports publics bien développé.

Sécurité Sicherheit

Pourriez-vous m'accompagner jusqu'à l'arrêt d'autobus? — **Würden Sie mich zur Bushaltestelle begleiten?** *vurdeun zî miçh tsour bousshaltéshtélleu béglaïteun*

Je ne veux pas … tout(e) seul(e). — **Ich möchte nicht allein …** *içh meuçhteu niçht allaïn*

rester ici — **hier bleiben** *hîr blaïbeun*

rentrer chez moi à pied — **zu Fuß nach Hause gehen** *tsou foûss nâçh haouzeu ghéheun*

Je ne me sens pas en sécurité ici. — **Ich fühle mich hier nicht sicher.** *içh fu:leu miçh hîr niçht ziçhèr*

POLICE ➤ 161; URGENCES ➤ 224

Arrivée Ankunft

Les restrictions en matière d'importation entre pays de l'UE ont été assouplies pour les articles d'usage et de consommation personnels achetés avec taxes à l'intérieur de l'UE.

Contrôle des passeports Passkontrolle

Nous avons un passeport joint.	**Wir haben einen gemeinsamen Pass.** *vîr hâbeun aïneun ghémaïnsâmeun pass*
Les enfants sont sur ce passeport.	**Die Kinder sind auf diesem Pass eingetragen.** *dî kinndèr zinnt aouf dîzem pass aïnghétrâgheun*
Quel est le but de votre séjour?	**Was ist der Zweck Ihres Aufenthalts?** *vass ist dèr zvèk îrèss aouf énthalts*
Je suis ici en vacances.	**Ich bin im Urlaub hier.** *iç̧h binn imm oûrlaoup hîr*
Je suis ici pour affaires.	**Ich bin geschäftlich hier.** *iç̧h binn ghéchèftliç̧h hîr*
Je suis en transit.	**Ich bin auf der Durchreise.** *iç̧h binn aouf dèr dourç̧hraïzeu*
Je vais à …	**Ich reise nach …** *iç̧h raïzeu naç̧h*
Je voyage …	**Ich reise …** *iç̧h raïzeu*
tout(e) seul(e)	**allein** *allaïn*
avec ma famille	**mit meiner Familie** *mit maïnèr famîliè*
avec un groupe	**mit einer Gruppe** *mit aïnèr grouppeu*

FAMILLE ➤ 120

Douane Zoll

Je n'ai que les quantités autorisées.	**Ich habe nur die normalen erlaubten Mengen.** *içh hâbeu noûr dî normâleun èrlaoubteun méngheun*
C'est un cadeau.	**Es ist ein Geschenk.** *èss ist aïn ghéchènk*
C'est pour mon usage personnel.	**Es ist für meinen persönlichen Gebrauch.** *èss ist fu:r maïneun pèrzeûnliçhen ghébraouçh*

Haben Sie etwas zu verzollen?	Avez-vous quelque chose à déclarer?
Das müssen Sie verzollen.	Il y a des droits de douane à payer sur cet article.
Wo haben Sie das gekauft?	Où avez-vous acheté ceci?
Bitte öffnen Sie diese Tasche.	Pouvez-vous ouvrir ce sac, s.v.p.?
Haben Sie noch mehr Gepäck?	Avez-vous d'autres bagages?

PASSKONTROLLE	contrôle des passeports
GRENZÜBERGANG	poste frontière
POLIZEI	police
ZOLL	douane
ANMELDEFREIE WAREN	rien à déclarer
ANMELDEPFLICHTIGE WAREN	marchandises à déclarer
ZOLLFREIE WAREN	marchandises hors taxe

Marchandises hors taxe Zollfreie Waren

C'est en quelle monnaie?	**In welcher Währung ist das?** *inn vèlçheur vè:roung ist dass*
Est-ce que je peux payer en …?	**Kann ich mit … bezahlen?** *kann içh mit … bétsâleun*
dollars canadiens	**kanadischen Dollars** *kanadicheun dollarz*

PROBLEMES DE COMMUNICATION ➤ 11

Avion Flugzeug

Les lignes nationales, Lufthansa, Austrian Airlines et Swissair assurent toutes des services internes fréquents, et les liaisons sont généralement bonnes entre l'aéroport et la ville.

Billets et réservations Flugtickets und Reservierungen

A quelle heure est le … vol pour Berlin?	**Wann geht der … Flug nach Berlin?** *vann ghé:t dèr … floûg nâçh bèrlîn*
premier/prochain/dernier	**erste/nächste/letzte** *èrsteu/nè:çhsteu/lètsteu*
Je voudrais 2 … pour …	**Ich hätte gern zwei … nach …** *içh hètteu ghèrn tsvaï … nâçh*
aller-simple	**einfache Flugtickets** *aïnfaçheu floûgtikèts*
aller-retour	**Rückflugtickets** *rukfloûgtikèts*
première classe	**erste Klasse** *èrsteu klasseu*
classe affaires	**Businessklasse** *biznèssklasseu*
classe économique	**Touristenklasse** *touristeunklasseu*
Combien coûte un vol pour …?	**Wie viel kostet ein Flug nach …?** *Vî fîl kostet aïn floûg nâçh*
Y a-t-il des suppléments/réductions?	**Kommen da noch Zuschläge hinzu?** *kommeun dâ noçh tsoûchlè:gheu hinntsoû*
Je voudrais … ma réservation pour le vol numéro LH123.	**Ich möchte meine Reservierung für Flugnummer LH123 …** *içh meuçhteu maïneu rézèrvîroung fur floûgnoummèr el hâ aïns tsvaï draï …*
annuler	**annullieren** *annoullîreun*
changer	**ändern** *èndèrn*
confirmer	**bestätigen** *béchtè:tigheun*

Questions sur le vol Fragen zum Flug

Combien de temps dure le vol?	**Wie lange dauert der Flug?** *vî lanngheu daouèrt dèr floûg*
A quelle heure part l'avion?	**Wann fliegt die Maschine ab?** *vann flîgt dî machîneu ap*
A quelle heure arriverons-nous?	**Wann kommen wir an?** *vann kommeun vîr ann*
A quelle heure est l'enregistrement?	**Wann muss ich einchecken?** *vann mouss içh aïntchèkeun*

CHIFFRES ➤ 216; HEURES ➤ 220

Enregistrement Einchecken

Où est le bureau d'enregistrement pour le vol ...?	**Wo ist der Abfertigungsschalter für den Flug ...?** *vô ist dèr apfèrtigoungzchalteur fur dén floûg ...*
J'ai ...	**Ich habe ...** *içh hâbeu*
3 valises à faire enregistrer	**drei Koffer für die Abfertigung** *draï koffeur fur dî apfèrtigoung*
2 bagages à main	**zwei Stück Handgepäck** *tsvaï chtuk hanntghépèk*

Ihr Flugticket/Ihren Pass, bitte.	Votre billet/passeport, s.v.p.
Möchten Sie am Fenster oder am Gang sitzen?	Voulez-vous un siège près de la fenêtre ou près de l'allée?
Raucher oder Nichtraucher?	Fumeur ou non-fumeur?
Bitte gehen Sie zur Abflughalle.	Veuillez vous rendre dans la salle de départ.
Wie viele Gepäckstücke haben Sie?	Combien de bagages avez-vous?
Sie haben Übergepäck.	Vos bagages sont trop lourds.
Sie müssen pro Kilo einen Zuschlag von ... Euro zahlen.	Vous devez payer un supplément de ... euros par kilo.
Das ist als Handgepäck zu schwer/groß.	Ceci est trop lourd/grand pour les bagages à main.
Haben Sie diese Koffer selbst gepackt?	Avez-vous fait vos valises vous-même?
Enthalten sie spitze Gegenstände oder Elektrogeräte?	Est-ce qu'ils contiennent des objets pointus ou électriques?

ANKUNFT	arrivées
ABFLUG	départs
SICHERHEITSKONTROLLE	contrôle de sécurité
LASSEN SIE IHR GEPÄCK NICHT UNBEWACHT	ne laissez pas vos bagages sans surveillance

BAGAGES ➤ 71

Renseignements Auskunft

Est-ce que le vol de … a du retard?	**Hat der Flug aus … Verspätung?** *hat dèr floûg aouss … fèrchpè:toung*
Il a combien de retard?	**Wie viel Verspätung hat er?** *Vî fîl fèrchpè:toung hat èr*
Le vol en provencance de … a-t-il atterri?	**Ist der Flug aus … gelandet?** *ist dèr floûg aouss … ghélanndet*
De quelle porte part le vol pour …?	**Von welchem Flugsteig geht der Flug nach …?** *fonn vèlçhèm floûgchtaïg gé:t dèr floug nâçh*

Embarquement/Vol Einsteigen/Flug

Votre carte d'embarquement, s.v.p.	**Ihre Bordkarte, bitte.** *îreu bortkarteu bitteu*
Est-ce que je pourrais avoir quelque chose à boire/à manger?	**Kann ich bitte etwas zu trinken/essen haben?** *kann içh bitteu ètvass tsou trinnkeun/èsseun hâbeun*
Réveillez-moi pour le repas, s.v.p.	**Bitte wecken Sie mich zum Essen.** *bitteu vékeun zî miçh tsoum èsseun*
A quelle heure arriverons-nous?	**Wann kommen wir an?** *vann kommeun vîr ann*
J'ai le mal de l'air.	**Ich bin luftkrank.** *içh binn louftkrannk*
Un sac vomitoire, s.v.p.	**Eine Spucktüte, bitte.** *aïneu chpoûktu:teu bitteu*

Arrivée Ankunft

Où est le/la …?	**Wo ist …?** *vô ist*
bureau de change	**die Wechselstube** *dî vèkselchtoûbeu*
bureau de location de voitures	**die Autovermietung** *dî aoutofèrmîtoung*
téléphone	**das Telefon** *dass téléfôn*
sortie	**der Ausgang** *dèr aousganng*
Où sont les …?	**Wo sind …?** *vô zinnt*
autobus	**die Busse** *dî bousseu*
taxis	**die Taxis** *dî taksiss*
Est-ce qu'il y a un bus pour aller en ville?	**Gibt es einen Bus in die Stadt?** *gipt ess aïneun bouss inn dî chtat*
Comment est-ce que je peux me rendre à l'hôtel …?	**Wie komme ich zum … Hotel?** *vî kommeu içh tsoum … hottèl*

BAGAGES ➤ 71; DOUANE ➤ 66–67

Bagages Gepäck

Si aucun porteur n'est disponible, vous trouverez certainement des chariots à bagages (**Kofferkulis**) réservés à l'usage des voyageurs. En Allemagne, leur utilisation demande souvent l'introduction d'une pièce de monnaie, récupérable après usage.

Porteur! Excusez-moi!	**Gepäckträger! Entschuldigen Sie!** *ghépèktrè:ghèr èntchouldigheun zî*
Pourriez-vous emporter mes bagages ...?	**Können Sie mein Gepäck ... tragen?** *keunneun zî maïn ghépèk ... trâgheun*
jusqu'à un taxi/bus	**zu einem Taxi/Bus** *tsou aïnèm taksi/bouss*
Où est/sont ...?	**Wo ist/sind ...?** *vô ist/zinnt*
les chariots à bagages	**die Kofferkulis** *dî kofferkoûliss*
la consigne automatique	**die Schließfächer** *dî chlîssfèçheur*
consigne des bagages	**die Gepäckaufbewahrung** *dî ghépèkaoufbévâroung*
retrait des bagages	**die Gepäckausgabe** *dî ghépèkaousgâbeu*
Où sont les bagages du vol ...?	**Wo ist das Gepäck vom Flug ...?** *vô ist dass ghépèk fom floug*

Pertes/Dommages/Vols Verlust/Beschädigung/Diebstahl

Ma valise a été abîmée.	**Mein Koffer ist beim Transport beschädigt worden.** *maïn koffèr ist baïm trannspôrt béchè:digt vordeun*
Nos bagages ne sont pas arrivés.	**Unser Gepäck ist nicht angekommen.** *ounzèr ghépèk ist niçht annghékommeun*

Wie sieht Ihr Gepäck aus?	Comment sont vos bagages?
Haben Sie den Gepäckschein?	Avez-vous le ticket de consigne?
Ihr Gepäck ...	Vos bagages ...
könnte nach Frankfurt geschickt worden sein.	ont peut-être été envoyés à Francfort.
könnte heute noch ankommen.	arriveront peut-être dans la journée.
Bitte kommen Sie morgen wieder.	Veuillez revenir demain, s.v.p.
Rufen Sie diese Nummer an, um nachzufragen, ob Ihr Gepäck angekommen ist.	Téléphonez à ce numéro pour savoir si vos bagages sont arrivés.

POLICE ➤ 161; COULEURS ➤ 143

Train Bahn

Les enfants de moins de 4 ans voyagent gratuitement sur le réseau ferroviaire allemand (**Deutsche Bundesbahn**), et ceux âgés de 4 à 11 ans paient demi-tarif. Les enfants de moins de 6 ans voyagent gratuitement en Autriche.

Vous pouvez réserver un compartiment parents-enfants (**Baby/ Kleinkindabteil**) dans la plupart des trains. Ce compartiment est spécialement aménagé pour les parents accompagnés de jeunes enfants et est même pourvu d'une table à langer (**Wickeltisch**).

Considérez les différentes cartes de réduction disponibles pour voyages longue distance en Europe. Il y a des tariffes spéciales pour voyages pendant un nombre fixe de jours dans un pays, pour groupes et pour jeunes de moins de 26 ans.

InterCityExpress (ICE)	*inntèrsitî ékspress*	Rapides interurbains à l'intérieur de l'Allemagne; équipements luxueux
EuroCity/InterCity (EC/IC)	*oïrôsitî/inntèrsitî*	Rapides interurbains longue distance assurant la liaison entre l'Allemagne des villes européennes.
InterRegio (IR)	*inntèr-réghiô*	Trains locaux communiquant avec le réseau **IC**.
Nahverkehrszug	*nâfèrké:rs-tsoûg*	Train local, desservant toutes les gares; (Autriche: **Personenzug**; Suisse: **Regionalzug**).
Regional Express (RE)	*réghionâl ékspress*	Trains parcourant des distances moyennes.
Regional-Bahn (RB)	*réghionâlbân*	Train local, desservant toutes les gares.
Stadt Express (SE)	*chtatékspress*	Navettes assurant la liaison entre les zones extérieures et la ville.
S-Bahn(S)	*èssbân*	Navette rapide couvrant une distance plus réduite que le **Stadt Express.**
Nachtzüge	*naçht-tsu:ghé*	Trains de nuit avec compartiments-couchettes (**Schlafwagen**) ou couchettes (**Liegewagen**); supplément pour la literie.
Inter-City-Night (ICN)	*inntersitî naït*	Train de nuit offrant le confort des voitures hôtel-standard; classe touriste disponible avec sièges inclinables (**Liegesessel**).
City-Night-Line (CNL)	*siti naïtlaïn*	Equivalent du service **ICN** entre Cologne et Vienne, Hambourg et Zurich.

A la gare Unterwegs zum Bahnhof

Pour aller à la gare /principale?	**Wie komme ich zum Bahnhof/Hauptbahnhof?** *vî kommeu içh tsoum bân-hôf/haouptbânhôf*
Est-ce que les trains pour Heidelberg partent de la gare …?	**Fahren die Züge nach Heidelberg vom … Bahnhof ab?** *fâreun dî tsu:ghé nâçh haïdèlbèrg fomm … bânhôf ap*
C'est loin?	**Ist es weit?** *ist èss vaït*
Est-ce que je peux y laisser ma voiture?	**Kann ich mein Auto dort stehen lassen?** *kann içh maïn aouto dort chté:heun lasseun*

Dans la gare Auf dem Bahnhof

Où est le/la …?	**Wo ist …?** *vô ist*
bureau de change	**die Wechselstube** *dî vèksèlchtoûbeu*
bureau des renseignements	**die Auskunft** *dî aouskounft*
consigne	**die Gepäckaufbewahrung** *dî ghépèkaoufbévâroung*
bureau des objets trouvés	**das Fundbüro** *dass fountburô*
snack bar	**der Schnellimbiss** *dèr chnèllimmbiss*
guichet	**der Fahrkartenschalter** *dèr fârkarteunchaltèr*
salle d'attente	**der Wartesaal** *dèr vartézâl*
Où sont les …?	**Wo sind …?** *vô zinnt*
consigne automatique	**die Schließfächer** *dî chlîssfèçhèr*
quais	**die Bahnsteige** *dî bânchtaïgheu*

ABFAHRT	départs
ANKUNFT	arrivées
AUSGANG	sortie
AUSKUNFT	renseignements
EINGANG	entrée
RESERVIERUNG	réservations
ZU DEN BAHNSTEIGEN	accès aux quais

DIRECTIONS ➤ 94

Billets Fahrkarten

Où puis-je acheter des billets?	**Wo kann ich Fahrkarten kaufen?** *vô kann içh fârkarteun kaoufeun*
Je voudrais un billet … pour …	**Ich hätte gerne … nach …** *içh hètteu ghèrneu … nâçh*
aller-simple	**eine einfache Fahrkarte** *aïneu aïnfaçheu fârkarteu*
aller-retour	**eine Rückfahrkarte** *aïneu rukfârkarteu*
de première/deuxième classe	**eine Fahrkarte erster/zweiter Klasse** *aïneu fârkarteu èrstèr/tsvaïtèr klasseu*
Je voudrais réserver un siège.	**Ich möchte einen Platz reservieren lassen.** *içh meuçhteu aïneun plats rézèrvîreun lasseun*
siège près de l'allée	**einen Platz am Gang** *aïneun plats am ganng*
siège près de la fenêtre	**einen Fensterplatz** *aïneun fénstèrplats*
couchette	**einen Liegewagenplatz** *aïneun lîghévâgheunplats*
Y a-t-il un wagon-lit?	**Gibt es einen Schlafwagen?** *gipt ess aïneun chlâfvâgheun*
Je voudrais une couchette …	**Ich möchte … schlafen.** *içh meuçhteu … chlâfeun*
supérieure/inférieure	**oben/unten** *ôbeun/ounteun*
Est-ce que je peux changer ma réservation, s.v.p.?	**Kann ich bitte meine Reservierung ändern?** *kann içh bitteu maïneu rézèrvîroung èndèrn*
Puis-je acheter un billet dans le train?	**Kann ich im Zug eine Fahrkarte lösen?** *kann içh im tsoûg aïneu fârkarteu leûzeun*

Prix Preis

C'est combien?	**Wie viel kostet das?** *vî fîl kostèt dass*
Y a-t-il une réduction pour …?	**Gibt es eine Ermäßigung für …?** *gipt èss aïneu èrmè:ssigoung fur*
les enfants/les familles	**Kinder/Familien** *kinndèr/famîlieun*
les personnes âgées	**Senioren** *zéniôreun*
les étudiants	**Studenten** *chtoudèntèn*
Il y a un supplément de … à payer.	**Sie müssen einen Zuschlag von … zahlen.** *zî musseun aïneun tsoûchlâg fon … tsâleun*

CHIFFRES ➤ 216; JOURS DE LA SEMAINE ➤ 218

Questions Fragen

Est-ce que je dois changer de train? — **Muss ich umsteigen?**
mouss içh oumchtaïgheun

C'est direct. — **Der Zug fährt durch.**
dèr tsoûg fè:rt dourçh

Vous devez changer de train à … — **Sie müssen in … umsteigen.**
zî musseun inn … oumchtaïgheun

Ce billet est valable pour combien de temps? — **Wie lange ist diese Fahrkarte gültig?**
vî lanngheu ist dîzeu fârkarteu gultiçh

Est-ce que je peux emporter mon vélo dans le train? — **Kann ich mein Fahrrad im Zug mitnehmen?**
kann içh maïn fârrât im tsoûg mitné:meun

Est-ce que je peux revenir avec le même billet? — **Kann ich mit derselben Fahrkarte zurückfahren?**
kann içh mit dèrzèlbeun fârkarteu tsourukfâreun

Dans quel wagon est mon siège? — **In welchem Wagen ist mein Platz?**
inn vèlçhèm vâgheun ist maïn plats

Est-ce qu'il y a un wagon-restaurant dans le train? — **Führt der Zug einen Speisewagen?**
fu:rt dèr tsoûg aïneun chpaïzévâgheun

Horaires des trains Abfahrtszeiten der Züge

Est-ce que je pourrais avoir un horaire, s.v.p.? — **Kann ich bitte einen Fahrplan haben?**
kann içh bitteu aïneun fârplân hâbeun

A quelle heure est le … train pour Berne? — **Wann fährt der … Zug nach Bern?**
vann fè:rt dèr … tsoûg nâçh bèrn

premier/prochain/dernier — **erste/nächste/letzte**
èrsteu/nè:çhsteu/lètsteu

Il y a un train pour Vienne à … — **Um … fährt ein Zug nach Wien.**
oum … fè:rt aïn tsoûg nâçh vîn

HEURES ➤ 220

Combien de fois est-ce qu'il y a des trains pour ...?	**Wie oft fahren die Züge nach ...?** *vî oft fâreun dî tsu:gheu nâçh*
une/deux fois par jour	**einmal/zweimal im Tag** *aïnmâl/tsvaïmâl imm tâg*
cinq fois par jour	**fünfmal im Tag** *funnfmâl im tâg*
toutes les heures	**jede Stunde** *yédeu chtoundeu*
A quelle heure partent-ils?	**Wann fahren sie ab?** *vann fâreun zî ap*
toutes les heures/à l'heure juste	**zur vollen Stunde** *tsour folleun chtoundeu*
vingt minutes après l'heure	**um zwanzig Minuten nach** *oum tsvanntsiçh minnoûteun nâçh*
A quelle heure le train s'arrête-t-il à ...?	**Wann hält der Zug in ...?** *vann hèlt dèr tsoûg inn*
A quelle heure le train arrive-t-il à ...?	**Wann kommt der Zug in ... an?** *vann kommt dèr tsoûg inn ... ann*
Combien de temps dure le voyage?	**Wie lange dauert die Fahrt?** *vî lanngheu daouèrt dî fârt*
Est-ce que le train est à l'heure?	**Ist der Zug pünktlich?** *ist dèr tsoûg punnktliçh*

Départs Abfahrt

De quel quai part le train pour ...?	**Auf welchem Bahnsteig fährt der Zug nach ... ab?** *aouf vèlçhèm bânchtaïg fè:rt dèr tsoûg nâçh ... ap*
Où est le quai numéro 4?	**Wo ist Bahnsteig vier?** *vô ist bânchtaïg fîr*
là-bas	**dort drüben** *dort dru:beun*
à gauche/à droite	**auf der linken/rechten Seite** *aouf dèr linnkeun/rèçhteun zaïteu*
le passage souterrain	**die Unterführung** *dî ountèrfu:roung*
Où est-ce que je dois changer pour ...?	**Wo muss ich nach ... umsteigen?** *vô mouss içh nâçh ... oumchtaïgheun*
Combien de temps dois-je attendre pour une correspondance?	**Wie lange muss ich auf einen Anschluss warten?** *vî lanngheu mouss içh aouf aïneun annchlouss varteun*

HEURES ➤ 220; DIRECTIONS ➤ 94

Embarquement Einsteigen

Est-ce bien le bon quai pour le train pour …?	**Ist dies der richtige Bahnsteig für den Zug nach …?** *ist dîz dèr richtigheu bânchtaïg fur dén tsoûg nâçh*
Est-ce que c'est bien le train pour …?	**Ist dies der Zug nach …?** *ist dîz dèr tsoûg nâçh*
Est-ce que cette place est occupée/prise?	**Ist dieser Platz frei?** *ist dîzeur plats fraï*
Je crois que c'est ma place.	**Ich glaube, das ist mein Platz.** *içh glaoubeu dass ist maïn plats*
Voici ma réservation.	**Hier ist meine Platzkarte.** *hîr ist maïneu platskarteu*
Est-ce qu'il y a des places/ couchettes libres?	**Sind noch Plätze/Schlafplätze frei?** *zinnt noçh plètseu/chlâfplètseu fraï*
Est-ce que ça vous dérange si …?	**Stört es Sie, wenn …?** *chteûrt ess zî*
je m'asseois ici	**ich hier sitze** *venn içh hîr zitseu*
j'ouvre la fenêtre	**ich das Fenster öffne** *venn içh dass fénstèr euffneu*

Pendant le voyage Während der Fahrt

Combien de temps est-ce que nous nous arrêtons ici?	**Wie lange halten wir hier?** *vî lanngheu halteun vîr hîr*
Quand est-ce que nous arrivons à …?	**Wann kommen wir in … an?** *vann kommeun vîr inn … ann*
Est-ce que nous sommes passés à …?	**Sind wir schon an … vorbeigekommen?** *zinnt vîr chôn ann … fôrbaïghékommeun*
Où est le wagon-restaurant/ wagon-couchette?	**Wo ist der Speisewagen/Schlafwagen?** *vô ist dèr chpaïzevâgheun/ chlâfvâgheun*
Où est ma couchette?	**Wo ist mein Schlafplatz?** *vô ist maïn chlâfplats*
J'ai perdu mon billet.	**Ich habe meine Fahrkarte verloren.** *içh hâbeu maïneu fârkarteu fèrlôreun*

NOTBREMSE	arrêt d'urgence
AUTOMATIKTÜREN	portes automatiques

HEURES ➤ 220

Autocar Überlandbus

Où est la gare routière?	**Wo ist der Busbahnhof?** *vô ist dèr boussbânhôf*
A quelle heure est le prochain car pour …?	**Wann fährt der nächste Bus nach …?** *vann fè:rt dèr nè:çhsteu bouss nâçh*
De quel arrêt part-il?	**Von welcher Haltestelle fährt er ab?** *fon vèlçhèr haltéchtéleu fè:rt èr ap*
Où sont les arrêts de car?	**Wo sind die Bushaltestellen?** *vô zinnt dî bouss-haltéchtéleun*
Est-ce que le car s'arrête à …?	**Hält der Bus in …?** *hèlt dèr bouss inn*

Bus / Trams Bus/Straßenbahn

Essayez de vous procurer une carte de voyage (pour un jour, une semaine ou un mois) valable dans les bus, trams et métros. Les carnets de 10 billets (**10er Karten**) constituent un autre moyen économique de voyager. Vous devez toujours valider votre billet dans la machine sur laquelle est inscrit **Hier Fahrschein entwerten.**

Où est la gare routière/ la station des trams?	**Wo ist der Busbahnhof/das Straßenbahn depot?** *vô ist dèr boussbânhôf/dass chtrâsseunbândepô*
Où est-ce que je peux prendre un bus pour …?	**Wo hält der Bus/die Straßenbahn zum …?** *vô hèlt dèr bouss/dî chtrâsseunbân tsoum*
l'aéroport	**Flughafen** *floûghâfeun*
la gare	**Bahnhof** *bânhôf*
le centre-ville	**Stadtzentrum** *chtat-tséntroum*

Gehen Sie zu der Haltestelle dort drüben.	Il faut aller à cet arrêt là-bas.
Nehmen Sie die Linie zehn.	Vous devez prendre la ligne numéro 10.
Sie müssen in … umsteigen.	Vous devez changer de bus à …

BUSHALTESTELLE	arrêt d'autobus
BEDARFSHALTESTELLE	arrêt facultatif
RAUCHEN VERBOTEN	défense de fumer
NOTAUSGANG	sortie (de secours)

DIRECTIONS ➤ 94; HEURES ➤ 220

Acheter des billets Fahrscheine kaufen

Où est-ce que je peux acheter des billets?	**Wo kann ich Fahrscheine kaufen?** *vô kann ịçh fârchaïneu kaoufeun*
Un aller-simple pour …, s.v.p.	**Eine einfache Fahrt nach …, bitte.** *aïneu aïnfaçheu fârt nâçh … bitteu*
Un aller-retour pour …, s.v.p.	**Einmal nach … und zurück, bitte.** *aïnmâl nâçh … ount tsouruk bitteu*
Un carnet de billets, s.v.p.	**Ein Fahrscheinheft, bitte.** *aïn fârchaïnheft bitteu*
Combien coûte un ticket pour …?	**Wie viel kostet die Fahrt nach …?** *vî fîl kostèt dî fârt nâçh*

Pour voyager Während der Fahrt

Est-ce que c'est bien le bon bus pour l'hôtel de ville?	**Ist dies der richtige Bus zum Rathaus?** *ist dîz dèr riçhtigheu bouss tsoum râthaouss*
Pourriez-vous me dire quand il faut descendre?	**Können Sie mir sagen, wann ich aussteigen muss?** *keunneun zî mîr zâgheun vann ịçh aous-chtaïgheun mouss*
Est-ce que je dois changer de bus?	**Muss ich umsteigen?** *mouss ịçh oumchtaïgheun*
Combien d'arrêts est-ce qu'il y a jusqu'à …?	**Wie viele Haltestellen sind es bis …?** *vî fîleu haltéchtéleun zinnt ess biss*
C'est à 3 arrêts d'ici.	**Es sind drei Haltestellen von hier.** *èss zinnt draï haltéchtéleun fon hîr*
Prochain arrêt, s.v.p.!	**Die nächste Haltestelle, bitte!** *dî nè:çhsteu haltéchtéleu bitteu*

FAHRKARTE ENTWERTEN Compostez votre billet

– Entschuldigung, ist dies der richtige Bus zum Rathaus?
(Excusez-moi. Est-ce que c'est bien le bus pour l'hôtel de ville?)
– Ja, Linie 8. (Oui, le numéro 8.)
– Danke. Einmal zum Rathaus, bitte.
(Merci. Un billet pour l'hôtel de ville, s.v.p.)
– Das macht ein Euro fünfzig. (Ça fait 1 euro 50.)
– Können Sie mir sagen, wann ich aussteigen muss?
(Pourriez-vous me dire quand il faut descendre?)
– Es sind vier Haltestellen von hier. (C'est dans quatre arrêts.)

CHIFFRES ➤ 216; BILLETS (TRAIN) ➤ 74

Métro U-Bahn

D'excellents systèmes de métro existent à Berlin, Bonn, Düsseldorf, Cologne, Francfort, Hambourg et Munich, ainsi qu'un système plus restreint à Vienne. De grands plans à l'extérieur de chaque station facilitent l'utilisation des systèmes. Il convient d'acheter les billets via des distributeurs, présents dans toutes les stations **U-Bahn,** avant d'embarquer. Le contrôle des billets est fréquent, et les amendes sont élevées en cas de billets non valables. Essayez de vous procurer des billets multiples et des cartes d'abonnement valables un jour ou un mois, qui réduisent le coût du voyage.

Questions générales Allgemeine Fragen

Où est la station de métro la plus proche?
Wo ist die nächste U-Bahnstation?
vô ist dî nè:çhsteu oû-bânchtatsiôn

Où est-ce que je peux acheter un billet?
Wo kann ich eine Fahrkarte kaufen?
vô kann içh aïneu fârkarteu kaoufeun

Est-ce que je pourrais avoir un plan du métro?
Kann ich einen Plan für die U-Bahn haben?
kann içh aïneun plân fur dî oû-bân hâbeun

En voyage Während der Fahrt

Quelle ligne dois-je prendre pour la gare principale?
Welche Linie fährt zum Hauptbahnhof?
vèlçheu lînieu fè:rt tsoum haouptbânhôf

Est-ce que c'est bien la bonne rame pour …?
Ist dies die richtige U-Bahn nach …?
ist dîz dî riçhtiggheu oû-bân nâçh

C'est quelle station pour …?
An welcher Haltestelle muss ich für … aussteigen? *ann vèlçheu haltéchtéleu mouss içh fur … aous-chtaïgheun*

Combien de stations est-ce qu'il y a jusqu'à …?
Wie viele Haltestellen sind es bis …?
vî fîleu haltéchtéleun zinnt èss biss

Est-ce que la prochaine station est bien …?
Ist die nächste Haltestelle …?
ist dî nè:çhsteu haltéchtéleu

Où sommes-nous?
Wo sind wir? *vô zinnt vîr*

Où est-ce que je dois changer pour …?
Wo muss ich nach … umsteigen?
vô mouss içh nâçh … oumchtaïgheun

A quelle heure est la dernière rame pour …?
Wann fährt die letzte U-Bahn nach …?
vann fè:rt dî lètsteu oû-bân nâçh

ANDERE LINIEN autres lignes / correspondances

ACHETER DES BILLETS ➤ 79; BILLETS (TRAIN) ➤ 74

Bateau/Ferry Boot/Fähre

Les services de transbordement (bac) à destination des îles de la mer du Nord et de la mer Baltique sont populaires: réservez de préférence à l'avance (auprès les agences de voyage locales).

A quelle heure est le … ferry pour …?	**Wann geht die … Fähre nach …?** *vann gé:t dî … fè:reu naçh*
premier/prochain/dernier	**erste/nächste/letzte** *èrsteu/nè:çhsteu/lètsteu*
Un billet aller et retour pour …	**Eine Rückfahrkarte für …** *aïneu rukfârkarteu fur*
1 voiture et 1 caravane	**ein Auto und einen Wohnwagen** *aïn aouto ount aïneun vônvâgheun*
2 adultes et 3 enfants	**zwei Erwachsene und drei Kinder** *tsvaï èrvaksèneu ount draï kinndèr*
Je voudrais réserver une …	**Ich möchte eine … buchen.** *içh meuçhteu aïneu … boûçheun*
cabine pour une/deux personne(s)	**Einzelkabine/Doppelkabine** *aïntsèlkabîneu/doppèlkabîneu*

RETTUNGSRING	bouée de sauvetage
RETTUNGSBOOT	canot de sauvetage
SAMMELPLATZ	point de rassemblement
KEIN ZUGANG ZU DEN AUTODECKS	accès aux garages interdit

Voyages en bateau Schiffsfahrten

Est-ce qu'il y a un/une …?	**Gibt es …?** *gipt èss*
voyage en bateau	**eine Schiffsfahrt** *aïneu chiffsfârt*
croisière sur la rivière	**eine Flussfahrt** *aïneu floussfârt*
A quelle heure part le bateau?	**Wann fährt das Schiff ab?** *vann fè:rt dass chiff ap*
A quelle heure revient le bateau?	**Wann kommt das Schiff wieder?** *vann kommt dass chiff vîdèr*
Où s'arrête le bateau?	**Wo hält das Schiff?** *vô hèlt dass chiff*
Où pouvons-nous acheter des billets?	**Wo können wir Fahrkarten kaufen?** *vô keunneun vîr fârkarteun kaoufeun*

ACHETER DES BILLETS ➤ 79

1 plaquette de frein **Bremsbelag** m
2 sacoche de bicyclette **Fahrradtasche** f
3 selle **Sattel** m
4 pompe **Luftpumpe** f
5 bidon d'eau **Wasserflasche** f
6 cadre **Rahmen** m
7 guidon **Lenker** m
8 sonnette **Klingel** f
9 câble de frein **Bremskabel** n
10 levier de changement de vitesse **Schalthebel** m
11 câble de changement de vitesse **Schaltkabel** n
12 chambre à air **Schlauch** m
13 roue avant/arrière **Vorderrad** n/ **Hinterrad** n
14 essieu **Achse** f
15 pneu **Reifen** m
16 roue **Rad** n
17 rayons **Speichen** fpl
18 ampoule **Glühbirne** f
19 phare **Scheinwerfer** m
20 pédale **Pedal** n
21 antivol **Schloss** n
22 dynamo **Dynamo** m
23 chaîne **Kette** f
24 feu arrière **Rücklicht** n
25 jante **Felge** f
26 réflecteurs **Rückstrahler** mpl
27 garde-boue **Schutzblech** n
28 casque **Helm** m
29 visor **Visier** n
30 réservoir **Tank** m
31 embrayage **Kupplungshebel** m
32 rétroviseur **Spiegel** m
33 contact **Zündung** f
34 clignotant **Blinker** m
35 klaxon **Hupe** f
36 moteur **Motor** m
37 levier de vitesse **Schalthebel** m
38 béquille **Ständer** m
39 pot d'échappement **Auspuff** m
40 chaîne **Kette** f

REPARATIONS ➤ *89*

Bicyclette / moto Fahrrad/Motorrad

Je voudrais louer un/une … **Ich möchte … mieten.** *içh meuçhteu … mîteun*

vélo à 3/10 vitesses **ein drei/zehn-Gang-Rad** *aïn draï-/tsé:n-ganng-rât*

mobylette **ein Moped** *aïn môpèt*

V.T.T. **ein Mountainbike** *aïn maountè:nnbbaïk*

moto **ein Motorrad** *aïn motôrât*

Ça coûte combien par jour/semaine? **Wie viel kostet es pro Tag/Woche?** *vî fîl kostèt èss prô tâg/voçheu*

Est-ce qu'il faut verser des arrhes? **Muss ich eine Kaution hinterlegen?** *mouss içh aïneu kaoutsiôn hinntèrlé:gheun*

Les freins ne marchent pas. **Die Bremsen funktionieren nicht.** *dî brèmzeun founktsionnîreun niçht*

Il n'y a pas de feux. **Die Beleuchtung fehlt.** *dî béloïçhtoung fé:lt*

Le pneu avant/arrière est crevé. **Der Vorderreifen/Hinterreifen hat einen Platten.** *dèr fordèr-raïfeun/hinntèr-raïfeun hat aïneun platteun*

Auto-stop Trampen

L'auto-stop est autorisé partout, excepté le long des autoroutes et de leurs voies d'accès. Il n'est toutefois recommandé à personne. Adressez-vous plutôt à une **Mitfahrerzentrale** (généralement située dans chaque ville), qui met en contact les conducteurs et les demandeurs de covoiturage; vous versez un écot à la **Mitfahrerzentrale** et contribuez aux frais d'essence.

Où allez-vous? **Wohin fahren Sie?** *vôhinnn fâreun zî*

Je vais vers … **Ich fahre nach …** *içh fâreu nâçh*

Est-ce que c'est sur la route de …? **Liegt das auf dem Weg nach …?** *lîgt dass aouf dé:m vé:g nâçh*

Est-ce que vous pourriez me déposer …? **Können Sie mich … absetzen?** *keunneun zî miçh … apzétseun*

ici/à … **hier/in** *hîr/inn*

à la sortie … **an der … Ausfahrt** *ann dèr … aousfârt*

dans le centre **im Zentrum** *im tséntroum*

Merci de m'avoir emmené. **Danke für's Mitnehmen.** *dannkeu furss mitné:meun*

DIRECTIONS ➤ 94; CHIFFRES ➤ 216

Taxi Taxi

Vous pouvez prendre un taxi dans une station (**Taxistand**) ou téléphoner d'où que vous soyez; les numéros sont repris sous la rubrique **Taxi** dans l'annuaire local ou affichés dans la plupart des cabines téléphoniques. Les taxis allemands sont généralement des Mercedes beige et sont tous équipés d'un compteur. Suggestions de pourboire: Allemagne: arrondir la note; Autriche: 10 %; Suisse: 15 % (parfois compris).

Où est-ce que je peux trouver un taxi?	**Wo finde ich ein Taxi?** *vô finndeu içh aïn taksi*
Avez-vous le numéro de téléphone pour appeler un taxi?	**Haben Sie die Nummer für ein Taxi?** *hâbeun zî dî noummeur fur aïn taksi*
Je voudrais un taxi …	**Ich hätte gern … ein Taxi.** *içh hètteu gèrn … aïn taksi*
maintenant	**sofort** *zofôrt*
dans une heure	**in einer Stunde** *inn aïnèr chtoundeu*
demain à 9 heures	**für morgen um neun Uhr** *fur morgheun oum noïn oûr*
L'adresse est …	**Die Adresse ist …** *dî adrèsseu ist …*

FREI libre

Emmenez-moi à …, s.v.p.	**Bitte bringen Sie mich …** *bitteu bringheun zî miçh*
l'aéroport	**zum Flughafen** *tsoum floûghâfeun*
la gare	**zum Bahnhof** *tsoum bânhôf*
l'hôtel	**zum … Hotel** *tsoum … hottèl*
cette adresse	**zu dieser Adresse** *tsou dîzèr adrèsseu*
Combien est-ce que ça coûtera?	**Wie viel kostet das?** *vî fîl kostèt dass*
Arrêtez-vous ici, s.v.p.	**Bitte halten Sie hier.** *bitteu halteun zî hîr*
C'est combien?	**Was kostet das?** *vass kostèt dass*
Vous m'aviez dit … euros.	**Sie sagten … Euro.** *zî zâgteun … oïrô*
Gardez la monnaie.	**Der Rest ist für Sie.** *dèr rèst ist fur zî*

– Bitte bringen Sie mich zum Bahnhof.
(Emmenez-moi à la gare, s.v.p.)
– Natürlich. (Bien sûr.)
– Wie viel kostet das? (Combien ça coûtera?)
– *Zwölf Euro zwanzig. (12 euros 20.)*
– Danke. Der Rest ist für Sie. (Merci. Gardez la monnaie.)

CHIFFRES ➤ 216; DIRECTIONS ➤ 94

Voiture Auto

Lors de vos déplacements en voiture, vous devez disposer en permanence des documents suivants: permis de conduire valide et complet (**Führerschein**), document d'immatriculation du véhicule (**Kraftfahrzeugzulassung**) et documents d'assurance (**Versicherungsschein**). L'assurance couvrant les risques de responsabilité civile est obligatoire en Europe. Il est recommandé de souscrire à une assurance automobile internationale (pour «carte verte») auprès de votre assureur.

Réseau routier

Allemagne/Autriche **E** – autoroute internationale (rectangle vert – sans péage); **A** (**Autobahn**) – autoroute nationale (chiffres blancs, fond bleu); **B** (**Bundesstraße**) – route principale; **L** (**Landstraße**) – route secondaire; **G** (**Gemeindestraße**) – route locale.

Suisse **A** – autoroute sans péage, mais paiement d'une vignette obligatoire au passage de la frontière; **N** – route principale; **E** – route secondaire.

Limite de vitesse (kmph)	Zone urbaine	en dehors des zones urbaines	autoroute
Allemagne	50	100	130 (recommandé)
Autriche	50	100	130
Suisse	50	80	100-120

Equipement indispensable: triangle de signalisation, plaque d'immatriculation nationale et trousse de secours; le port des ceintures de sécurité est obligatoire (à l'avant comme à l'arrière).

Age minimum de conduite: Autriche, Suisse, Allemagne – 18; âge minimum pour la location: Allemagne, Autriche, Suisse – 21.

Certaines routes autrichiennes sont soumises à péage, surtout dans les couloirs de montagne. Toutes les routes sont gratuites en Allemagne, tandis qu'une vignette est nécessaire pour emprunter les autoroutes suisses – en vente dans tous les offices du tourisme, douanes, bureaux de poste et garages. Elle est valable un an, incessible et doit être collée sur le pare-brise. Une vignette supplémentaire est obligatoire pour les caravanes ou remorques. Les usagers adressent des appels de phares pour signaler leur approche – et non que vous devez céder le passage. Notons que l'usage de l'avertisseur sonore est interdit en agglomération. Taux d'alcool dans le sang: maximum 50 mg/100 ml. N'oublions pas que tout alcool est susceptible d'altérer la concentration.

Location de voitures Autovermietung

Vous devrez présenter un permis de conduire valable depuis au moins un an en Autriche ou en Suisse, et 6 mois en Allemagne.

Les sièges de sécurité pour enfants (**Kindersitze**) sont obligatoires pour les enfants de moins de 12 ans et sont disponibles dans des agences de location de voitures; il est recommandé de réserver à l'avance.

Où puis-je louer une voiture?	**Wo kann ich ein Auto mieten?** *vô kann içh aïn aouto mîteun*
Je voudrais louer une …	**Ich möchte ein … mieten.** *içh meuçhteu aïn … mîteun*
voiture 2 portes/4 portes	**ein zweitüriges/viertüriges Auto** *aïn tsvaïtu:righèss/fîrtu:rigghèss aouto*
voiture automatique	**einen Automatikwagen** *aïneun aoutommâtikvâgheun*
voiture à 4 roues motrices/ une 4/4	**ein Auto mit Vierradantrieb** *aïn aouto mit fîrâtanntrîb*
voiture avec climatisation	**ein Auto mit Klimaanlage** *aïn aouto mit klîma-annlâgheu*
Je la voudrais pour un jour/ une semaine.	**Ich möchte es für einen Tag/eine Woche.** *içh meuçhteu èss fur aïneun tâg/aïneu voçheu*
Quel est le tarif par jour/ semaine?	**Wie viel kostet es pro Tag/Woche?** *vî fîl kostèt ess prô tâg/voçheu*
Est-ce-que l'assurance est comprise?	**Ist die Versicherung inbegriffen?** *ist dî fèrziçhèroung innbégriffeun*
Y a-t-il des tarifs spéciaux pour le week-end?	**Gibt es Wochenendpauschalen?** *gipt ess voçheunent-paouchâleun*
Qu'est-ce qu'il faut mettre comme carburant?	**Welchen Treibstoff braucht es?** *vèlçheun traïbchtoff braouçht èss*
Est-ce que je peux prendre une assurance tous risques?	**Kann ich bitte eine Vollkaskoversicherung haben?** *kann içh bitteu aïneu follkasko-fèrziçhèroung hâbeun*

Kann ich Ihren Führerschein sehen?	Je peux voir votre permis de conduire?
Wer fährt?	Qui prend le volant?
Bitte bringen Sie das Auto vor …/ um … Uhr zurück.	Veuillez rapporter la voiture avant …/à …heures.

JOURS DE LA SEMAINE ➤ 218; PAIEMENT ➤ 89

Station-service Tankstelle

Où est la station-service la plus proche, s.v.p.?	**Wo ist die nächste Tankstelle, bitte?** *vô ist dî nè:çhsteu tannkchtéleu bitteu*
Est-ce que c'est un self-service?	**Ist hier Selbstbedienung?** *ist hîr zèlbstbédînoung*
Le plein, s.v.p.	**Volltanken, bitte.** *folltannkeun bitteu*
… litres d'essence, s.v.p.	**… Liter Benzin, bitte.** *… lîtèr béntsîn bitteu*
super	**Super** *zoupèr*
ordinaire	**Normal** *normâl*
sans plomb	**bleifreies Benzin** *blaï-fraï-èss béntsîn*
diesel	**Diesel** *dîzèl*
pompe numéro …	**Zapfsäule Nummer …** *tsapfzoïleu noummèr*
Où est le compresseur pour l'air/l'eau?	**Wo ist die Luftpumpe/das Wasser?** *vô ist dî louftpoumpeu/dass vassèr*

PREIS PRO LITER	prix au litre

Stationnement Parken

Le stationnement est gratuit dans la plupart des zones bleues pendant une période limitée avec un disque de stationnement (disponible dans les bureau de tabac, stations-services, offices du tourisme et clubs automobiles). Le stationnement n'est autorisé que du côté droit, excepté dans les rues à sens unique. Il est interdit lorsque vous verrez ces mots: **Halten verboten**; **Stationierungsverbot**.

Est-ce qu'il y a un parking près d'ici?	**Gibt es hier in der Nähe einen Parkplatz?** *gipt ess hîr inn dèr nè:heu aïneun parkplats*
Quel est le tarif par heure/jour?	**Wie viel kostet es pro Stunde/Tag?** *vî fîl kostèt èss prô chtoundeu/tâg*
Où dois-je payer?	**Wo muss ich bezahlen?** *vô mouss içh bétsâleun*
Avez-vous de la monnaie pour le parcmètre?	**Haben Sie Kleingeld für die Parkuhr?** *hâbeun zî klaïnghèlt fur dî parkoûr*
On a mis un sabot de Denver à ma voiture. A qui dois-je téléphoner?	**Mein Auto ist mit einer Parkkralle festgesetzt worden. Wen kann ich anrufen?** *maïn aouto ist mit aïnèr park-kralleu fèst-ghézètst vordeun. vé:n kann içh annroufeun*

CHIFFRES ➤ 216; DIRECTIONS ➤ 94

Pannes Pannen

Si vous avez besoin d'aide en cas de panne: consultez vos documents d'assistance en cas de panne; ou contactez le service de dépannage: Allemagne: **ADAC** ☎ 01802/22 22 22; Autriche: **ÖamTc** ☎ 120 ou **Arbö** ☎ 123; Suisse: ☎ 140. Le long des autoroutes nationales (**Autobahn**) allemandes, les téléphones de secours vous mettent en communication avec l'opérateur; demandez le **Pannendienst.**

Où se trouve le garage le plus proche?	**Wo ist die nächste Reparaturwerkstatt?** *vô ist dî nè:çhsteu réparatoûrvèrkchtat*
Ma voiture est tombée en panne.	**Ich habe eine Panne.** *içh hâbeu aïneu panneu*
Pouvez-vous m'envoyer un mécanicien/une dépanneuse?	**Können Sie einen Mechaniker/Abschleppwagen schicken?** *keunneun zî aïneun méçhânikèr/apchlèpvâgheun chikeun*
Je suis membre du service d'assistance routière …	**Ich bin Mitglied im …** *içh binn mitglît imm*
Mon numéro de membre est …	**Meine Mitgliednummer ist …** *maïneu mitglîtnoummèr ist*
La voiture est …	**Das Auto steht …** *dass aouto chté:t*
sur l'autoroute	**auf der Autobahn** *aouf dèr aoutobân*
à 2 km de …	**zwei Km von … entfernt** *tsvaï killommé:tèr fon … èntfèrnt*
Combien de temps allez-vous mettre?	**Wie lange dauert es, bis Sie kommen?** *vî lanngheu daouèrt èss biss zî kommeun*

Qu'est-ce qui ne va pas? Wo liegt der Fehler?

Ma voiture ne veut pas démarrer.	**Mein Auto springt nicht an.** *maïn aouto chprinngt niçht ann*
La batterie est à plat.	**Die Batterie ist leer.** *dî battèrî ist lé:r*
Je suis en panne d'essence.	**Ich habe kein Benzin mehr.** *içh hâbeu kaïn béntsîn mé:r*
J'ai une crevaison.	**Ich habe einen Platten.** *içh hâbeu aïneun platteun*
J'ai un problème avec …	**… funktioniert nicht.** *… founktsionîrt niçht*
J'ai fermé mes clés dans la voiture.	**Ich habe die Schlüssel im Auto eingeschlossen.** *içh hâbeu dî chlussèl im aouto aïnghéchlosseun*

TELEPHONER ➤ 127; PARTIES DE VOITURE ➤ 90–91

Réparations Reparaturen

Faites-vous des réparations?	**Führen Sie Reparaturen aus?** *fu:reun zî répara-toûreun aouss*
Pourriez-vous regarder ma voiture?	**Können Sie sich mein Auto ansehen?** *keunneun zî ziçh maïn aouto annzé:heun*
Est-ce que vous pouvez faire une réparation (temporaire)?	**Können Sie es (provisorisch) reparieren?** *keunneun zî èss (provizôrich) réparîreun*
Faites seulement les réparations essentielles.	**Bitte reparieren Sie nur das Nötigste.** *bitteu réparîreun zî nour dass neu:tiggsteu*
Est-ce que je peux attendre?	**Kann ich darauf warten?** *kann içh daraouf varteun*
Est-ce que vous pouvez la réparer aujourd'hui?	**Können Sie es heute reparieren?** *keunneun zî èss hoïteu réparîreun*
Quand est-ce qu'elle sera prête?	**Wann wird es fertig?** *vann vîrt ess fèrtiçh*
Ça coûtera combien?	**Wie viel wird das kosten?** *vî fîl vîrt dass kosteun*
C'est du vol!	**Das ist unverschämt!** *dass ist ounfèrchè:mt*
Est-ce que je peux avoir un reçu pour l'assurance?	**Kann ich eine Quittung für die Versicherung haben?** *kann içh aïneu kouittoung fur dî fèrziçhèroung hâbeun*

... funktioniert nicht.	Le/La ... ne marche pas.
Ich habe die nötigen Ersatzteile nicht da.	Je n'ai pas les pièces nécessaires.
Ich muss die Ersatzteile bestellen.	Il faut que je commande les pièces.
Ich kann es nur provisorisch reparieren.	Je ne peux faire qu'une réparation temporaire.
Ihr Auto hat Totalschaden.	Ça ne vaut pas la peine de la faire réparer.
Es kann nicht repariert werden.	On ne peut pas la réparer.
Es wird ... fertig.	Elle sera prête ...
heute noch	dans la journée
morgen	demain
in ... Tagen	dans ... jours

JOURS DE LA SEMAINE ➤ 218; CHIFFRES ➤ 216

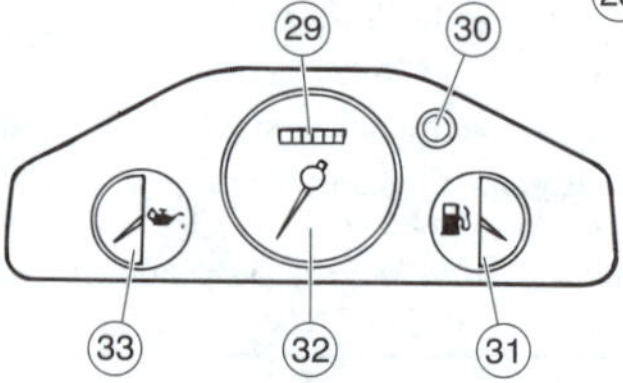

1 feux arrière **Rücklichter** npl
2 feux rouges (des freins) **Bremslichter** npl
3 coffre **Kofferraum** m
4 bouchon de réservoir (d'essence) **Tankdeckel** m
5 vitre **Fenster** n
6 ceinture de sécurité **Sicherheitsgurt** m
7 toit ouvrant **Schiebedach** n
8 volant **Lenkrad** n
9 contact **Zündung** f
10 clé de contact **Zündschlüssel** m
11 pare-brise **Windschutzscheibe** f
12 essuie-glaces **Scheibenwischer** mpl
13 jet lave-glace **Scheibenwaschanlage** f
14 capot **Motorhaube** f
15 phares **Scheinwerfer** mpl
16 plaque d'immatriculation **Nummernschild** n
17 feu de brouillard **Nebelscheinwerfer** m
18 clignotants **Blinker** mpl
19 pare-choc **Stoßstange** f
20 pneus **Reifen** mpl
21 enjoliveur **Radkappe** f
22 valve **Ventil** n
23 roues **Räder** npl
24 rétroviseur extérieur **Außenspiegel** m
25 fermeture centrale **Zentralverriegelung** f
26 serrure **Schloss** n
27 jante **Felge** f
28 pot d'échappement **Auspuffrohr** n
29 compteur kilomètrique **Kilometerzähler** m
30 feu de détresse **Warnlampe** f

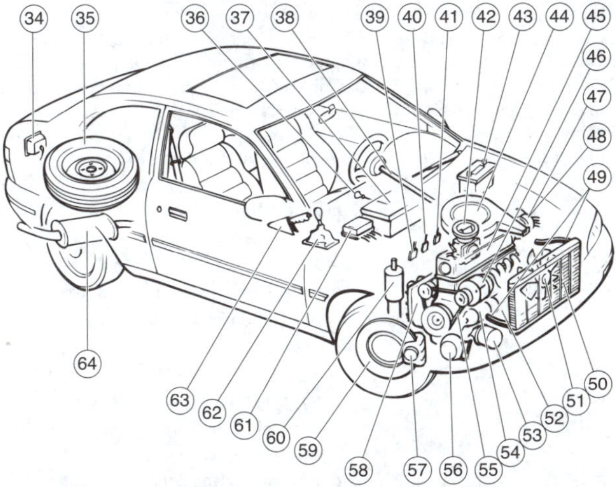

31 jauge de carburant **Benzinuhr** f
32 compteur de vitesse **Tachometer** m
33 jauge à huile **Ölstandsanzeiger** m
34 feux de recul **Rückfahrscheinwerfer** mpl
35 roue de secours **Ersatzrad** n
36 starter **Choke** m
37 radiateur **Heizung** f
38 colonne de direction **Lenksäule** f
39 accélérateur **Gaspedal** n
40 pédale **Bremspedal** n
41 embrayage **Kupplung** f
42 carburateur **Vergaser** m
43 batterie **Batterie** f
44 filtre à air **Luftfilter** m
45 arbre à cames **Nockenwelle** f
46 alternateur **Lichtmaschine** f
47 distributeur **Verteiler** m
48 vis platinées **Unterbrecherkontakte** mpl
49 durite **Kühlwasserleitung** f
50 radiateur **Kühler** m
51 ventilateur **Ventilator** m
52 moteur **Motor** m
53 filtre à huile **Ölfilter** m
54 démarreur **Anlasser** m
55 courroie de ventilateur **Keilriemen** m
56 klaxon **Hupe** f
57 plaquettes de freins **Bremsbeläge** mpl
58 boîte de vitesses **Getriebe** n
59 freins **Bremsen** fpl
60 amortisseurs **Stoßdämpfer** mpl
61 fusibles **Sicherungen** fpl
62 levier de vitesses **Schaltknüppel** m
63 frein à main **Handbremse** f
64 silencieux **Auspufftopf** m

REPARATIONS ➤ *89*

Accidents Verkehrsunfälle

En cas d'accident:

1. placez votre triangle rouge de signalisation (**Warndreieck**) à une distance d'environ 100 mètres derrière votre voiture;
2. signalez l'accident à la police (obligatoire en cas de blessure corporelle); ne quittez pas les lieux avant son arrivée;
3. présentez votre permis de conduire et «carte verte» (**grüne Karte**); et déclinez vos nom, adresse, compagnie d'assurance à l'autre partie;
4. avertissez la compagnie d'assurance de l'autre partie, ainsi que la vôtre;
5. ne faites aucune déclaration écrite sans le conseil d'un avocat ou d'un administrateur de club automobile;
6. notez tous les détails pertinents relatifs à l'autre partie et à tout témoin indépendant.

Il y a un accident.	**Es ist ein Unfall passiert.** *èss ist aïn ounfal passîrt*
Il est à …	**Es ist …** *èss ist*
sur l'autoroute	**auf der Autobahn** *aouf dèr aoutobân*
près de …	**in der Nähe von …** *inn dèr nè:heu fon*
Où est le téléphone le plus proche?	**Wo ist das nächste Telefon?** *vô ist dass nè:çhsteu téléfôn*
Téléphonez à …	**Rufen Sie … an.** *roûfeun zî … ann*
la police	**die Polizei** *dî pollitsaï*
une ambulance	**einen Krankenwagen** *aïneun krannkeunvâgheun*
un docteur	**einen Arzt** *aïneun ârtst*
les pompiers	**die Feuerwehr** *dî foïèrvè:r*
Pourriez-vous m'aider, s.v.p.?	**Können Sie mir bitte helfen?** *keunneun zî mîr bitteu hèlfeun*

Blessures Verletzungen

Il y a des blessés.	**Es gibt Verletzte.** *ess gipt fèrlétsteu*
Personne n'est blessé.	**Es ist niemand verletzt.** *èss ist nîmannt fèrlétst*
Il saigne.	**Er blutet.** *èr bloûtèt*
Elle a perdu connaissance.	**Sie ist bewusstlos.** *zî ist bévousstlôs*
Il ne peut pas respirer.	**Er kann nicht atmen.** *èr kann niçht âtmeun*
Ne le déplacez pas.	**Bewegen Sie ihn nicht.** *bévé:gheun zî în niçht*

MEDECIN ➤ 163; DIRECTIONS ➤ 94

Questions de droit Rechtsfragen

Quelle est votre compagnie d'assurance?	**Ihre Versicherungsgesellschaft, bitte?** *îreu fèrzichèroungz-ghézèlchaft bitteu*
Quels sont vos nom et adresse?	**Ihr Name und Ihre Anschrift, bitte?** *îr nâmeu ount îreu annchrift bitteu*
Il m'est rentré dedans.	**Er ist mit mir zusammen gestoßen.** *èr ist mit mîr tsouzammeun ghéchtôsseun*
Elle conduisait trop vite.	**Sie ist zu schnell gefahren.** *zî ist tsou chnèll ghéfâreun*
J'avais la priorité.	**Ich hatte Vorfahrt.** *ich hatteu fôrfârt*
Je ne faisais que … km à l'heure.	**Ich bin (nur) … Km pro Stunde gefahren.** *ich binn (nour) … kilométèr prô chtoundeu ghéfâreun*
Je voudrais un interprète.	**Ich möchte einen Dolmetscher haben.** *ich meuchteu aïneun dolmètchèr hâbeun*
Il/Elle a vu ce qui s'est passé.	**Er/Sie hat gesehen, wie es passiert ist.** *èr/zî hat ghézé:heun vî èss passîrt ist*
Le numéro d'immatriculation était …	**Das Kraftfahrzeugkennzeichen war …** *dass kraftfârtzoïg-kèntsaïcheun vâr*

Kann ich bitte Ihren … sehen?	Est-ce que je peux voir votre …?
Führerschein	permis de conduire
Versicherungsschein	certificat d'assurance
Kraftfahrzeugschein	immatriculation du véhicle
Wann ist es passiert?	Quand est-ce que ça s'est passé?
Wo ist es passiert?	Où est-ce que ça s'est passé?
War jemand anders an dem Unfall beteiligt?	Est-ce qu'il y avait quelqu'un d'autre impliqué?
Gibt es Zeugen?	Est-ce qu'il y a des témoins?
Sie haben die Geschwindigkeitsbegrenzung überschritten.	Vous aviez dépassé la limitation de vitesse.
Ihre Beleuchtung funktioniert nicht.	Vos feux ne marchent pas.
Sie müssen (sofort) ein Bußgeld bezahlen.	Vous devez payer une amende (sur le champ).
Sie müssen auf der Wache eine Aussage machen.	Vous devez venir au commissariat de police pour faire une déposition.

POLICE ➤ 161; PROBLEMES DE COMMUNICATION ➤ 220

Demander son chemin
Wegbeschreibung

Excusez-moi, s.v.p.	**Entschuldigen Sie bitte.** *èntchouldigheun zî bitteu*
Pour aller à …?	**Wie komme ich nach …?** *vî kommeu içh nâçh*
Où est …?	**Wo ist …?** *vô ist*
Est-ce que vous pouvez me montrer où je suis sur la carte?	**Können Sie mir auf der Karte zeigen, wo ich bin?** *keunneun zî mîr aouf dèr karteu tsaïghun vô içh binn*
Je me suis perdu(e).	**Ich habe mich verlaufen.** *içh hâbeu miçh fèrlaoufeun*
Est-ce que vous pouvez répéter?	**Können Sie das bitte wiederholen?** *keunneun zî dass bitteu vîdèrhôleun*
Plus lentement, s.v.p.	**Langsamer, bitte.** *lanngzâmèr bitteu*
Merci pour votre aide.	**Vielen Dank für Ihre Hilfe.** *fîleun dannk fur îreu hilfeu*

Voyager en voiture Im Auto unterwegs

Est-ce que c'est bien la bonne route pour …?	**Ist dies die richtige Straße nach …?** *ist dîz dî riçhtigheu chtrâsseu nâçh*
… est à combien de kilomètres d'ici?	**Wie weit ist es von hier nach …?** *vî vaït ist èss fon hîr nâçh*
Où mène cette route?	**Wohin führt diese Straße?** *vôhinn fu:rt dîzeu chtrâsseu*
Comment est-ce que je peux accéder à l'autoroute?	**Wie komme ich auf die Autobahn?** *vî kommeu içh aouf dî aoutobân*
Comment s'appelle la prochaine ville?	**Wie heißt die nächste Stadt?** *vî haïst dî nè:çhsteu chtat*
Pourquoi y a-t-il un embouteillage?	**Warum ist hier Stau?** *varoum ist hîr chtaou*
Il faut combien de temps en voiture?	**Wie lange dauert es mit dem Auto?** *vî lanngheu daouèrt èss mit dé:m aouto*

– Entschuldigen Sie bitte. Wie komme ich zum Spital?
(Excusez-moi, s.v.p. Pour aller à l'hôpital?)
– Nehmen Sie die dritte Straße rechts und gehen Sie dann geradeaus.
(Prenez la troisième rue à droite et c'est tout droit.)
– Die dritte rechts. Ist es weit?
(La troisième à droite. C'est loin?)
– Es sind ungefähr zwei Kilometer. (C'est à environ 2 kilomètres.)
– Vielen Dank für Ihre Hilfe. (Merci pour votre aide.)

PROBLEMES DE COMMUNICATION ➤ 11

Emplacement/situation Lage

Es ist ...	C'est ...
geradeaus	tout droit
auf der linken Seite	à gauche
auf der rechten Seite	à droite
am Ende der Straße	au but de la rue
an der Ecke	au coin
um die Ecke	après le coin
in Richtung	en direction de
gegenüber/hinter	en face de/derrière
neben/nach	à côté de/après
Gehen Sie die ... entlang.	Suivez la ...
Seitenstraße/Hauptstraße	rue transversale/rue principale
Gehen Sie über ...	Traversez la/le ...
den Platz/die Brücke	place/pont
Nehmen Sie die dritte Straße rechts.	Prenez la troisième rue à droite.
Biegen Sie ... ab.	Tournez à ...
links	gauche
nach der ersten Ampel	après les premiers feux (rouges)
an der zweiten Kreuzung	au deuxième carrefour

En voiture Im Auto

Es liegt ... von hier.	C'est ... d'ici.
nördlich/südlich	au nord/au sud
östlich/westlich	à l'est/à l'ouest
Nehmen Sie die Straße nach ...	Prenez la route à ...
Sie sind auf der falschen Straße.	Vous êtes sur la mauvaise route.
Sie müssen nach ... zurückfahren.	Vous devez retourner à ...
Folgen Sie den Schildern nach ...	Suivez les panneaux vers ...

C'est loin? Ist es weit?

Es ist ...	C'est ...
nah/weit	près d'ici/loin
fünf Minuten zu Fuß	à 5 minutes à pied
zehn Minuten im Auto	à 10 minutes en voiture
etwa zehn Kilometer entfernt	à environ 10 km

HEURES ➤ 220; CHIFFRES ➤ 216

Panneaux Verkehrszeichen

ANLIEGER FREI	sauf riverains
AUSWEICHSTRECKE	itinéraire
EINBAHNSTRASSE	sens unique
EINORDNEN	prenez la bonne file
GESPERRT	route barrée
LICHT AN	allumez vos phares
NIEDRIGE BRÜCKE	hauteur limitée
SCHULE	école
UMLEITUNG	déviation
VORFAHRT GEWÄHREN	cédez le passage

Plans de villes Stadtpläne

Altstadt f	*altchtat*	vieille ville
Bahnhof m	*bânhôf*	gare
Bushaltestelle f	*bouss-haltéchtéleu*	arrêt d'autobus
Buslinie f	*bouss-lînieu*	itinéraire des bus
Flughafen m	*floûghâfeun*	aéroport
Fußgängerüberweg m	*foussghènnghèr-u:bèrvé:g*	passage piétons
Fußgängerzone f	*foussghènnghèr-tsôneu*	zone piétonnière
Hauptstraße f	*haoupt-chtrâsseu*	rue principale
Kino nt	*kîno*	cinéma
Kirche f	*kirçheu*	église
öffentliches Gebäude n	*euffèntliçhèss ghéboïdeu*	bâtiment public
Park m	*park*	parc
Parkplatz m	*parkplats*	parking
Polizeiwache f	*politsaï-vaçhe*	commissariat
Postamt nt	*postammt*	(bureau de) poste
Sportplatz m	*chportplats*	terrain de sports
Stadion nt	*chtâdiôn*	stade
Standort m	*chtanndort*	vous êtes ici
Taxistand m	*taksichtannd*	station de taxi
Theater nt	*téâtèr*	théâtre
Toiletten fpl	*toalètteun*	toilettes
U-Bahnstation f	*oû-bânchatsiôn*	station de métro
Unterführung f	*ountèrfu:roung*	passage souterrain
Verkehrsbüro n	*fèrké:rzburô*	office du tourisme

VISITES TOURISTIQUES ➤ *97–107*

Visites Touristiques

Office du tourisme
Fremdenverkehrsbüro

Les offices du tourisme sont souvent situés dans les centre-villes; cherchez **Fremdenverkehrsamt** ou **Verkehrsbüro**.

Epinglons quelques événements populaires: les fêtes du vin et de la bière (par exemple, l'**Oktoberfest** à Munich), **Fasching** (période de carnaval jusqu'au mercredi des Cendres) et autres festivals locaux.

Où est l'office du tourisme? — **Wo ist das Fremdenverkehrsbüro?** *vô ist dass frèmdeunfèrké:rsburô*

Qu'est-ce qu'il y a d'intéressant à voir? — **Was gibt es Interessantes zu sehen?** *vass ghipt èss inntèrèssanntès tsou sé:heun*

Nous restons … — **Wir sind … hier.** *vîr zinnt … hîr*

seulement quelques heures — **nur ein paar Stunden** *noûr aïn pâr chtoundeun*

une journée — **einen Tag** *aïneun tâg*

une semaine — **eine Woche** *aïneu voçheu*

Pouvez-vous recommander …? — **Können Sie … empfehlen?** *keunneun zî … empfé:leun*

une visite touristique/de la ville — **eine Stadtrundfahrt** *aïneu chtatrountfârt*

une excursion — **einen Ausflug** *aïneun aousfloûg*

une promenade en bateau — **eine Schiffsfahrt** *aïneu chiffsfârt*

Avez-vous des renseignements sur …? — **Haben Sie Informationen über …?** *hâbeun zî innformatsiôneun ubèr*

Y a-t-il des excursions à …? — **Gibt es Ausflüge nach …?** *gipt ess aousflu:geu nâçh*

CHIFFRES ➤ 216; DIRECTIONS ➤ 94

Excursions Ausflüge

Combien coûte cette excursion?	**Wie viel kostet dieser Ausflug?** *vî fîl kostèt dîzeur aousfloug*
Le déjeuner est-il compris?	**Ist das Mittagessen inbegriffen?** *ist dass mittâgèsseun innbégriffeun*
D'où partons-nous?	**Wo fahren wir ab?** *vô fâreun vîr ap*
A quelle heure commence l'excursion?	**Wann beginnt der Ausflug?** *vann béghinnt dèr aousfloug*
A quelle heure revenons-nous?	**Wann sind wir zurück?** *vann zinnt vîr tsoûruk*
Est-ce que nous aurons du temps libre à …?	**Haben wir in … Zeit zur freien Verfügung?** *hâbeun vîr inn … tsaït tsoûr fraïeun fèrfu:goung*
Y a-t-il un guide qui parle français?	**Gibt es einen Französisch sprechenden Führer?** *gipt ess aïneun franntseu:zich chprèçheundeun fu:rèr*

En excursion Unterwegs

Est-ce que nous allons voir …?	**Werden wir … sehen?** *vèrdeun vîr … zé:heun*
Nous aimerions voir …	**Wir möchten … sehen.** *vîr meuçhteun … zé:heun*
Est-ce que nous pouvons nous arrêter ici …?	**Können wir hier anhalten, …?** *keunneun vîr hîr annhalteun*
pour prendre des photos	**um Fotos zu machen** *oum fôtôs tsoû maçheun*
pour acheter des souvenirs	**um Reiseandenken zu kaufen** *oum raïzéanndènkeun tsoû kaoufeun*
pour aller aux toilettes	**um zur Toilette zu gehen** *oum tsoûr toalètteu tsoû gé:heun*
Pouriez-vous nous prendre en photo ici, s.v.p.?	**Würden Sie bitte ein Foto von uns machen?** *vurdeun zî bitteu aïn fôtô fon ouns maçheun*
Combien de temps avons-nous ici/à …?	**Wie viel Zeit haben wir hier/in … zur Verfügung?** *vî fîl tsaït hâbeun vîr hîr/inn … tsoûr fèrfu:goung*
Attendez! … n'est pas encore là!	**Warten Sie! … ist noch nicht da.** *varteun zî … ist noçh niçht dâ*

Attractions touristiques
Touristenattraktionen

Les plans de ville sont affichés dans les centre-villes, trains, trams, dans de nombreuses gares routières et offices du tourisme.

Où est le/la/l'/les …?	**Wo ist …** *vô ist*
abbaye	**die Abtei** *dî aptaï*
cathédrale	**der Dom** *dèr dôm*
centre-ville	**die Innenstadt** *dî inneunchtat*
champ de bataille	**das Schlachtfeld** *dass chlaçhtfèlt*
château	**das Schloss** *dass chloss*
cimetière	**der Friedhof** *dèr frît-hôf*
église	**die Kirche** *dî kîrçheu*
fontaine	**der Brunnen** *dèr brounneun*
galerie de peinture	**die Kunstgalerie** *dî kounstgalèrî*
hôtel de ville	**das Rathaus** *dass rât-haouss*
jardin botanique	**der Botanische Garten** *dèr botânicheu garteun*
marché	**der Markt** *dèr markt*
monastère	**das Kloster** *dass klôstèr*
musée	**das Museum** *dass mouzé:oum*
opéra	**das Opernhaus** *dass ôpèrnhaouss*
palais	**der Palast** *dèr palast*
parlement	**das Parlamentsgebäude** *dass parlamèntsghéboïdeu*
parc	**der Park** *dèr park*
port	**der Hafen** *dèr hâfeun*
rempart	**die Stadtmauer** *dî chtatmaouèr*
rues commerçantes	**das Geschäftsviertel** *dass ghéchèftsfîrtel*
statue	**die Statue** *dî chtâtou-eu*
théâtre	**das Theater** *dass téâtèr*
université	**die Universität** *dî ounnivèrzitè:t*
vieille ville	**die Altstadt** *dî altchtat*
Pouvez-vous me le/la montrer sur la carte?	**Können Sie es mir auf der Karte zeigen?** *keunneun zî èss mîr aouf dèr karteu tsaïgeun*

DIRECTIONS ➤ 94

Entrée Eintritt

Les musées sont généralement fermés le lundi et en période de congés importants (Noël, jour de l'An, etc.). Ils sont habituellement ouverts de 9 h à 16 h.

Est-ce que … est ouvert(e) au public?	**Ist … der Öffentlichkeit zugänglich?** *ist … dèr euffeuntliçhkaït tsoûghèngliçh*
Est-ce que nous pouvons regarder?	**Können wir uns umsehen?** *keunneun vîr ouns oumzé:heun*
Quelles sont les heures d'ouverture?	**Was sind die Öffnungszeiten?** *vass zinnt dî euffnoungztsaïteun*
A quelle heure ferme-t-il/elle?	**Wann schließt er/sie/es?** *vann chlîsst èr/zî/èss*
Est-ce que … est ouvert(e) le dimanche?	**Ist … sonntags geöffnet?** *ist … zonntâgs ghé-euffnèt*
A quelle heure est la prochaine visite guidée?	**Wann ist die nächste Führung?** *vann ist dî nè:çhsteu fu:roung*
Avez-vous un guide (en français)?	**Haben Sie einen Reiseführer (auf Französisch)?** *hâbeun zî aïneun raïzé fu:rèr (aouf franntseu:ziçh)*
Est-ce que je peux prendre des photos?	**Darf ich fotografieren?** *darf içh fottografîreun*
Est-ce accessible aux handicapés?	**Ist es für Behinderte zugänglich?** *ist èss fur béhinndèrteu tsoûgèngliçh*
Y a-t-il un guide audio en français?	**Gibt es einen Audio-Führer auf Französisch?** *ghipt èss aïneun aoudiofu:rèr aouf franntseu:ziçh*

Paiement/Billets Bezahlen/Eintrittskarten

Combien coûte l'entrée?	**Was kostet der Eintritt?** *vass kostèt dèr aïntrit*
Y a-t-il des réductions pour les …?	**Gibt es Ermäßigungen für …?** *gipt èss èrmè:ssigoungheun fur*
enfants	**Kinder** *kinndèr*
handicapés	**Behinderte** *béhinndèrteu*
groupes	**Gruppen** *grouppeun*
retraités	**Rentner** *rentnèr*
étudiants	**Studenten** *chtouddènteun*
1 adulte et 2 enfants, s.v.p.	**Ein Erwachsener und zwei Kinder, bitte.** *aïn èrvaksénèr ount tsvaï kinndèr bitteu*

HEURES ➤ 220

– Fünf Eintrittskarten, bitte. Gibt es Ermäßigungen? (Cinq billets, s.v.p. Y a-t-il des réductions?)

– Ja. Kinder und Rentner haben fünfzig Prozent Ermäßigung. (Oui. Il y a une réduction de 50% pour les enfants et les retraités.)

– Zwei Erwachsene und drei Kinder, bitte. (Deux adultes et trois enfants, s.v.p.)

– Das macht dreißig Euro, bitte. (Ça fait 30 euros, s.v.p.)

EINTRITT FREI	entrée gratuite
EINTRITT VERBOTEN	défense d'entrer
FOTOGRAFIEREN VERBOTEN	photos interdites
GEÖFFNET	ouvert
GESCHLOSSEN	fermé
GESCHENKLADEN	magasin de souvenirs
LETZER EINTRITT 17 UHR	dernier billet à 17 h
NÄCHSTE FÜHRUNG UM …	prochaine visite à …
ÖFFNUNGSZEITEN	heures des visites

Impressions Eindrücke

C'est …	**Es ist …** *èss ist*
beau	**schön** *cheu:n*
bizarre	**merkwürdig** *mèrkvurdiçh*
ennuyeux	**langweilig** *lanngvaïliçh*
époustouflant	**atemberaubend** *âtemmbéraoubeunt*
étonnant	**erstaunlich** *èrchtaounliçh*
étrange	**seltsam** *zèltzâm*
fantastique	**großartig** *grôssartiçh*
intéressant	**interessant** *inntèrèssannt*
joli	**hübsch** *hubch*
laid	**hässlich** *hèssliçh*
magnifique	**großartig** *grôssartiçh*
romantique	**romantisch** *rommanntich*
stupéfiant	**hinreißend** *hinnraïsseunt*
superbe	**phantastisch** *fanntastich*
terrible	**schrecklich** *chrèkliçh*
C'est très amusant.	**Es macht Spaß.** *èss maçht chpâss*
On en a pour son argent.	**Es ist preiswert.** *èss ist praïsvért*
C'est du vol organisé.	**Das ist Wucher.** *dass ist voûçhèr*
Ça (ne) me plaît (pas).	**Es gefällt mir (nicht).** *èss ghéfèlt mîr (niçht)*

Glossaire touristique
Sehenswürdigkeiten

Altarbild retable
Altertum antiquité
Altertümer antiquités
Aquarell aquarelle
ausgeliehen an en prêt à
Ausgrabungen fouilles
Ausstellung exposition
Ausstellungsstück objet d'exposition
Backsteingotik édifices en briques de style gothique
Badeanlagen thermes
... begonnen commencé en ...
Bernstein ambre
Bibliothek bibliothèque
Bild image, tableau
Bildhauer(in) sculpteur
Bogen arc
Bronzezeit âge de bronze
Bühne scène
Buntglasfenster vitrail
Burg château
Chor(stuhl) chœur (stalle)
Dach toit
darstellen représenter
Dom cathédrale
Druck imprimé
Ebene 1 niveau 1
Edelstein pierre précieuse
Ehrenmal cénotaphe
Eingang entrée
Einzelheit détail
Elfenbein ivoire
Empore/Galerie galerie
... entdeckt découvert en ...
entworfen von ... conçu par ...
Entwurf projet
... erbaut érigé/construit en ...
Erker oriel
... fertiggestellt achevé en ...
Fachwerk pan de bois, colombage
Festung forteresse
Friedhof cimetière
Flohmarkt marché aux puces
Flügel aile (d'édifice)
Gartenanlage jardins (publics)
Gasse allée
Gebäude édifice
Geburtshaus von ... maison natale de ...
... geboren né en ...
Gefäß récipient
... gegründet fondé en ...
Gemächer appartements (royaux)
Gemälde toile (peinture)
Gemälde peinture (art)
gemalt von ... peint par ...
gestiftet von ... don de ...
... gestorben mort en ...
Gewölbe voûte
Grab tombe
Grabmal tombeau
Grabstein pierre tombale
Gründerzeit années de fondation
Grundriss plan (horizontal)
Hallenkirche église construite en forme de hall
Hauptschiff nef centrale
Herrenhaus manoir
Herrschaft règne
Hof cour
im Stil des/der dans le style de
in Auftrag gegeben von commandé par
interaktives Ausstellungsstück objet d'exposition interactif
Jahrhundert siècle
Jugendstil Art Nouveau
Jungsteinzeit période néolithique
Kaiser empereur
Kaiserin impératrice
Kanzel chaire
Kapelle chapelle

Keramik céramique
König roi
Königin reine
Kreuz croix
Kreuzzug croisade
Krone couronne
Kunst art
Kunsthandwerk artisanat
Künstler(in) artiste
Kupferstich gravure
Kuppel dôme, coupole
Landschaft paysage (peinture)
lebte vécut
Leinwand toile (matière)
Leuchtturm phare
Maler(in) peintre
Marmor marbre
Maßstab 1:100 échelle 1:100
Mauer mur
Meisterwerk chef-d'œuvre
Mittelalter Moyen Age
mittelalterlich médiéval
Mittelschiff nef centrale
Möbel mobilier
Münze pièce de monnaie
Ölfarben peinture à l'huile
Orgel orgues
Pfeiler pilier; pilastre
Plastik sculpture
Platz place
Portal porche
Prunkzimmer chambre d'apparat
Rathaus hôtel de ville
Romanik (style) roman
Römer Romains
Querhaus transept
Sammlung collection
Säule colonne
Schloss château
Schmuck ornements, bijoux
Schiefer ardoise
Schnitzerei sculpture
Schule des/der école de
Seitenschiffe nefs latérales
silbern en argent, d'argent
Sims seuil
Skizze esquisse
Sockel piédestal
Spätgotik gothique tardif
Stadtmauer enceinte de la ville
Stein pierre
Steinzeit âge de la pierre
Stich gravure
Stil style
Strebepfeiler arc-boutant
Tafel plaque, panneau
Taufstein fonts baptismaux
Ton argile
Töpferwaren poterie
Tor porte
Treppe escalier
Turm tour, flèche
Uhr horloge
vergoldet doré
Vierung croisée du transept (architecture)
von par (personne)
Vortrag conférence
vorübergehendes Ausstellungsstück objet d'exposition temporaire
Wachsfigur personnage en cire
Waffe arme
Wand mur
Wandgemälde peinture murale
Wandteppich tapisserie
Wassergraben douves
Wasserleitung aqueduc
Wasserspeier gargouille
... wieder aufgebaut reconstruit en...
Zeichnung dessin
zeitgenössische Kunst art contemporain
zerstört von ... détruit par ...
Ziegel brique
Zinne créneau

Qui/Quoi/Quand? Wer/Was/Wann?

Quel est ce bâtiment?	**Was ist das für ein Gebäude?** *vass ist dass fur aïn ghéboïdeu*
Qui était ...?	**Wer war der ...?** *vér vâr dèr*
l'architecte/l'artiste	**Architekt/Künstler** *arçhitèkt/kunstlèr*
Quand a-t-il été construit/peint?	**Wann wurde es erbaut/gemalt?** *vann voûrdeu èss èrbaout/gemâlt*
C'est quel style?	**Was ist das für ein Stil?** *vas ist das fur aïn stîl?*
C'est quelle période?	**Aus welcher Zeit ist das?** *aouss vèlçhèr tsaït ist dass*

Karolinger/karolingisch (environ moitié du 8e–10e siècle)
Style architectural préroman, caractérisé par des églises circulaires et polygonales (la chapelle Palatine dans la cathédrale d'Aix-la Chapelle) et des églises comptant deux chœurs (l'église abbatiale bénédictine de Corvey).

Romanik (environ moitié du 11e–13e siècle)
Style à tendance géométrique, manifeste dans l'architecture et les sculptures d'églises, ainsi que dans des documents manuscrits (exemples: la région de Cologne, Speyer, Mainz et Worms).

Gotik/Spätgotik (environ moitié du 13e–16e siècle)
Caractérisé par des tours élancées; de hautes voûtes pointues, des arcs-boutants et une décoration sculpturale (exemples: les cathédrales de Cologne, de Regensburg et de Freiburg-in-Breisgau).

Barock/Rokoko (1630–1780)
Le style baroque s'est caractérisé par l'irrégularité et la grande variété des formes afin de produire un effet général de mouvement. Le rococo en constituait l'expression extrême et se traduisait par une décoration élaborée.

Biedermeier (1816–1848)
Style de conception de l'art et du mobilier caractérisé par des meubles confortables, coussinés, légers aux lignes fluides et armoires vitrées. Les auteurs de ce style étaient Ferdinand Waldmüller et Karl Spitzweg.

Jugendstil (1890–1905)
Le Jugendstil s'est développé en Allemagne et en Autriche en réaction contre l'extravagance de la décoration intérieure contemporaine. Il s'est d'abord manifesté dans la peinture et l'art graphique, puis dans le mobilier, les vases et les façades de bâtiments (exemple: la Schauspielhaus à Munich). Architectes: Peter Behrens, Hans Poelzig; peintre: Gustav Klimt.

Bauhaus (1920–1930)
Ecole architecturale dont le style est inspiré du thème fondamental du mariage de l'art et la technique (exemples: le Bauhaus, Dessau; des sections de la Weissenhof Siedlung; la Hauptbahnhof à Stuttgart; la Chilehaus à Hambourg).

Souverains / Gouvernements

Herrscher/Regierungen

Das Fränkische Reich (481–919)

Fondée par Clovis Ier, la dynastie franque assista au développement du christianisme en pleine période de colonisation. Charlemagne fut couronné empereur du Saint Empire romain en 800, qu'il étendit de par l'Europe.

Die Reformation (1500–1550)

Martin Luther publia ses «95 thèses» en 1517 à Wittenberg.

Friedrich der Große (1740–1786)

Les frontières de la Prusse furent étendues sous Frédéric le Grand.

Das Deutsche Reich (1871–1918)

Cette période fut marquée par la domination prusse et les querelles entre Eglise et Etat. La Première Guerre mondiale constitua le paroxysme et l'effondrement de cet empire.

Weimarer Republik (1918–1933)

Après l'abdication du Kaiser, l'Allemagne adopta une constitution républicaine et fit sa première tentative de démocratie.

Das Dritte Reich (1933–1945)

Hitler fonda un Etat totalitaire, mené par sa dictature, ou Troisième Reich, qui ambitionnait de dominer le monde. La défaite de l'Allemagne pendant la Deuxième Guerre mondiale se solda par la perte de pouvoir d'Hitler.

Wiedervereinigung (1989–90)

Le mur de Berlin tomba en 1989, et en mars 1990, les Allemands de l'Est organisèrent pour la première fois des élections libres. Le traité de réunification fut signé par l'Allemagne de l'Est et de l'Ouest en août 1990 et entra en vigueur en octobre 1990.

Eglises / offices religieux Kirchen/Gottesdienste

Bien que les grandes églises soient en principe ouvertes au public durant la journée, il convient de respecter les offices, et l'on exige dans la plupart des églises que les épaules nues soient couvertes avant d'y pénétrer.

église catholique / protestante	**die katholische/evangelische Kirche** *dî katôlicheu/evanngé:licheu kîrçheu*
mosquée / synagogue	**die Moschee/die Synagoge** *dî moché:/dî zunagôgeu*
A quelle heure est la messe / le culte ?	**Wann ist die Messe/der Gottesdienst ?** *vann ist dî mèsseu/dèr gottesdînst*
Je voudrais me confesser.	**Ich möchte gern beichten.** *içh meuçhteu ghèn baïçhteun*

A la campagne Auf dem Lande

Je voudrais une carte …	**Ich hätte gern eine Karte …** *içh hètteu ghèrn aïneu karteu*
de la région	**von dieser Gegend** *fon dîzèr ghé:gheunt*
des sentiers de randonnée	**mit Wanderwegen** *mit vanndèrvé:gheun*
des circuits/pistes cyclables	**mit Radwegen** *mit râtvé:gheun*
Il y a combien de kilomètres jusqu'à …?	**Wie weit ist es nach …?** *vî vaït ist èss nâçh*
Y a-t-il un droit de passage?	**Darf man dort hingehen?** *darf mann dort hînghé:heun*
Y a-t-il une route touristique pour aller à …?	**Gibt es einen Wanderweg nach …?** *gipt ess aïneun vanndèrvé:k nâçh*
Pouvez-vous me le montrer sur la carte?	**Können Sie es mir auf der Karte zeigen?** *keunneun zî èss mîr aouf dèr karteu tsaïgheun*
Je me suis perdu(e).	**Ich habe mich verlaufen/verfahren.** *içh hâbeu miçh fèrlaoufeun/fèrfâreun*

Promenades organisées Organisierte Wanderungen

A quelle heure commence la promenade?	**Wann beginnt die geführte Wanderung?** *vann béghinnt dî ghéfu:rteu vanndèroung*
A quelle heure reviendrons-nous?	**Wann kommen wir zurück?** *vann kommeun vîr tsoûruk*
C'est quel genre de promenade?	**Wie ist die Wanderung?** *vî ist dî vanndèroung*
facile/moyenne	**leicht/mittel** *laïçht/mittèl*
difficile	**anstrengend** *annchtrèngheunt*
Je suis épuisé(e).	**Ich bin erschöpft.** *içh binn èrcheupft*
Quelle est l'altitude de cette montagne?	**Wie hoch ist dieser Berg?** *vî hôçh ist dîzèr bèrg*
C'est quel genre …?	**Was für … ist das?** *vass fur … ist dass*
d'animal/d'oiseau	**ein Tier/ein Vogel** *aïn tîr/aïn fôghèl*
de fleur/d'arbre	**eine Blume/ein Baum** *aïneu bloûmeu/aïn baoum*

Caractéristiques géographiques
Geographische Gegebenheiten

aire de pique-nique	**der Picknickplatz** *dèr piknikplats*
bois	**der Wald** *dèr valt*
cascade	**der Wasserfall** *dèr vassèrfal*
chaîne de montagnes	**das Gebirge** *dass ghébîrgeu*
champ	**das Feld** *dass fèlt*
chemin	**der Weg** *dèr vé:g*
col (de montagne)	**der Pass** *dèr pass*
colline	**der Hügel** *dèr hu:gèl*
étang	**der Teich** *dèr taïçh*
falaise	**die Klippe** *dî klippeu*
forêt	**der Wald** *dèr valt*
pont	**die Brücke** *dî brukeu*
grotte	**die Höhle** *dî heu:leu*
glacier	**der Gletscher** *dèr glètchèr*
gorge	**die Schlucht** *dî chlouçht*
lac	**der See** *dèr zé:*
mer	**das Meer** *dass mé:r*
montagne	**der Berg** *dèr bèrg*
panorama	**das Panorama** *dass pannorâma*
parc	**der Park** *dèr park*
parc naturel	**das Naturschutzgebiet** *dass natoûrchoutsghébît*
pic/sommet	**der Gipfel** *dèr ghipfèl*
point de vue	**der Aussichtspunkt** *dèr aoussiçhtspounkt*
rapides	**die Stromschnellen** *dî chtrômchnèlleun*
rivière	**der Fluss** *dèr flouss*
ruisseau	**der Bach** *dèr baçh*
sentier	**der Fußweg** *dèr foûssvé:g*
source	**die Quelle** *dî kwèlleu*
station thermale	**das Heilbad** *dass haïlbâd*
vallée	**das Tal** *das tâl*
vigne	**der Weinberg** *dèr vaïnbèrg*

Loisirs

Qu'y a-t-il à voir? Was gibt es zu sehen?

Les journaux locaux et, dans les grandes villes, les guides de loisirs hebdomadaires vous informeront du programme. Dans les grandes villes telles que Berlin, Francfort et Munich, vous trouverez même des publications en français.

Les billets pour concerts, représentations théâtrales, et autres événements culturels sont en vente dans des agences spécialisées de distribution de billets. Dans les petites villes, adressez-vous à l'office du tourisme local.

Avez-vous un programme des spectacles?	**Haben Sie einen Veranstaltungskalender?** *hâbeun zî aïneun fèrannchtaltoungzkalèndèr*
Pouvez-vous me conseiller ...?	**Können Sie ... empfehlen?** *keunneun zî ... empfé:leun*
Y a-t-il un ... quelque part?	**Wird irgendwo ... gegeben?** *vîrt îrgeuntvô ... ghéghé:beun*
ballet	**ein Ballett** *aïn ballèt*
concert	**ein Konzert** *aïn konntsèrt*
opéra	**eine Oper** *aïneu ôpèr*
film	**Wird irgendwo ein Film gezeigt?** *vîrt îrgeuntvô aïn film ghétsaïgt*

Disponibilité Erhältlichkeit

Où est-ce que je peux me procurer des billets?	**Wo kann ich Karten kaufen?** *vô kann içh karteun kaoufeun*
Est-ce qu'il reste des places pour ce soir?	**Gibt es für heute Abend noch Karten?** *gip èss fur hoïteu âbeunt noçh karteun*
Nous sommes ... personnes.	**Wir sind ... Personen.** *vîr zinnt ... pèrzôneun*
A quelle heure finit/ commence-t-il?	**Wann hört es auf/ fängt es an?** *vann heu:rt èss aouf/fèngt èss ann*

Billets Eintrittskarten

Combien coûtent les places?	**Wie viel kosten die Plätze?** *vî fîl kosteun dî plètseu*
Avez-vous quelque chose de moins cher?	**Haben Sie etwas Billigeres?** *hâbeun zî ètvass billigèrèss*
Je voudrais réserver …	**Ich möchte … vorbestellen.** *içh meuçhteu … fôrbéchtèlleun*
3 places pour dimanche soir	**drei für Sonntagabend** *draï fur zonntâgâbeunt*
1 place pour vendredi en matinée	**eine Karte für die Nachmittagsvorstellung am Freitag** *aïneu karteu fur dî nâçhmittâgs fôrchtèlloung am fraïtâg*
Où est le vestiaire?	**Wo ist die Garderobe?** *vô ist dî gârdèrôbeu*

Was ist Ihre Kreditkarten-nummer, bitte?	Quel est le numéro de votre carte de crédit, s.v.p.?
Welche Kreditkarte ist es?	Quel est le nom de votre carte de crédit?
Bis wann ist Ihre Kreditkarte gültig?	Quelle est la date d'expiration de votre carte de crédit?
Bitte holen Sie die Karten … ab.	Venez chercher les billets …
vor neunzehn Uhr	avant 19 h
an der Vorverkaufskasse	au bureau des réservations

– *Kann ich Ihnen helfen?(Je peux vous aider?)*
– Ich hätte gern 3 Karten für das Konzert heute abend, bitte.
(Je voudrais 3 billets pour le concert ce soir, s.v.p.)
– *Natürlich. (Bien sûr.)*
– Kann ich mit Visa Kreditkarte bezahlen?
(Je peux payer avec ma carte de crédit Visa?)
– *Selbstverständlich. Können Sie bitte hier unterschreiben?*
(Bien sur. Pourriez vous signer ici?)

VORVERKAUF	résérvations à l'avance
AUSVERKAUFT	complet
KARTEN FÜR HEUTE	billets pour aujourd'hui

CHIFFRES ➤ 216

Cinéma Kino

Les films étrangers sont généralement doublés en allemand.

Y a-t-il un cinéma multiplex près d'ici?	**Gibt es hier in der Nähe ein Multiplex-Kino?** *ghipt èss hîr inn dèr nè:heu aïn moultiplèks-kîno*
Qu'y a-t-il au cinéma ce soir?	**Was läuft heute abend im Kino?** *vass loïft hoïteu âbeunt im kîno*
Est-ce que le film est doublé?	**Ist der Film synchronisiert?** *ist dèr film zunkronnizîrt*
Est-ce que le film est sous-titré?	**Hat der Film Untertitel?** *hat dèr film ountèrtîtèl*
Est-ce que le film est en version originale (en français)?	**Ist der Film in der französischen Originalfassung?** *ist dèr film inn dèr franntseu:zicheun originnâlfassoung*
Qui est l'acteur principal?	**Wer spielt die Hauptrolle?** *vér chpîlt dî haouptrolleu*
Un/une ..., s.v.p.	**..., bitte.** *... bitteu*
boîte de pop-corn	**Eine Schachtel Popcorn** *aïneu chachtel «popcorn»*
glace au chocolat	**Ein Schokoladeneis** *aïn chokkolâdeunaïs*
boisson non alcoolisée	**Ein Erfrischungsgetränk** *aïn èrfrichoungzghétrènk*
petit/moyen/grand	**klein/mittel/groß** *klaïn/mittel/grôss*

Théâtre Theater

Qu'est-ce qu'on joue au théâtre ...?	**Was wird im ... Theater gegeben?** *vass vîrt im ... téâtèr ghégé:beun*
Qui est l'auteur?	**Wer ist der Autor?** *vér ist dèr aoutôr*
Pensez-vous que ça me plairait?	**Glauben Sie, dass es mir gefallen würde?** *glaoubeun zî dass èss mîr ghéfalleun vurdeu*
Je ne parle pas beaucoup d'allemand.	**Ich spreche nicht viel Deutsch.** *içh chprèçheu niçht fîl doïtch*

Opéra / Ballet / Danse Oper/Ballett/Tanz

Les pays germanophones sont empreints d'une profonde tradition musicale: chaque grande ville possède son opéra, et vous trouverez même des concerts à l'affiche dans les villes les plus modestes. Les **Bayreuther Festspiele** annuels (opéras de Wagner) constituent un spectacle exceptionnel.

Qui est le compositeur?	**Wer ist der Komponist?** *vér ist dèr kommponist*
Qui est le soliste?	**Wer ist der Solist/die Solistin?** *vér ist dèr zollist/dî zollistinn*
Faut-il être en tenue de soirée?	**Wird Abendgarderobe erwartet?** *vîrt âbeuntgardèrôbeu èrvartet*
Où est l'opéra?	**Wo ist das Opernhaus?** *vô ist dass ôpèrnhaouss*
Qui est-ce qui danse?	**Wer tanzt?** *vér tanntst*
Je m'intéresse à la danse contemporaine.	**Ich interessiere mich für modernen Tanz.** *iҫh inntèrèssîreu miҫh fur modèrneun tannts*

Musique / Concerts Musik/Konzerte

Où est la salle de concerts?	**Wo ist die Konzerthalle?** *vô ist dî konntsèrthalleu*
Quel orchestre / groupe joue?	**Welches Orchester/Welche Band spielt?** *vèlҫhèss orkèstèr/vèlҫheu bannt chpîlt*
Qu'est-ce qu'ils jouent?	**Was wird gespielt?** *vass vîrt ghéchpîlt*
Qui est le chef d'orchestre?	**Wer ist der Dirigent?** *vér ist dèr dirighént*
Qui est le soliste?	**Wer ist der Solist/die Solistin?** *vé:r ist dèr zolist/dî zolistinn*
J'aime beaucoup le / la …	**Ich höre gern …** *iҫh heureu gèrn*
musique country	**Countrymusik** *countrymouzîk*
musique folk	**Volksmusik** *folksmouzîk*
jazz	**Jazz** *djhè:ss*
musique des années soixante	**Musik aus den Sechzigern** *mouzîk aouss dén zèҫhtsigghèrn*
musique rock	**Rockmusik** *rokmouzîk*
musique soul	**Soul** *«soul»*
Est-ce qu'ils sont connus?	**Sind sie beliebt?** *zinnt zî belîbt*

Vie nocturne Nachtleben

Qu'est-ce qu'il y a à faire le soir?	**Was kann man abends unternehmen?** *vass kann mann âbeunts ountèrné:meun*
Pouvez-vous recommander un(e) …?	**Können Sie ein … empfehlen?** *keunneun zî aïn … empfé:leun*
Est-ce qu'il y a un/une … en ville?	**Gibt es in der Stadt …?** *ghipt èss inn dèr chtat*
bar	**eine Bar** *aïneu bâr*
casino	**ein Spielkasino** *aïn chpîlkazîno*
discothèque/boîte (de nuit)	**eine Diskothek** *aïneu diskoté:k*
club gay	**einen Gayclub** *aïneun ghéicleub*
night-club	**einen Nachtklub** *aïneun naçhtkloub*
restaurant	**ein Restaurant** *aïn réstorannt*
Y a-t-il un spectacle/ des variétés?	**Wird dort eine Show/ein Varietee gezeigt?** *vîrt dort aïneu chô/aïn variété: ghétsaïgt*
Quel genre de musique jouent-ils?	**Welche Art von Musik wird dort gespielt?** *vèlçheu ârt fon mouzîk vîrt dort ghéchpîlt*
Comment est-ce que je peux m'y rendre?	**Wie komme ich dahin?** *vî kommeu içh dahinn*

Entrée Einlass

A quelle heure commence le spectacle?	**Wann fängt die Show an?** *vann fèngt dî chô ann*
Faut-il être en tenue de soirée?	**Wird Abendgarderobe verlangt?** *vîrt âbeuntgardèrôbeu fèrlanngt*
Faut-il payer le couvert?	**Muss man Eintritt bezahlen?** *mouss mann aïntrit bétsâleun*
Faut-il réserver?	**Muss man reservieren?** *mouss mann rezèrvîreun*
Faut-il être membre?	**Muss man Mitglied sein?** *mouss mann mitglît zaïn*
Combien de temps devrons-nous faire la queue?	**Wie lange müssen wir Schlange stehen?** *vî lanngheu musseun vîr chlannghe u chté:heun*
Je voudrais une bonne table.	**Ich hätte gern einen guten Tisch.** *içh hètteu ghèrn aïneun goûteun tich*

Enfants Kinder

Pouvez-vous recommander quelque chose pour les enfants?	**Können Sie etwas für die Kinder empfehlen?** *keun-neun zî ètvass fur dî kinndèr empfé:leun*
Est-ce que je peux entrer avec une poussette/un landau?	**Kann ich mit einem Kinderwagen hinein?** *kann içh mit aïnem kinndèrvâgheun hinnaïn*
Y a-t-il une salle de change pour bébé ici?	**Gibt es hier einen Wickelraum für Babys?** *ghipt èss hîr aïneun vikkelraoum fur bébis*
salle de jeux	**die Spielhalle** *dî chpîlhalleu*
fête foraine	**der Festplatz** *dèr fèstplats*
pataugeoire	**das Planschbecken** *dass plannchbékeun*
cour de récréation	**der Spielplatz** *dèr chpîlplats*
garderie/école maternelle	**die Spielgruppe** *dî chpîlgrouppeu*
spectacle de marionettes	**das Puppenspiel** *dass pouppeunchpîl*
zoo	**der Zoo** *dèr tsô*

Garde d'enfants Kinderbetreuung

Pouvez-vous recommander une gardienne d'enfants fiable?	**Können Sie eine zuverlässige Kinder-betreuung empfehlen?** *keunneun zî aïneu tsoûfèrlèssigeu kinndèrbetroïung empfé:leun*
Sont-ils surveillés tout le temps?	**Werden die Kinder ständig beaufsichtigt?** *vérdeun dî kinndèr chtèndiçh béaouf-ziçhtigt*
Le personnel est-il qualifié?	**Sind die Helfer richtig ausgebildet?** *zinnt dî hèlfèr riçhtiçh aousghébildet*
A quelle heure/où est-ce que je peux les amener?	**Wann/Wo kann ich sie abliefern?** *vann/vô kann içh zî aplîfèrn*
Je viendrai les chercher à …	**Ich hole sie um … ab.** *içh hôleu zî oum … ap*
Nous reviendrons à …	**Wir sind um … wieder da.** *vîr zinnt oum … vîdèr dâ*
Quel âge a-t-il/elle?	**Wie alt ist er/sie?** *vî alt ist èr/zî*
Elle a 3 ans et il a 18 mois.	**Sie ist drei Jahre und er ist achtzehn Monate alt.** *zî ist draï jâreu ount èr ist achtsé:n mônâteu alt*

Sports Sport

Le football est de loin le plus populaire des sports, bien que pratiquement toutes les disciplines soient bien représentées. La randonnée et le cyclisme constituent les deux activités les plus appréciées: vous trouverez dans la plupart des régions rurales des **Wanderwege** (chemins de promenade balisés), ainsi que des pistes cyclables signalées le long de la majorité des routes. Les sports nautiques, le golf, le tennis, la pêche et l'équitation sont également populaires, et les infrastructures de ski figurent parmi les meilleures au monde. (➤ 117)

En spectateurs Zuschauersport

Y a-t-il un match de football samedi?	**Findet diesen Samstag ein Fußballspiel statt?** *finndet dîzeun zammstâg aïn foûssbalchpîl chtat*
Quelles sont les équipes?	**Welche Mannschaften spielen?** *vèlçheu mannchafteun chpîleun*
Pouvez-vous me procurer un ticket?	**Können Sie mir eine Karte besorgen?** *keunneun zî mîr aïneu karteu bézôrgeun*
Combien coûtent les places?	**Was kostet der Eintritt?** *vass kostèt dèr aïntrit*
Où est l'hippodrome?	**Wo ist die Pferderennbahn?** *vô ist dî pfé:rdèrènnbân*
Où est-ce que je peux faire un pari?	**Wo kann ich eine Pferdewette abschließen?** *vô kann içh aïneu pfé:rdèvétteu apchlîsseun*
Quelle est la cote de …?	**Wie stehen die Chancen für …?** *vî chté:heun dî channgseun fur*
athlétisme	**Leichtathletik** *laïçhtatlétîk*
basket(ball)	**Basketball** *bâsketbal*
courses de chevaux	**Pferderennen** *pfé:rdèrènneun*
cyclisme	**Rad fahren** *rât fâreun*
football	**Fußball** *foûssbal*
golf	**Golf** *golf*
natation	**Schwimmen** *chvimmeun*
tennis	**Tennis** *tènniss*
volley(ball)	**Volleyball** *volléiball*

Pour les sportifs Sport treiben

Où est le … le plus proche?	**Wo ist der nächste …?** *vô ist dèr nè:çhsteu*
terrain de golf	**Golfplatz** *golfplats*
club sportif	**Sportverein** *chporteferaïn*
Où sont les courts de tennis?	**Wo sind die Tennisplätze?** *vô zinnt dî tènnisplètseu*
Combien ça coûte par …?	**Wie viel kostet es pro …?** *vî fîl kostèt èss prô*
jour/partie/heure	**Tag/Runde/Stunde** *tâg/roundeu/chtoundeu*
Faut-il être membre du club?	**Muss man Mitglied sein?** *mouss mann mitglît zaïn*
Où est-ce que je peux louer …?	**Wo kann ich … mieten?** *vô kann içh … mîteun*
chaussures	**Schuhe** *choûheu*
clubs (de golf)	**Schläger** *chléghèr*
matériel	**die Ausrüstung** *dî aousrustoung*
raquette	**einen Schläger** *aïneun chléghèr*
Est-ce que je peux prendre des leçons?	**Kann ich Stunden nehmen?** *kann içh chtoundeun né:meun*
Y a-t-il un cours d'aérobique?	**Gibt es einen Aerobic-Kurs?** *gipt èss aïneun èrôbik-koûrs*
Avez-vous une salle de musculation?	**Haben Sie einen Fitness-Raum?** *hâbeun zî aïneun fitnèss-raoum*
Est-ce que je peux participer?	**Kann ich mitspielen?** *kann içh mit-chpîleun*

Wir sind leider ausgebucht.	Je regrette, nous sommes complets.
Sie müssen eine Kaution von … hinterlegen.	Il faut verser … de caution.
Welche Größe haben Sie?	Quelle pointure/taille faites-vous?
Sie brauchen ein Passbild.	Il vous faut une photo d'identité.

UMKLEIDERÄUME	vestiaires
ANGELN VERBOTEN	pêche interdite
ANGELN NUR MIT ANGELSCHEIN	permis de pêche obligatoire

A la plage Am Strand

Essayez la mer du Nord et la côte Baltique pour la baignade et la voile; les îles Frisonnes et Baltiques proposent des plages plus calmes pour les personnes qu'un vent frais ne dérange pas.

Les lacs de la région périphérique des Alpes conviennent parfaitement pour la voile et la pêche, et vous y trouverez souvent de petites plages isolées.

Est-ce que c'est une plage de galets/de sable?	**Ist es ein Kiesstrand/Sandstrand?** *ist èss aïn kîs-chtrannt/zannt-chtrannt*
Y a-t-il ... ici?	**Gibt es hier ...?** *ghipt èss hîr*
piscine pour enfants	**ein Kinderbecken** *aïn kinndèrbékkeun*
piscine ...	**ein Schwimmbad** *aïn chvimmbât*
couverte/en plein air	**ein Hallenbad/Freibad** *aïn halleunbât/fraïbât*
Est-ce qu'on peut se baigner/plonger ici sans danger?	**Kann man hier gefahrlos baden/tauchen?** *kann mann hîr ghéfârlôss bâdeun/taouçheun*
Est-ce que c'est sans danger pour les enfants?	**Ist es für Kinder ungefährlich?** *ist èss fur kinndèr ounghéfè:rliçh*
Y a-t-il un maître-nageur?	**Gibt es einen Rettungsschwimmer?** *ghipt èss aïneun réttoungzchvimmèr*
Je voudrais louer un/une/des ...	**Ich möchte ... mieten.** *içh meuçhteu ... mîteun*
barque	**ein Ruderboot** *aïn roûdèrbôt*
canot automobile	**ein Motorboot** *aïn motôrbôt*
chaise longue	**einen Liegestuhl** *aïneun lîgheuchtoûl*
équipement de plongée (sous-marine)	**eine Taucherausrüstung** *aïneu taouçhèraousrustoung*
parasol	**einen Sonnenschirm** *aïneun zonneunchirm*
planche à voile	**einen Windsurfer** *aïneun vinnt-seurfèr*
planche de surf	**ein Surfbrett** *aïn seurfbrèt*
scooter des mers	**Jet-Ski** *djèt-ski*
skis nautiques	**Wasserskier** *vassèrchî-èr*
voilier/bateau à voile	**ein Segelboot** *aïn zé:ghèlbôt*
Pendant ... heures.	**Für ... Stunden.** *fur ... chtoundeun*

Ski Ski fahren

L'Autriche et la Suisse se situent au cœur des activités de ski européennes, bénéficiant d'excellentes pentes et d'une atmosphère généralement traditionnelle. Les stations varient de très à la mode et coûteuses à une intime convivialité, souvent caractéristique des petites stations; le choix vous appartient!

Est-ce qu'il y a beaucoup de neige?	**Hat es viel Schnee?** *hatt és vîl chné:*
Comment est la neige?	**Wie ist der Schnee?** *vî ist dèr chné:*
Je voudrais louer des …	**Ich möchte … mieten.** *içh meuçhteu … mîteun*
bâtons	**Skistöcke** *chîchteukeu*
patins (à glace)	**Schlittschuhe** *chlitchoûheu*
chaussures de ski	**Skischuhe** *chîchoûheu*
skis	**Skier** *chî-èr*
Ils sont trop …	**Sie sind zu …** *zî zinnt tsoû*
grands / petits	**groß/klein** *grôss/klaïn*
larges / serrés	**locker/eng** *lokèr/éng*
Ils ne sont pas confortables.	**Sie sind unbequem.** *zî zinnt ounbekvé:m*
Un forfait pour une journée / cinq jours, s.v.p.	**Eine Liftkarte für einen Tag/fünf Tage, bitte.** *aïneu liftkarteu fur aïneun tâg/funf tâgeu bitteu*
Je voudrais prendre des leçons à l'école de ski.	**Ich möchte Skiunterricht nehmen.** *içh meuçhteu chî-ountèriçht né:meun.*
Je suis débutant.	**Ich bin Anfänger.** *içh binn annfènghèr*
J'ai déjà de l'expérience.	**Ich bin fortgeschritten.** *içh binn fortghéchritteun*

DRAHTSEILBAHN/GONDEL	téléphérique / œufs
SESSELLIFT	télésiège
SCHLEPPLIFT	remonte-pente / tire-fesses

Présentations Vorstellung

Les présentations varient selon le degré de connaissance de la personne. Voici un guide:

La politesse consiste à serrer la main à quelqu'un, aussi bien lorsque vous rencontrez votre interlocuteur que quand vous en prenez congé; lorsqu'ils sont présentés à un groupe, les hommes serreront la main aux dames en premier lieu, puis aux messieurs. En allemand, trois formes servent à exprimer la deuxième personne (prenant différentes formes verbales): **du** (familier/singulier) et **ihr** (familier/pluriel) sont utilisés pour les membres de la famille, les amis proches, les collègues et les enfants (et entre jeunes gens); **Sie** (forme de politesse) est employé dans tous les autres cas (singulier et pluriel). Il est poli d'employer «Monsieur» et «Madame» (**Herr und Frau**) pour s'adresser à des adultes, et de leur parler en employant la forme de politesse de la deuxième personne (**Sie**), et ce jusqu'à ce que vos interlocuteurs vous invitent à utiliser la forme familière (**du**).

Bonjour, nous ne nous connaissons pas, je crois.	**Guten Tag, wir kennen uns nicht.** *goûteun tâg vîr kènneun ouns niçht*
Je m'appelle …	**Ich heiße …** *içh haïsseu*
Puis-je vous présenter …?	**Darf ich … vorstellen?** *darf içh … fôrchtèlleun*
Michelle, voici/je te présente …	**Michelle, das ist …** *Michelle, dass ist*
Enchanté(e).	**Sehr angenehm.** *zé:r anngené:m*
Comment vous appelez-vous?	**Wie heißen Sie?** *vî haïsseun zî*
Excusez-moi, mais je n'ai pas saisi votre nom.	**Es tut mir leid, ich habe Ihren Namen nicht verstanden.** *èss toût mîr laït içh hâbeu îreun nâmeun niçht fèrchtanndeun*
Comment allez-vous?	**Wie geht es Ihnen?** *vî ghé:t èss îneun*
Très bien, merci. Et vous?	**Danke, gut. Und Ihnen?** *dannkeu goût. ount îneun*

– Guten Tag. Wie geht es Ihnen?
(Bonjour, comment allez-vous?)
– Danke, gut. Und Ihnen?
(Très bien, merci. Et vous?)
– Danke, sehr gut.
(Très bien, merci.)

D'où êtes-vous? Woher kommen Sie?

D'où venez-vous?	**Woher kommen Sie?** *vôhér kommeun zî*
Où êtes-vous né(e)?	**Wo sind Sie geboren?** *vô zinnt zî ghébôreun*
Je viens du/de/de la ...	**Ich komme aus ...** *içh kommeu aouss*
Belgique	**Belgien** *bèlghièn*
Canada	**Kanada** *kannada*
France	**Frankreich** *frannkraïçh*
Suisse	**der Schweiz** *dèr chvaïts*
Luxembourg	**Luxemburg** *louxèmbourg*
Où habitez-vous?	**Wo wohnen Sie?** *vô vôneun zî*
De quelle région de ...êtes-vous?	**Aus welchem Teil von ... kommen Sie?** *aouss vèlçhem taïl fon ... kommeun zî*
Autriche	**Österreich** *eûstèraïçh*
Allemagne	**Deutschland** *doïtchlannt*
Suisse	**der Schweiz** *dèr chvaïts*
Nous venons ici tous les ans.	**Wir kommen jedes Jahr hierher.** *vîr kommeun yédèss yâr hîrhé:r*
C'est la première fois que je viens/nous venons.	**Ich bin/Wir sind zum ersten Mal hier.** *içh binn/vîr zinnt tsoum èrsteun mâl hîr*
Est-ce que vous êtes déjà allés ...?	**Sind Sie einmal in ... gewesen?** *zinnt zî chôn aïnmâl inn ... ghévé:zeun*
en France/au Canada	**Frankreich/Kanada** *frannkraïçh/kannada*
J'adore ... ici.	**... hier gefällt mir sehr gut.** *... hîr ghéfèlt mîr zé:r goût*
Je n'aime pas beaucoup ... ici.	**... hier gefällt mir nicht besonders gut.** *hîr ghéfèlt mîr niçht bézonndèrs goût*
le paysage	**die Landschaft** *dî lanntchaft*
la cuisine	**die Küche** *dî kuçheu*

Avec qui êtes-vous? Mit wem sind Sie hier?

Je suis tout(e) seul(e).	**Ich bin allein hier.** *içh binn alaïn hîr*
Je suis avec un(e) ami(e).	**Ich bin mit einem Freund/einer Freundin hier.** *içh binn mit aïnem froïnt/aïneur froïndinn hîr*
Je suis avec mon/ma/mes …	**Ich bin mit … hier.** *içh binn mit … hîr*
femme	**meiner Frau** *maïnèr fraou*
mari	**meinem Mann** *maïnem mann*
famille	**meiner Familie** *maïnèr famîliè*
enfants	**meinen Kindern** *maïneun kinndèrn*
parents	**meinen Eltern** *maïneun èltèrn*
copain/copine	**meinem Freund/meiner Freundin** *maïnem froïnt/maïnèr froïndinn*
père/mère	**der Vater/die Mutter** *dèr fâtèr/dî mouttèr*
fils/fille	**der Sohn/die Tochter** *dèr zôn/dî toçhtèr*
frère/sœur	**der Bruder/die Schwester** *dèr broûdèr/dî chvèstèr*
oncle/tante	**der Onkel/die Tante** *dèr onnkèl/dî tannteu*
Comment s'appelle votre fils/femme?	**Wie heißt Ihr Sohn/Ihre Frau?** *vî haïsst îr zôn/îreu fraou*
Je suis …	**Ich bin …** *içh binn*
marié(e)/célibataire	**verheiratet/ledig** *fèrhaïrâtet/lé:diçh)*
divorcé(e)	**geschieden** *ghéchîdeun*
Je suis séparé(e).	**Ich bin getrennt.** *içh binn ghétrènt*
Nous vivons ensemble.	**Wir leben zusammen.** *vîr lé:beun tsoûzammeun*
Avez-vous des enfants?	**Haben Sie Kinder?** *hâbeun zî kinndèr*
Deux garçons et une fille.	**Zwei Jungen und ein Mädchen.** *tsvaï youngheun ount aïn mè:tçheun*

Qu'est-ce que vous faites?
Was machen Sie beruflich?

Qu'est-ce que vous étudiez?	**Was studieren Sie?** *vass chtouddîreun zî*
J'étudie …	**Ich studiere …** *iḉh chtoudîreu*
les sciences	**Naturwissenschaften** *natoûrvisseunchafteun*
les lettres	**Geisteswissenschaften** *gaïstesvisseunchafteun*
Je suis dans le commerce.	**Ich bin Geschäftsmann/Geschäftsfrau.** *iḉh binn ghéchèftsmann/ghéchèftsfraou*
Je suis dans …	**Ich bin im … tätig.** *iḉh binn im … tè:tiḉh*
l'ingénierie	**Ingenieurwesen** *innchénieûrvé:zeun*
la vente au détail	**Einzelhandel** *aïntsèlhanndel*
la vente	**Verkauf** *fèrkaouf*
Pour qui travaillez-vous …?	**Bei welcher Firma arbeiten Sie?** *baï vèlḉheut fîrma ârbaïteun zî*
Je travaille pour …	**Ich arbeite bei …** *iḉh ârbaïteu baï*
Je suis …	**Ich bin …** *iḉh binn*
comptable	**Buchhalter[in]** *boûḉhhaltèr[inn]*
femme au foyer	**Hausfrau** *haousfraou*
étudiant[e]	**Student[in]** *chtoudènt[inn]*
Je suis …	**Ich bin …** *iḉh binn*
retraité(e)	**pensioniert** *pensiônîrt*
Je travaille à mon compte.	**Ich bin selbständig.** *iḉh binn zèlbchtèndiḉh*
Quels sont vos passe-temps/hobbies?	**Was haben Sie für Hobbys?** *vass hâbeun zî fur hobbiss*
J'aime la musique.	**Ich höre gern Musik.** *iḉh heûreu ghèrn mouzîk*
J'aime le lecture.	**Ich lese gern.** *iḉh lé:zeu ghèrn*
J'aime le sport.	**Ich treibe gern Sport.** *iḉh traïbeu ghèrn chport*
Je joue aux échecs/cartes.	**Ich spiele Schach/Karten.** *iḉh chpîleu chaḉh/karteun*

PROFESSIONS, HOBBIES ➤ LEXIQUE 170

Quel temps! Was für ein Wetter!

Quelle belle journée!	**Was für ein herrlicher Tag!** *vass fur aïn hèrliçhèr tâg*
Quel temps horrible!	**Was für ein schreckliches Wetter!** *vass fur aïn chrèkliçhèss vèteur*
Qu'est-ce qu'il fait froid/chaud aujourd'hui!	**Was für eine Kälte/Hitze heute!** *vass fur aïneu kèlteu/hitseu hoïteu*
Est-ce qu'il fait aussi chaud d'habitude?	**Ist es immer so warm?** *ist èss immèr zô varm*
Croyez-vous qu'il va … demain?	**Glauben Sie, es wird morgen …?** *glaoubeun zî èss vîrt morgeun*
faire beau	**schön sein** *cheûn saïn*
pleuvoir	**regnen** *ré:gneun*
neiger	**schneien** *chnaïeun*
Que dit la météo pour demain?	**Was sagt der Wetterbericht?** *vass zâgt dèr vètteurbériçht*
Il y a …	**Es ist …** *èss ist*
des nuages	**bewölkt** *béveulkt*
du brouillard	**neblig** *né:bliçh*
du givre	**frostig** *frostiçh*
du verglas	**eisig** *aïziçh*
du vent	**windig** *vinndiçh*
du tonnerre	**gewitterig** *ghévitteriçh*
Il pleut.	**Es regnet.** *èss régnèt*
Il neige.	**Es schneit.** *èss chnaït*
Il fait ce temps-là depuis longtemps?	**Ist das Wetter schon lange so?** *ist dass vètteur chôn lanngheu zô*
Quel est le taux de pollen?	**Wie hoch ist der Pollenflug?** *vî hôçh ist dèr polleunfloûg*
élevé/moyen/bas	**hoch/mittel/niedrig** *hôçh/mittel/nîdriçh*
Quelle est la météo pour le ski?	**Wie ist der Wintersportbericht?** *vî ist dèr vinntèrchportbériçht*

Vous passez de bonnes vacances?
Gefällt Ihnen Ihr Urlaub?

Sind Sie im Urlaub?	Est-ce que vous êtes en vacances?
Wie sind Sie hergekommen?	Comment êtes-vous venu ici?
Wo wohnen Sie?	Où logez-vous?
Wie lange sind Sie schon hier?	Depuis combien de temps êtes-vous ici?
Wie lange bleiben Sie?	Combien de temps restez-vous?
Wohin fahren Sie als nächstes?	Où allez-vous ensuite?

Je suis ici en …	**Ich bin … hier.** *içh binn … hîr*
voyage d'affaires	**geschäftlich** *ghéchèftliçh*
vacances	**im Urlaub** *imm oûrlaoup*
Nous sommes venus …	**Wir sind mit … gekommen.** *vîr zinnt mit … ghékommeun*
en train/en bus/par avion	**der Bahn/dem Bus/dem Flugzeug** *dèr bân/dém bouss/dém floûgtsoïg*
en voiture/par le ferry	**dem Auto/der Fähre** *dém aouto/dèr fè:reu*
Nous logeons …	**Wir wohnen …** *vîr vôneun*
dans un appartement	**in einer Ferienwohnung** *inn aïnèr fé:riénvônoung*
à l'hôtel	**in einem Hotel** *inn aïnem hottèl*
chez des amis	**bei Freunden** *baï froïndeun*
Nous sommes dans un camping.	**Wir sind auf einem Campingplatz.** *vîr zinnt aouf aïnem kèmpinngplats*
Nous avons visité …	**Wir haben … besichtigt.** *vîr hâbeun … béziçhtigt*
Pouvez-vous nous conseiller …?	**Können Sie vorschlagen, …?** *keunneun zî fôrchlâgheun*
quelque chose à faire	**was wir unternehmen können** *vass vîr ountèrné:meun keunneun*
des endroits pour manger	**wo wir essen können** *vô vîr èsseun keunneun*
des endroits à visiter	**was wir besichtigen können** *vass vîr béziçhtigheun keunneun*

Invitations Einladungen

Voulez-vous venir dîner chez nous …?	**Möchten Sie am … mit uns zu Abend essen?** *meuçhteun zî am … mit ouns tsoû âbeunt èsseun*
Est-ce que je peux vous inviter à déjeuner?	**Darf ich Sie zum Mittagessen einladen?** *darf içh zî tsoum mittâghèsseun aïnlâdeun*
Est-ce que vous pouvez venir prendre un verre ce soir?	**Kommen Sie heute Abend auf ein Gläschen?** *kommeun zî hoïteu âbeunt aouf aïn glè:ssçheun*
Nous donnons une soirée. Pouvez-vous venir?	**Wir geben eine Party. Können Sie kommen?** *vîr ghébeun aïneu pârtî. keunneun zî kommeun*
Est-ce que nous pouvons nous joindre à vous?	**Dürfen wir uns zu Ihnen setzen?** *durfeun vîr ouns tsoû îneun zétseun*
Voulez-vous vous joindre à nous?	**Möchten Sie sich zu uns setzen?** *meuçhteun zî ziçh tsoû ounz zétseun*

Sortir Ausgehen

Qu'avez-vous de prévu pour …?	**Was haben Sie … vor?** *vass hâbeun zî … fôr*
aujourd'hui / ce soir	**heute/heute Abend** *hoïteu/hoïteu âbeunt*
demain	**morgen** *morgheun*
Est-ce que vous êtes libre ce soir?	**Sind sie heute Abend frei?** *zinnt zî hoïteu âbeunt fraï*
Est-ce que vous aimeriez …?	**Möchten Sie gern …?** *meuçhteun zî ghèrn*
aller danser	**tanzen gehen** *tanntseun ghé:heun*
aller prendre un verre	**ein Gläschen trinken gehen** *aïn glè:ssçheun trinnkeun ghé:heun*
aller manger	**essen gehen** *èsseun ghé:heun*
faire une promenade	**spazieren gehen** *chpatsîreun ghé:heun*
aller faire des courses	**einkaufen gehen** *aïnkaoufeun ghé:heun*
Où aimeriez-vous aller?	**Wohin möchten Sie gehen?** *vôhinn meuçhteun zî ghé:heun*
Aimez-vous …?	**Gehen Sie gern …?** *ghé:heun zî ghèrn*
faire des courses / danser	**einkaufen/tanzen** *aïnkaoufeun/tanntseun*
Je préfèrerais …	**Ich würde lieber …** *içh vurdeu lîbèr*

Accepter / Décliner Annehmen / Ablehnen

Avec plaisir.	**Danke, sehr gern.** *dannkeu zé:r ghèrn*
Merci, mais j'ai à faire.	**Vielen Dank, aber ich habe keine Zeit.** *fîleun dannk âbèr içh hâbeu kaïneu tsaït*
Est-ce que je peux amener un(e) ami(e)?	**Darf ich einen Freund/eine Freundin mitbringen?** *darf içh aïneun froïnt/aïneu froïndinn mitbrinngheun*
Où nous retrouvons-nous?	**Wo treffen wir uns?** *vô trèffeun vîr ouns*
Je vous retrouverai …	**Wir treffen uns …** *vîr trèffeun ouns*
au bar	**in der Bar** *inn dèr bâr*
devant votre hôtel	**vor Ihrem Hotel** *fôr îrem hottèl*
Je passerai vous chercher à 8 heures.	**Ich hole Sie um acht Uhr ab.** *içh hôleu zî oum açht oûr ap*
Un peu plus tard / tôt si c'est possible?	**Geht es etwas später/früher?** *ghét èss ètvass chpè:tèr/fru:hèr*
Peut-être un autre jour?	**Vielleicht ein andermal?** *fîllaïçht aïn anndèrmâl*
D'accord.	**Das ist in Ordnung.** *dass ist inn ordnoung*

Invitation à dîner Einladung zum Essen

Si vous êtes invité à prendre un repas chez quelqu'un, emportez toujours un cadeau – une bouteille de vin, de mousseux, des chocolats ou des fleurs.

Voulez-vous boire quelque chose?	**Möchten Sie etwas trinken?** *meuçhteun zî ètvass trinnkeun*
Aimez-vous …?	**Mögen Sie …?** *meûgheun zî*
Qu'est-ce que vous prenez?	**Was nehmen Sie?** *vass né:meun zî*
Est-ce que le repas est à votre goût?	**Schmeckt Ihnen das Essen?** *chmèkt îneun dass èsseun*
C'était un très bon repas.	**Das war ein herrliches Essen.** *dass vâr aïn hèrliçhèss èsseun*

HEURES ➤ 220

Rencontres Begegnungen

Attendez-vous quelqu'un?	**Warten Sie auf jemanden?** *vârteun zî aouf yémanndeun*
Ça vous dérange si ...?	**Stört es Sie, wenn ich ...?** *chteûrt èss zî venn iç̧h*
je m'asseois ici/je fume	**hier sitze/rauche** *hîr zitseu/raouçheu*
Voulez-vous boire quelque chose?	**Möchten Sie etwas trinken?** *meuçhteun zî ètvass trinnkeun*
J'aimerais bien que vous veniez me tenir compagnie.	**Ich hätte gern Gesellschaft.** *iç̧h hètteu ghèrn ghézèllchaft*
Pourquoi riez-vous?	**Warum lachen Sie?** *varoum laçheun zî*
Est-ce que mon allemand est si mauvais que ça?	**Ist mein Deutsch so schlecht?** *ist maïn doïtch zô chlèçht*
Si on allait dans un endroit un peu plus calme?	**Sollen wir irgendwohin gehen, wo es ruhiger ist?** *zolleun vîr îrgheuntvôhinn ghé:heun vô èss roûhigèr ist*
C'est encore trop tôt.	**Das möchte ich nicht.** *dass meuçhteu iç̧h niçht*
Laissez-moi tranquille, s.v.p.!	**Lassen Sie mich bitte in Ruhe!** *lasseun zî miç̧h bitteu inn roûheu*
Tu es très beau/belle!	**Du siehst wunderbar aus!** *doû zîst voundèrbâr aouss*
Est-ce que tu veux venir finir la soirée chez moi?	**Möchtest du mit zu mir kommen?** *meuçhtèst doû mit tsou mîr kommeun*
Est-ce que je peux t'embrasser?	**Darf ich dich küssen?** *darf iç̧h diç̧h kusseun*
Il faut que nous partions maintenant.	**Wir müssen jetzt leider gehen.** *vîr musseun yètst laïdèr ghé:heun*
Merci pour cette bonne soirée.	**Danke für den schönen Abend.** *dannkeu fur dén cheûneun âbeunt*
Est-ce que je peux vous revoir demain?	**Kann ich Sie morgen wiedersehen?** *kann iç̧h zî morgheun vîdèrzé:heun*
A bientôt.	**Bis bald.** *biss balt*
Est-ce que je peux avoir votre adresse?	**Kann ich Ihre Adresse haben?** *kann iç̧h îreu adrèsseu hâbeun*

SECURITE ➤ 65

Téléphoner Telefonieren

Les cabines téléphoniques publiques fonctionnent avec des cartes téléphoniques ou des pièces de monnaie. Les cartes téléphoniques (**Telefonkarten**) sont en vente dans les bureaux de poste, ainsi que dans certains kiosques à journaux et bureaux de change. Pour appeler à votre domicile depuis un pays germanophone, composez le 00, suivi de: Belgique 32; France 33; Canada 1; Suisse 41.

Les numéros de téléphone sont énoncés par séquences de deux chiffres, et vous noterez que **zwei** devient **zwo** lorsque l'on téléphone.

Est-ce que je peux avoir votre numéro de téléphone?	**Kann ich Ihre Telefonnummer haben?** *kann içh îreu téléfôn-noummèr hâbeun*
Voilà mon numéro.	**Das ist meine Nummer.** *dass ist maïneu noummèr*
Appelez-moi, s.v.p.	**Bitte rufen Sie mich an.** *bitteu roûfeun zî miçh ann*
Je vous appellerai.	**Ich rufe Sie an.** *içh roûfeu zî ann*
Où est la cabine téléphonique la plus proche?	**Wo ist die nächste Telefonzelle?** *vô ist dî nè:çhsteu téléfôntsèlleu*
Est-ce que je peux me servir de votre téléphone?	**Darf ich Ihr Telefon benutzen?** *darf içh îr téléfôn bénoutseun*
C'est urgent.	**Es handelt sich um einen Notfall.** *èss hanndelt ziçh oum aïneun nôtfall*
Je voudrais téléphoner en France / au Canada.	**Ich möchte nach Frankreich/Kanada telefonieren** *içh meuçhteu nâçh frannkraïçh/kannada téléfonîreun*
Quel est le code pour ...?	**Was ist die Vorwahl von ...?** *vass ist dî fôrvâl fon*
Je voudrais une carte de téléphone, s.v.p.	**Ich hätte gern eine Telefonkarte.** *içh hètteu ghèrn aïneu téléfônkarteu*
Quel est le numéro des Renseignements?	**Welche Nummer hat die Auskunft?** *vèlçheu noummèr hat dî aouskounft*
Je voudrais le numéro de ...	**Ich möchte die Nummer für ...** *içh meuçhteu dî noummèr fur*
Je voudrais faire un appel en P.C.V.	**Ich möchte ein R-Gespräch anmelden.** *içh meuçhteu aïn èr-ghéchprè:çh annmèldeun*

Parler au téléphone Am Apparat

Allô. C'est …	**Hallo. Hier spricht …** *hallô. hîr chpriçht*
Je voudrais parler à …	**Ich möchte mit… sprechen.** *içh meuçhteu mit … chprèçheun*
Poste …	**Apparat …** *aparât*
Pouvez-vous parler plus fort/ plus lentement, s.v.p.?	**Können Sie bitte etwas lauter/ langsamer sprechen?.** *keunneun zî bitteu ètvass laoutèr/lanngzâmèr chprèçheun*
Pouvez-vous répéter, s.v.p.?	**Können Sie das bitte wiederholen.** *keunneun zî dass bitteu vîdèrhôleun*
Je regrette, il/elle n'est pas là.	**Er/Sie ist leider nicht da.** *èr/zî ist laïdèr niçht dâ*
Vous avez fait un faux numéro.	**Sie sind falsch verbunden.** *zî zinnt falch fèrboundeun*
Un instant, s.v.p.	**Einen Augenblick, bitte.** *aïneun aougheunblik bitteu*
Quand reviendra-t-il/elle?	**Wann ist er/sie wieder da?** *vann ist èr/zî vîdèr dâ*
Pouvez-vous lui dire que j'ai appelé?	**Würden Sie ihm/ihr sagen, dass ich angerufen habe?** *vurdeun zî îm/îr zâgeun dass içh annghèroûfeun hâbeu*
Je m'appelle …	**Mein Name ist …** *maïn nâmeu ist*
Pouvez-vous lui demander de me rappeler?	**Würden Sie ihn/sie bitten, mich anzurufen?** *vurdeun zî în/zî bitteun miçh anntsoûroûfeun*
Pouvez-vous lui transmettre un message, s.v.p.?	**Würden Sie bitte etwas ausrichten?** *vurdeun zî bitteu ètvass aousriçhteun*
Il faut que je vous quitte maintenant.	**Ich muss jetzt aufhören.** *içh mouss yètst aoufheûreun*
J'ai été content(e) de vous parler.	**Es war nett, mit Ihnen zu sprechen.** *èss vâr net mit îneun tsoû chprèçheun*
Je vous téléphonerai.	**Ich melde mich wieder.** *içh mèldeu miçh vîder*
Au revoir.	**Auf Wiederhören.** *aouf vîderheûreun*

Magasins et Services

L'Allemagne continue à mettre l'accent sur les boutiques, traditionnelles et spécialisées, proposant une expérience plus personnelle, bien que l'on trouve des centres commerciaux modernes (**Einkaufszentrum**) aux abords de la plupart des villes; ces types de magasins acceptent souvent les cartes de crédit. Vous rencontrerez partout des marchés locaux, dans les grandes comme dans les plus petites villes régionales. En faisant vos emplettes, pourquoi ne pas prendre le temps de vous arrêter dans un **Café** ou **Kaffeehaus**, afin d'y apprécier la traditionnelle pause-café de l'après-midi (**Kaffee und Kuchen**)?

L'ESSENTIEL

Je voudrais …	**Ich hätte gern …** *içh hètteu ghèrn*
Avez-vous …?	**Haben Sie …?** *hâbeun zî*
C'est combien?	**Was kostet das?** *vass kostèt dass*
Merci.	**danke** *dannkeu*

OFFEN	ouvert
GESCHLOSSEN	fermé
AUSVERKAUF	soldes

Magasins et services
Geschäfte und Dienstleistungen

Où est ...? Wo ist ...?

Où est le/la ... le/la plus proche?	**Wo ist der/die/das nächste ...?** *vô ist dèr/dî/dass nè:çhsteu*
Où y a-t-il un(e) ...?	**Wo gibt es einen/eine/ein ...?** *vô gipt ess aïneun/aïneu/aïn*
Où est le centre commercial principal?	**Wo ist das Haupteinkaufszentrum?** *vô ist dass haoupt-aïnkaoufstsèntroum*
Est-ce loin d'ici?	**Ist es weit von hier?** *ist èss vaït fon hîr*
Comment puis-je y aller?	**Wie komme ich dorthin?** *vî kommeu içh dorthinn*

Magasins Geschäfte

antiquaire	**das Antiquitätengeschäft** *dass anntikvitè:teunghéchèft*
banque	**die Bank** *dî bannk*
bijouterie	**der Juwelier** *dèr youvelîr*
boulangerie	**die Bäckerei** *dî bèkéraï*
boucher	**die Fleischerei/Metzgerei** *dî flaïchèraï/métsgèraï*
bureau de tabac	**das Tabakgeschäft** *dass tabakghéchèft*
centre commercial	**das Einkaufszentrum** *dass aïnkaoufs-tsèntroum*
charcutier/traiteur	**das Feinkostgeschäft** *dass faïnkostghéchèft*
épicerie/magasin d'alimentation	**das Lebensmittelgeschäft** *dass lé:beunsmittelghéchèft*
fleuriste	**das Blumengeschäft** *dass bloûmeunghéchèft*
grand magasin	**das Kaufhaus** *dass kaoufhaouss*
librairie	**die Buchhandlung** *dî boûçhhanndloung*
magasin d'articles de sport	**das Sportgeschäft** *dass chportghéchèft*
magasin de cadeaux	**der Geschenkladen** *dèr ghéchènklâdeun*
magasin de chaussures	**das Schuhgeschäft** *dass choûghéchèft*
magasin de diététique	**der Naturkostladen** *dèr natoûrkostlâdeun*
magasin de disques	**das Plattengeschäft** *dass platteunghéchèft*

magasin de jouets	**das Spielwarengeschäft** *dass chpîlvâreunghéchèft*
magasin de photos	**das Fotogeschäft** *dass fôtoghéchèft*
magasin de souvenirs	**der Andenkenladen** *dèr anndènkeunlâdeun*
magasin de vêtements	**das Bekleidungsgeschäft** *dass béklaïdoungzghéchèft*
marchand de légumes	**die Gemüsehandlung** *dee gemu:zèhanndloung*
marchand de vin	**die Wein und Spirituosenhandlung** *dî vaïn- ount chpiritoû-ôzeunhanndloung*
marché	**der Markt** *dèr markt*
pâtisserie	**die Konditorei** *dî konnditorraï*
pharmacie	**die Apotheke** *dî apoté:keu*
poissonnerie	**das Fischgeschäft** *dass fichghéchèft*
quincaillerie	**die Eisenwarenhandlung** *dî aïzeunvâreunhanndloung*
supermarché	**der Supermarkt** *dèr zoûpèrmarkt*

Services Dienstleistungen

agence de voyages	**das Reisebüro** *dass raïzeburô*
bibliothèque	**die Bücherei** *dî buçhèraï*
bureau de télécopie	**das Telefaxbüro** *dass téléfaksburô*
coiffeur (femmes/hommes)	**der Friseur (Damen/Herren)** *dèr frizeûr (dâmeun-/hèreun-)*
commissariat de police	**die Polizei** *dî pollitsaï*
dentiste	**der Zahnarzt** *dèr tsânârtst*
hôpital	**das Krankenhaus** *dass krannkeunhaouss*
laverie automatique	**der Waschsalon** *dèr vachzalong*
location de billets	**die Kartenvorverkaufsstelle** *dî karteunfôrfèrkaoufs-chtèlleu*
médecin	**der Arzt** *dèr ârtst*
opticien	**der Optiker** *dèr optikèr*
polyclinique	**die Poliklinik** *dî poliklînik*
poste	**das Postamt** *dass posstamt*
pressing/nettoyage à sec	**die Reinigung** *dî raïnigoung*

Heures d'ouverture Öffnungszeiten

A quelle heure … ouvre-t-il/ferme-t-il? **Wann öffnet/schließt …?** *vann euffnèt/chlîst*

Etes-vous ouverts en soirée? **Haben Sie abends geöffnet?** *hâbeun zî âbeunts ghé-euffnet*

Fermez-vous pour le déjeuner? **Haben Sie mittags geschlossen?** *hâbeun zî mittâgs ghéchlosseun*

Heures d'overtures générales pour	Ouverture	Fermeture	Déjeuner	Fermé
magasins				
Allemagne	8/9h00	18h30	12h00–13h00	dimanche
Autriche	8h00	18h00	12h00–13h00	dimanche
Suisse	8h00	18h30	12h00–13h00	dimanche
poste				
Allemagne	8h00	17h00	aucune	sam. apr. midi dim.
Autriche	7h30	18h30	12h00–14h00	weekend
Suisse	9h00	18h00	12h00–13h45	sam. apr. midi dim.
banques				
Allemagne	8h30	16h.00 (17h30 jeu)	13h.00–14h30	weekend
Autriche	9h00	15h30/16h00	12h30–13h30	weekend
Suisse	8h30	16h30–17h30	aucune	sam. apr. midi dim.

Heures d'overture des pharmacies: les mêmes heures que pour les magasins, mais souvent fermées le mercredi.

Où est le/la/l' …? **Wo ist …?** *vô ist*

caisse **die Kasse** *dî kasseu*

escalier roulant **die Rolltreppe** *dî rolltrèppeu*

ascenseur **der Fahrstuhl/Lift** *dèr fârchtoûl/lift*

plan du magasin **der Kaufhaus-Wegweiser** *dèr kaoufhaouss-végvaïzèr*

Il/elle est au … **Er/sie/es ist im …** *èr/zî/èss ist imm*

rez-de-chaussée **Erdgeschoss** *èrdghéchoss*

premier étage **ersten Stock** *èrsteun chtok*

GESCHÄFTSZEITEN	heures d'ouverture
GESCHLOSSEN	fermé
DURCHGEHEND GEÖFFNET	ouvert toute la journée
AUSGANG	sortie
EINGANG	entrée
FAHRSTUHL/LIFT	ascenseur
NOTAUSGANG	sortie de secours
ROLLTREPPE	escalier roulant
STANDORT	vous êtes ici
TREPPE	escaliers

Service Bedienung

Pouvez-vous m'aider?	**Können Sie mir helfen?** *keunneun zî mîr hèlfeun*
Je cherche …	**Ich suche …** *içh zoûçheu*
Je regarde seulement.	**Ich sehe mich nur um.** *içh zé:heu miçh noûr oum*
C'est à moi.	**Ich bin an der Reihe.** *içh binn ann dèr raï-eu*
Avez vous …?	**Haben Sie …?** *hâbeun zî*
Je voudrais ...	**Ich hätte gern …** *içh hètteu ghèrn*
Je voudrais acheter …	**Ich möchte … kaufen.** *içh meuçhteu … kaoufeun*
Pouvez-vous me montrer …?	**Können Sie mir … zeigen?** *keunneun zî mîr … tsaïgheun*
Combien coûte ceci/celà?	**Was kostet dies/das?** *vass kostèt dîz/dass*
C'est tout, merci.	**Danke, das ist alles.** *dannkeu dass ist allèss*

Guten Morgen/Guten Tag.	Bonjour, madame/monsieur.
Kann ich Ihnen helfen?	Je peux vous aider?
Wer ist der Nächste?	C'est au tour de qui?
Was wünschen Sie?	Que désirez-vous?
Da muss ich eben nachsehen.	Je vais vérifier.
Ist das alles?	Ce sera tout?
Sonst noch etwas?	Il vous faut autre chose?

– *Kann ich Ihnen helfen? (Je peux vous aider?)*
– Nein, danke. Ich sehe mich nur um.
(Non, merci. Je regarde seulement.)

– Entschuldigen Sie. (Excusez-moi.)
– *Ja, kann ich Ihnen helfen? (Oui, je peux vous aider?)*
– Was kostet das? (C'est combien?)
– *Moment, da muss ich eben nachsehen … achtundneunzig Euro.*
(Hmm, je vais vérifier … C'est 98 euros.)

Préférence Vorliebe

GRAMMAIRE

Les comparatifs et superlatifs des adjectifs sont obtenus en ajoutant respectivement **-er** (**-r**) et **-este** (**-st**). Les adjectifs courts sont souvent accompagnés d'un **Umlaut.**

alt (vieux)	**älter** (plus vieux)	**älteste** (le plus vieux)
kurz (court)	**kürzer** (plus court)	**kürzeste** (le plus court)

Voir également la page 169 pour une explication de l'accord des adjectifs.

Welche … möchten Sie?	Quel(le) … voulez vous?
Farbe/Form	couleur / forme
Qualität/Menge	qualité / quantité
Welche Art möchten Sie?	Quel genre voulez-vous?
An welche Preislage haben Sie gedacht?	Dans quel ordre de prix cherchez-vous?

Je ne veux pas quelque chose de trop cher.	**Ich möchte nichts allzu Teures.** *içh meuçhteu niçhts alltsoû toïrèss*
Dans les … euros environ.	**Um die … Euro.** *oum dî … oïrô*
Ça doit être …	**Es muss … sein.** *èss mouss … zaïn*
grand / petit	**groß/klein** *grôss/klaïn*
bon marché / cher	**preiswert/teuer** *praïsvé:rt/toïèr*
foncé / clair	**dunkel/hell** *dounkel/hèll*
léger / lourd	**leicht/schwer** *laïçht/chvé:r*
ovale / rond / carré	**oval/rund/quadratisch** *ôvâl/rount/kvadrâtich*
original / d'imitation	**echt/imitiert** *eçht/imitîrt*
Avez-vous quelque chose de …?	**Haben Sie etwas …?** *hâbeun zî ètvass*
plus grand / plus petit	**Größeres/Kleineres** *greûssèrèss/klaïnèrèss*
meilleure qualité	**Besseres** *bèssèrèss*
moins cher	**Preiswerteres** *praïsvé:rtèrèss*
Pouvez-vous me montrer …?	**Können Sie mir … zeigen?** *keunneun zî mîr … tsaïgheun*
celui-ci / ceux-ci / celle(s)-ci	**das da/diese da** *dass dâ/dîzeu dâ*
celui-là / ceux-là / celle(s)-là	**das dort/diese dort** *dass dort/dîzeu dort*

COULEURS ➤ 144

Conditions d'achat Kaufbedingungen

Y a-t-il une garantie? — **Ist darauf Garantie?** *ist daraouf garanntî*

Est-ce qu'il y a des instructions? — **Ist eine Gebrauchsanweisung dabei?** *ist aïneu gebraouçhsann-vaïzoung dabaï*

Épuisé Nicht vorrätig

Es tut mir leid, wir haben keine mehr.	Je regrette, nous n'en avons plus.
Wir haben es nicht vorrätig.	L'article/Le stock est épuisé.
Können Sie mir etwas anderes zeigen?	Pouvez-vous me montrer quelque chose d'autre?
Sollen wir es Ihnen bestellen?	Voulez-vous que nous le commandions?

Pouvez-vous me le commander? — **Können Sie es mir bestellen?** *keunneun zî èss mîr béchtèlleun*

Il faudra combien de temps? — **Wie lange dauert das?** *vî lanngeu daouèrt dass*

Où est-ce que je pourrais trouver ...? — **Wo könnte ich ... bekommen?** *vô keunnteu içh ... békommeun*

Décision Entscheidung

Ce n'est pas vraiment ce que je veux. — **Es ist nicht ganz das, was ich möchte.** *èss ist niçht ganntѕ dass vass içh meuçhteu*

Non, ça ne me plaît pas. — **Nein, das gefällt mir nicht.** *naïn dass ghéfèlt mîr niçht*

C'est trop cher. — **Das ist zu teuer.** *dass ist tsoû toïèr*

Je voudrais réfléchir. — **Ich muss es mir überlegen.** *içh mouss ès mîr ubèrlé:geun*

Je le/la prends. — **Ich nehme es.** *içh né:meu èss*

– Guten Tag. Ich hätte gern ein Sweatshirt.
(Bonjour. Je voudrais un sweat-shirt.)
– Welche Farbe möchten Sie?.
(Quel couleur voulez-vous?)
– Orange, bitte. Und es muss groß sein.
(Orange, s.v.p. Et il doit être grand.)
– Hier. Das macht vierzig Euro, bitte.
(Voilà. Ça fait 40 euros, s.v.p.)

Paiement Bezahlen

La TVA ou taxe de vente (**MwSt**) est imposée sur presque tous les biens et services. Les taxes peuvent être réclamées sur les achats plus conséquents après votre retour au pays (en dehors de l'UE).

Les petits commerces acceptent rarement les cartes de crédit, le liquide étant beaucoup plus fréquemment utilisé. Toutefois, les grands magasins, restaurants et hôtels acceptent souvent les cartes de crédit principales – soyez attentifs aux avis affichés sur la porte.

Où dois-je payer?	**Wo kann ich bezahlen?** *vô kann iç bétsâleun*
C'est combien?	**Was kostet das?** *vass kostèt dass*
Pourriez-vous me l'écrire, s.v.p.?	**Können Sie das bitte aufschreiben?** *keunneun zî dass bitteu aoufchraïbeun*
Acceptez-vous ...?	**Nehmen Sie ...?** *né:meun zî*
cette carte de crédit	**diese Kreditkarte** *dîzeu krédîtkarteu*
les chèques de voyage	**Reiseschecks** *raïzéchèks*
Je paie ...	**Ich bezahle ...** *iç bétsâleu*
en liquide	**bar** *bâr*
par carte de crédit	**mit Kreditkarte** *mit krédîtkarteu*
Je regrette, je n'ai pas assez d'argent.	**Es tut mir leid, ich habe nicht genug Geld dabei.** *èss toût mîr laït iç hâbeu niçht gheunoûg gèlt dabaï*

Wie bezahlen Sie?	Comment payez-vous?
Diese Transaktion ist nicht akzeptiert worden.	Cette transaction n'a pas été approuvée/acceptée.
Diese Karte ist nicht gültig.	Cette carte n'est pas valide.
Haben Sie einen Ausweis dabei?	Avez-vous une pièce d'identité?

Est-ce que je peux avoir un ticket de caisse?	**Kann ich bitte eine Quittung haben?** *kann iç bitteu aïneu kvittoung hâbeun*
Je crois que vous vous êtes trompé en me rendant la monnaie.	**Ich glaube, Sie haben mir falsch herausgegeben.** *iç glaoubeu zî hâbeun mîr falch héraousghéghé:beun*
Pourrais-je avoir un sac (en) plastique, s.v.p.?	**Kann ich bitte eine Tragetasche haben?** *kann iç bitteu aïneu trâgeutacheu hâbeun*

KASSE	caisse

HEURES ➤ 220; DATE ➤ 218

Plaintes Beschwerden

Il y a un défaut.	**Das ist nicht in Ordnung.** *dass ist niçht inn ordnoung*
Pouvez-vous échanger ceci, s.v.p.?	**Können Sie das bitte umtauschen?** *keunneun zî dass bitteu oumtaoucheun*
Je voudrais être remboursé(e).	**Ich hätte gern mein Geld zurück.** *içh hètteu ghèrn maïn gelt tsoûruk*
Voici le ticket de caisse.	**Hier ist die Quittung.** *hîr ist dî kvittoung*
Je n'ai pas le ticket de caisse.	**Ich habe die Quittung nicht.** *içh hâbeu dî kvittoung niçht*
Je voudrais parler au directeur du magasin	**Ich möchte mit dem Geschäftsführer sprechen.** *içh meuçhteu mit dé:m ghéchèftsfurèr chprèçheun*

Réparations/Nettoyage Reparaturen/Reinigung

Un **Reinigung** est un nettoyage à sec, proposant parfois un service rapide (**Schnellreinigung**). Si vous souhaitez vous rendre dans une laverie automatique libre-service, cherchez un **Waschsalon.**

C'est cassé. Pouvez-vous le réparer?	**Das ist kaputt. Können Sie es reparieren?** *dass ist kapout. keunneun zî èss reparîreun*
Avez-vous … pour ceci?	**Haben Sie … hierfür?** *hâbeun zî … hîrfur*
une pile	**eine Batterie** *aïneu battèrî*
des pièces de rechange	**Ersatzteile** *èrzatstaïleu*
Quelque chose ne marche pas dans …	**Mit … stimmt etwas nicht.** *mit … chtimmt ètvass niçht*
Pouvez-vous le …?	**Können Sie das bitte …?** *keunneun zî dass bitteu*
nettoyer/repasser	**reinigen/bügeln** *raïniggeun/bu:geln*
Pouvez-vous y faire des retouches?	**Können Sie das ändern?** *keunneun zî dass èndeurn*
raccommoder	**reparieren** *reparîreun*
Quand sera-t-il prêt?	**Wann ist es/sind sie fertig?** *vann ist èss/zinnt zî fèrtiçh*
Ce n'est pas à moi.	**Das gehört mir nicht.** *dass gèheûrt mîr niçht*
Il manque …	**Es fehlt …** *èss félt*

Banque / Bureau de change
Bank/Wechselstube

Devise	**100 Rappen (Rp.)** = 1 franc suisse **(Fr.)** Pièces de monnaie: 5, 10, 20 **Rp.**; 1/2, 1, 2, 5 **Fr.** Billets: 10, 20, 50, 100, 500, 1 000 **Fr.**

Dans certaines banques, vous pourrez vous procurer du liquide dans les guichets automatiques avec la carte Visa, l'Eurocard, American Express et de nombreuses autres cartes internationales.

Il vous est également possible de changer de l'argent dans les agences de voyages et les hôtels, mais le taux sera moins avantageux.

N'oubliez pas votre passeport ou carte d'identité lorsque vous voulez changer de l'argent.

Où est ... le/la plus proche?	**Wo ist die nächste ...?** *vô ist dî nè:çhsteu*
banque	**Bank** *bannk*
bureau de change	**Wechselstube** *vèksèlchtoûbeu*

Pour changer de l'argent Geldwechsel

Est-ce que je peux changer des devises étrangères ici?	**Kann ich hier Devisen wechseln?** *kann içh hîr dévîzeun vèksèln*
Je voudrais changer des euros en francs *(suisse)*.	**Ich möchte Euro in Franken wechseln.** *içh meuçhteu oïrô inn frannkkeun vèksèln*
Je voudrais encaisser des chèques de voyage.	**Ich möchte Reiseschecks einlösen.** *içh meuçhteu raïzéchèks aïnleuzeun*
Quel est le taux (de change)?	**Wie ist der Wechselkurs?** *vî ist dèr vèkselkoûrs*
Quelle commission prenez-vous?	**Welche Gebühr nehmen Sie?** *vèlçheu ghébu:r né:meun zî*
Est-ce que je pourrais avoir de la petite monnaie?	**Kann ich bitte Kleingeld haben?** *kann içh bitteu klaïngèld hâbeun*

HEURES ➤ 220; DATE ➤ 218

DEVISEN	devises étrangères
BANKGEBÜHREN	frais de banque
ALLE TRANSAKTIONEN	toutes transactions
DRÜCKEN/ZIEHEN/DRÜCKEN	poussez/tirez/appuyez
KASSEN	caisses
WECHSELSTUBE	bureau de change
GELDAUTOMAT	distributeur automatique de billets

Sécurité Sicherheit

Kann ich ... sehen?	Est-ce que je peux voir...?
Ihren Pass	votre passeport
Ihren Ausweis	une pièce d'identité
Ihre Scheckkarte	votre carte bancaire
Ihre Adresse, bitte?	Votre adresse, s.v.p.?
Wo wohnen Sie?	Où logez-vous?
Füllen Sie bitte dieses Formular aus.	Remplissez cette fiche, s.v.p.
Bitte unterschreiben Sie hier.	Signez ici, s.v.p.

Distributeur automatique Geldautomat

Est-ce que je peux retirer de l'argent avec ma carte de crédit ici?
Kann ich hier mit meiner Kreditkarte Geld abheben? *kann içh hîr mit maïnèr krédîtkarteu ghèlt aphé:beun*

Où sont les distributeurs automatiques?
Wo sind die Geldautomaten? *vô zinnt dî ghèltaoutomâteun*

Puis-je me servir de ma carte ... dans ce distributeur?
Nimmt der Geldautomat meine ... Karte? *nimmt dèr ghèltaoutomât maïneu ... karteu*

Le distributeur a avalé ma carte.
Der Geldautomat hat meine Karte einbehalten. *dèr ghèltaoutomât hat maïneu karteu aïnbèhalteun*

– Wie ist der Kurs für den Euro heute?
(A combien est le euro aujourd'hui?)
– *... für ein hundert Euro.*
(... pour 100 euros.)
– Ich möchte gerne dreihundert Euro wechseln.
(J'aimerais changer 300 euros.)

Pharmacie Apotheke

Les pharmacies sont facilement reconnaissables à leur enseigne: une croix verte, généralement lumineuse. Si vous cherchez une pharmacie de nuit, un dimanche ou un jour férié, vous trouverez la liste des adresses des pharmacies de garde (**Apotheken Notdienst**) dans le journal ou affichée dans toutes les vitrines de pharmacies.

Où est la pharmacie (de garde) la plus proche?	**Wo ist die nächste Apotheke (mit Nachtdienst)?** *vô ist dî nè:çhsteu apotté:keu (mit naçhtdînst)*
A quelle heure ouvre/ferme la pharmacie?	**Wann öffnet/schließt die Apotheke?** *vann euffnet/chlîst dî apotté:keu*
Pouvez-vous me préparer cette ordonnance?	**Können Sie mir diese Medizin zubereiten?** *keunneun zî mîr dîzeu méditsîn tsoûbèraïteun*
Est-ce que je dois attendre?	**Soll ich darauf warten?** *zoll içh daraouf varteun*
Je reviendrai les chercher.	**Ich hole es später ab.** *içh hôleu èss chpè:tèr ap*
Je suis …	**Ich bin …** *içh binn*
diabétique	**Diabetiker** *dîabé:tikèr*
épileptique	**Epileptiker** *épilèptikèr*
Je prends la pilule.	**Ich nehme die Pille.** *içh né:meu dî pilleu*

Posologie Dosierung

Combien dois-je en prendre?	**Wie viel soll ich einnehmen?** *vî fîl zoll içh aïnné:meun*
Combien de fois dois-je le prendre?	**Wie oft soll ich es einnehmen?** *vî oft zoll içh èss aïnné:meun*
Est-ce que ça convient aux enfants?	**Ist es für Kinder geeignet?** *ist èss fur kinndèr ghéaïgnèt*

Nehmen Sie zwei Tabletten/ Teelöffel … ein.	Prenez deux comprimés/ cuillerées à café …
vor/nach dem Essen	avant/après les repas
mit etwas Wasser	avec un verre d'eau
ganz	entier (sans croquer)
morgens/abends	le matin/le soir
… Tage lang	pendant … jours

MEDECIN ➤ 163

J'ai un/une …	**Ich habe …** *içh hâbeu*
ampoule	**eine Blase** *aïneu blâzeu*
bleu/ecchymose	**eine Quetschung** *aïneu kvètchoung*
blessure	**eine Wunde** *aïneu voundeu*
boule/bosse	**einen Knoten** *aïneun knôteun*
brûlure	**eine Verbrennung** *aïneu fèrbreunnoung*
coupure	**eine Schnittwunde** *aïneu chnitvoundeu*
égratignure	**eine Schürfwunde** *aïneu churfvoundeu*
enflure	**eine Schwellung** *aïneu chvèlloung*
éruption cutanée	**einen Ausschlag** *aïneun aous-chlâg*
furoncle	**einen Furunkel** *aïneun foûrounkèl*
muscle froissé	**eine Muskelzerrung** *aïneu mouskèltsèrroung*
piqûre	**einen Stich** *aïneun chtiçh*
piqûre d'insecte	**einen Insektenstich** *aïneun innzèkteunchtiçh*
rhume	**eine Erkältung** *aïneu èrkèltoung*

GIFT	poison
NUR ÄUSSERLICH ANWENDEN	usage externe
NICHT EINNEHMEN	ne pas avaler

– Ich habe eine Erkältung. Was können Sie mir empfehlen?
(J'ai un rhume. Qu'est-ce que vous pouvez me recommander?)

– Dieses Produkt ist gut gegen Schnupfen.
(Ce produit convient bien pour les rhumes.)

– Wie viele Tabletten soll ich nehmen?
(Combien de comprimés dois-je prendre?)

– Eine Tablette alle vier Stunden. Gehen Sie zum Arzt, wenn Sie sich in zwei Tagen nicht besser fühlen.
(Un comprimé toutes les 4 heures. Consultez un médecin si ça ne vas pas mieux dans 2 jours.)

Pour demander conseil Beratung

Qu'est-ce que vous me recommandez pour le/la/les ...?	**Was empfehlen Sie gegen ...?** *vass émpfé:leun zî ghégeun*
coup de soleil	**Sonnenbrand** *zonneunbrannt*
diarrhée	**Durchfall** *doûrçhfal*
gueule de bois	**einen Kater** *aïneun kâteur*
mal de gorge	**Halsschmerzen** *hals-chmèrtseun*
mal d'estomac	**Magenverstimmung** *mâgeunfèrstimmoung*
mal de ventre	**Bauchweh** *baouçhvé:*
mal des transports	**Reisekrankheit** *raïzékrannk-haït*
piqûres d'insectes	**Insektenstiche** *innzèkteunchtiçheu*
rhume	**eine Erkältung** *aïneu èrkèltoung*
rhume des foins	**Heuschnupfen** *hoïchnoupfeun*
toux	**Husten** *hoûsteun*
Puis-je l'obtenir sans ordonnance?	**Kann ich das ohne Rezept bekommen?** *kann içh dass ôneu rétsèpt békommeun*

Médicaments délivrés sans ordonnance
Rezeptfreie Mittel

Je voudrais un/une/de la/du/des ...	**Ich hätte gern ...** *içh hètteu ghèrn*
analgésiques	**ein Schmerzmittel** *aïn chmèrtsmittel*
aspirine (soluble)	**(lösliches) Aspirin** *(leûzliçhèss) aspirîn*
bandage	**einen Verband** *aïneun fèrbannt*
coton (hydrophile)	**Watte** *vatteu*
crème antiseptique	**eine Wundsalbe** *aïneu vountzalbeu*
crème contre les insectes/atomiseur insecticide	**ein Insektenschutzmittel/Insektenspray** *aïn innzèkteunchoutsmittel/innzèkteunchpré:*
préservatifs	**Kondome** *konndômeu*
vitamines	**Vitamintabletten** *vittamîntablètteun*

MEDECIN ➤ 163

Articles de toilette Toilettenartikel

Je voudrais un/une/des …	**Ich hätte gern …** *içh hètteu ghèrn*
lotion après-rasage	**ein Rasierwasser** *aïn razîrvassèr*
lotion après-soleil	**After-Sun-Creme** *«aftèr sun» kré:m*
déodorant	**ein Deodorant** *aïn dè-odôrannt*
stick pour les lèvres	**einen Lippenbalsam** *aïneun lipènbalzâm*
crème hydratante	**Feuchtigkeitscreme** *foïçhtiçhkaïtskré:m*
lames de rasoir	**Rasierklingen** *razîrklinngheun*
serviettes hygiéniques	**Damenbinden** *dâmeunbinndeun*
savon	**eine Seife** *aïneu zaïfeu*
écran total	**einen Sonnenblocker** *aïneun zonneunblokkèr*
crème solaire	**Sonnencreme** *zonneunkré:m*
facteur …	**Lichtschutzfaktor …** *lichtchoutsfaktôr*
tampons	**Tampons** *tammpons*
mouchoirs en papier	**Papiertaschentücher** *papîrtacheuntu:çhèr*
papier-toilette	**Toilettenpapier** *toalètteunpapîr*
dentifrice	**Zahnpasta** *tsânpasta*

Pour le bébé Für das Baby

aliments pour bébé	**Babynahrung** *bé:binnâroung*
couches	**Windeln** *vinndeln*
solution de stérilisation	**Sterilisierlösung** *chtérilizîrleûzoung*

Soins des cheveux Haarpflege

peigne	**einen Kamm** *aïneun kamm*
après-shampooing	**eine Spülung** *aïneu chpu:loung*
brosse (à cheveux)	**eine Haarbürste** *aïneu hârbursteu*
mousse pour cheveux	**einen Schaumfestiger** *aïneun chaoumfèstighèr*
laque	**ein Haarspray** *aïn hârchpré:*
shampooing	**ein Haarwaschmittel** *aïn hârvachmittel*

Habillement Bekleidung

Le costume national traditionnel est encore porté à l'occasion d'événements spéciaux dans la plupart des régions d'Allemagne, d'Autriche et de Suisse, mais a tendance à devenir déplacé ailleurs! Si vous souhaitez faire cadeau d'un costume traditionnel, cherchez un **Lederhosen** (pantalon en cuir allant jusqu'aux genoux) pour garçons.

Généralités Allgemeines

Je voudrais …	**Ich hätte gern …** *içh hètteu ghèrn*
Avez-vous des …?	**Haben Sie …?** *hâbeun zî*

DAMENBEKLEIDUNG	vêtements femmes
HERRENBEKLEIDUNG	vêtements hommes
KINDERKLEIDUNG	vêtements enfants

Couleur Farbe

Je cherche quelque chose en …	**Ich suche etwas in …** *içh zoûçheu ètvass inn*
beige	**beige** *bé:ge*
blanc	**weiß** *vaïss*
bleu	**blau** *blaou*
gris	**grau** *graou*
jaune	**gelb** *gèlp*
marron	**braun** *braoun*
noir	**schwarz** *chvarts*
orange	**orange** *orannge*
rouge	**rot** *rôt*
rose	**rosa** *rôza*
vert	**grün** *gru:n*
violet	**violett** *fiollèt*
… clair	**hell …** *hèll*
… foncé	**dunkel …** *dounkel*
Je veux une teinte plus foncée/claire.	**Ich möchte einen dunkleren/helleren Farbton.** *içh meuçhteu aïneun dounklèreun/hèllèreun farbtôn*
Avez-vous le/la même en …?	**Haben Sie das Gleiche in …?** *hâbeun zî dass glaïçheu inn*

Vêtements et accessoires
Kleidungsstücke und Accessoires

Je voudrais un/une/des …	**Ich hätte gern …** *içh hètteu ghèrn*
bas	**Strümpfe** *chtrummpfeu*
bikini	**einen Bikini** *aïneun bikîni*
caleçon	**Leggings** *legginngs*
chapeau	**einen Hut** *aïneun hoût*
ceinture	**einen Gürtel** *aïneun gurtel*
chaussettes	**Socken** *zokkeun*
chemise	**ein Hemd** *aïn hemt*
chemisier	**eine Bluse** *aïneu bloûzeu*
collant	**eine Strumpfhose** *aïne chtroumpfhôzeu*
costume	**einen Anzug** *aïneun anntsoûg*
cravate	**eine Krawatte** *aïneu kravatteu*
écharpe/foulard	**ein Halstuch** *aïn halstoûçh*
imperméable	**einen Regenmantel** *aïneun ré:geunmanntel*
jean	**Jeans** *«jeans»*
jupe	**einen Rock** *aïneun rok*
lunettes de soleil	**eine Sonnenbrille** *aïneu zonneunbrilleu*
maillot de bain	**einen Badeanzug** *aïneun bâdè-anntsoûg*
manteau	**einen Mantel** *aïneun manntèl*
pantalon	**eine Hose** *aïneu hôzeu*
pull-over (pull)	**einen Pullover** *aïneun poullôvèr*
robe	**ein Kleid** *aïn klaït*
sac à main	**eine Handtasche** *aïneu hannttacheu*
short	**Shorts** *chorts*
slip	**eine Unterhose** *aïneu ountèrhôzeu*
slip de bain	**eine Badehose** *aïneu bâdè-hôzeu*
soutien-gorge	**einen BH** *aïneun bé:hâ*
sweat-shirt	**ein Sweatshirt** *aïn swètcheurt*
veste	**eine Jacke** *aïneu yakeu*
veston	**ein Jackett** *aïn jakètt*
à manches longues/courtes	**mit langen/kurzen Ärmeln** *mit lanngheun/kourtseun èrmèln*

Chaussures Schuhe

Une paire de …	**Ein Paar …** *aïn pâr*
bottes	**Stiefel** *chtîfel*
tongs	**Badelatschen** *bâdelatcheun*
sandales	**Sandalen** *zanndâleun*
chaussures	**Schuhe** *choûheu*
pantoufles	**Hausschuhe** *haous-choûheu*
chaussures de sport	**Sportschuhe** *chportechoûheu*

Equipement pour la marche Wanderausrüstung

sac à dos	**einen Rucksack** *aïneun roukzak*
chaussures de marche	**Wanderschuhe** *vanndeurchoûheu*
blouson imperméable	**eine Regenjacke** *aïneu ré:gheunyakeu*
coupe-vent	**eine Windjacke** *aïneu vinndyakeu*

Tissu Stoff

Je veux quelque chose en …	**Ich möchte etwas in …** *içh meuçhteu ètvass inn*
coton	**Baumwolle** *baoumvolleu*
jean	**Jeansstoff** *djîns-chtoff*
dentelle	**Spitze** *chpitseu*
cuir	**Leder** *lé:dèr*
lin	**Leinen** *laïneun*
laine	**Wolle** *volleu*
Est-ce …?	**Ist das …?** *ist dass*
pur coton	**reine Baumwolle** *raïneu baoumvolleu*
en synthétique	**Synthetik** *zunnté:tik*
Est-ce lavable à la main/ lavable en machine?	**Kann man es von Hand/in der Maschine waschen?** *kann mann èss fon hannt/inn dèr machîneu vacheun*

VON HAND WASCHEN	lavage main seulement
NICHT BÜGELN	ne pas repasser

Ça vous va? **Passt es?**

Est-ce que je peux essayer ça?	**Kann ich es anprobieren?** *kann içh èss annprobbîreun*
Où sont les cabines d'essayage?	**Wo ist die Umkleidekabine?** *vô ist dî oumklaïdékabîneu*
Ça va bien. Je le prends.	**Es passt gut. Ich nehme es.** *èss past goût. içh né:meu èss*
Ça ne va pas.	**Es passt nicht.** *èss past niçht*
C'est trop …	**Es ist zu …** *èss ist tsoû*
court/long	**kurz/lang** *kourts/lanng*
étroit/ample	**eng/weit** *énng/vaït*
Est-ce que vous avez ceci dans la taille …?	**Haben Sie das in Größe …?** *hâbeun zî dass inn greûsseu*
C'est quelle taille?	**Welche Größe ist das?** *vèlçheu greûsseu ist dass*
Pouvez-vous prendre mes mesures?	**Können Sie bitte bei mir Maß nehmen?** *keunneun zî bitteu baï mîr mâss né:meun*
Je ne connais pas les tailles allemandes.	**Ich kenne die deutschen Größen nicht.** *içh kénneu dî doïtcheun greûsseun niçht*
extra grand/grand	**extra groß/groß** *èkstra grôss/grôss*
moyen/petit	**mittel/klein** *mittèl/klaïn*

Taille **Größe**

Robes/Costumes						
Canadien	8	10	12	14	16	18
Continental	36	38	40	42	44	46

Chaussures de femmes				
Canadien	6	7	8	9
Continental	37	38	40	41

Chemises				
Canadien	15	16	17	18
Continental	38	41	43	45

Chaussures d'hommes									
Canadien	5	6	7	8	$8^1/_2$	9	$9^1/_2$	10	11
Continental	38	39	41	42	43	43	44	44	45

– Ich möchte das bitte anprobieren.
(Je voudrais essayer ça, s.v.p)
– *Gerne. Welche Größe haben Sie?*
(Bien sûr. Quelle taille faites-vous?)
– Ich habe Größe 42. (Je fais une taille 42.)
– *Probieren Sie dieses hier.*
(Essayez celui-ci.)

Santé et beauté Schönheitspflege

Pourboire: Allemagne: 10–15 %; Autriche: 10–15 %; Suisse: inclus.

Je voudrais prendre un rendez-vous pour demain.	**Ich hätte gern für morgen einen Termin.** *içh hètteu ghèrn fur morgeun aïneun tèrmîn*
Je voudrais un/une …	**Ich möchte …** *içh meuçhteu*
soins du visage	**eine Gesichtsbehandlung** *aïneu ghézichtsbèhanndloung*
manucure	**eine Maniküre** *aïneu manniku:reu*
un massage	**eine Massage** *aïneu massâgeu*
épilation à la cire	**eine Wachsbehandlung** *aïneu vaksbèhanndloung*

Coiffeur Friseur

Je voudrais …	**Bitte … Sie mir die Haare.** *bitteu … zî mîr dî hâreu*
coupe et brushing	**schneiden und fönen** *chnaïdeun ount feûneun*
shampooing et mise en plis	**waschen und legen** *vacheun ount lé:gheun*
Je voudrais me faire égaliser les pointes.	**Nur nachschneiden, bitte.** *noûr nâçhchnaïdeun bitteu*
Je voudrais une couleur/teinture.	**Bitte färben/tönen Sie mein Haar.** *bitteu fèrbeun/teûneun zî maïn hâr*
Je voudrais une frange.	**Bitte schneiden Sie mir einen Pony.** *bitteu chnaïdeun zî mîr aïneun pôni*
Je voudrais des mèches/une permanente.	**Bitte machen Sie mir Strähnchen/eine Dauerwelle.** *bitteu maçheun zî mîr chtrè:nnçheun/aïneu daouèrvèlleu*
Ne les coupez pas trop court, s.v.p.	**Schneiden Sie sie nicht zu kurz, bitte.** *chnaïdeun zî zî niçht tsoû kourts bitteu*
Pouvez-vous en couper un peu plus …, s.v.p.?	**Bitte schneiden Sie sie … etwas kürzer.** *bitteu chnaïdeun zî zî … ètvass kurtsèr*
derrière/devant	**hinten/vorne** *hinnteun/forneu*
dans le cou/sur les côtés	**im Nacken/an den Seiten** *im nakkeun/ann dé:n zaïteun*
sur le dessus	**oben** *ôbeun*
Très bien, merci.	**Das ist gut so, danke.** *dass ist goût zô dannkeu*

Articles ménagers Haushaltsartikel

Je voudrais un/une/des ...	**Ich hätte gern ...** *içh hètteu ghèrn*
adaptateur	**einen Adapter** *aïneun adaptèr*
allumettes	**Streichhölzer** *chtraïçh-heultsèr*
ampoule	**eine Glühbirne** *aïneu glu:bîrneu*
bouchon/bonde	**einen Stöpsel** *aïneun chteupsèl*
bougies	**Kerzen** *kèrtseun*
ciseaux	**eine Schere** *aïneu ché:reu*
film étirable	**Klarsichtfolie** *klârziçhtfôlieu*
ouvre-boîtes	**einen Büchsenöffner** *aïneun bukseun-euffnèr*
ouvre-bouteilles	**einen Flaschenöffner** *aïneun flacheun-euffnèr*
papier aluminium	**Alufolie** *âloûfôlieu*
prise (électrique)	**einen Stecker** *aïneun chtékkèr*
pinces à linge	**Wäscheklammern** *vèchéklammèrn*
serviettes en papier	**Papierservietten** *papîrzèrvièttеun*
tire-bouchon	**einen Korkenzieher** *aïneun korkeuntsîhèr*
tournevis	**einen Schraubenzieher** *aïneun chraoubeuntsîhèr*

Produits de nettoyage Putzmittel

détergent vaisselle	**Spülmittel** *chpu:lmittel*
eau de Javel	**Bleichmittel** *blaïçhmittel*
éponge	**einen Schwamm** *aïneun chvamm*
lavette	**einen Spüllappen** *aïneun chpu:l-lappeun*
lessive	**Waschpulver** *vachpoulfèr*
sacs poubelles	**Müllbeutel** *mullboïtel*

Vaisselle/Couverts Geschirr/Besteck

assiettes	**Teller** *tèllèr*
chopes	**Becher** *bèçhèr*
couteaux	**Messer** *mèssèr*
cuillères	**Löffel** *leuffel*
cuillères à café	**Teelöffel** *té:leuffel*
fourchettes	**Gabeln** *gâbèln*
tasses	**Tassen** *tasseun*
verres	**Gläser** *glè:zèr*

Bijouterie Juwelier

Est-ce que je pourrais voir ...?	**Könnte ich ... sehen?** *keunnteu içh ... zé:heun*
ceci/cela	**dies/das** *dîz/dass*
C'est en vitrine.	**Es ist im Schaufenster/in der Vitrine.** *èss ist im chaoûfènstèr/inn dèr vitrîneu*
Je voudrais un/une/des ...	**Ich hätte gern ...** *içh hètteu ghèrn*
bague	**einen Ring** *aïneun rinng*
boucles d'oreilles	**Ohrringe** *ôr-rinngheu*
bracelet	**ein Armband** *aïn armbannt*
broche	**eine Brosche** *aïneu brocheu*
collier	**eine Halskette** *aïneu halskètteu*
montre	**eine Armbanduhr** *aïneu armbanntoûr*
pendule	**eine Uhr** *aïneu oûr*
pile	**eine Batterie** *aïneu battèrî*
réveil	**einen Wecker** *aïneun vékkèr*

Matériaux Material

Est-ce de l'argent/de l'or véritable?	**Ist das echt Silber/Gold?** *ist dass èçht zilbèr/golt*
Y a-t-il un certificat?	**Gibt es eine Bescheinigung dazu?** *gipt èss aïneu béchaïniggoung datsoû*
Avez-vous quelque chose en ...?	**Haben Sie etwas in ...?** *hâbeun zî ètvass inn*
acier inoxydable	**Edelstahl** *é:dèlchtâl*
argent	**Silber** *zilbèr*
cuivre	**Kupfer** *koupfèr*
cristal	**Kristall** *kristall*
diamant	**Diamant** *diamannt*
émail	**Email** *émaïl*
étain	**Zinn** *tsinn*
or	**Gold** *golt*
perle de culture	**Perle** *pèrleu*
platine	**Platin** *plâtîn*
Avez-vous quelque chose en plaqué or/plaqué argent?	**Haben Sie etwas vergoldet/versilbert?** *hâbeun zî ètvass fèrgoldet/fèrzilbèrt*

Marchand de journaux / Tabac
Zeitungskiosk/Tabakladen

Les journaux étrangers sont généralement en vente dans les gares et les aéroports ou dans les kiosques à journaux des grandes villes. Vous pourrez vous procurer des cigarettes dans les bureaux de tabac spécialisés, distributeurs automatiques, restaurants et grandes surfaces.

Vendez-vous des livres/ journaux en français?	**Verkaufen Sie französische Bücher/ Zeitungen?** *fèrkaoufeun zî franntseûziçheu bu:çhèr/tsaïtoungheun*
Je voudrais un/une/des…	**Ich hätte gern …** *içh hètteu ghèrn*
allumettes	**Streichhölzer** *chtraïçh-heultsèr*
bonbons/sucreries	**Süßigkeiten** *zu:ssiçhkaïteun*
briquet	**ein Feuerzeug** *aïn foïèrtsoïg*
carte postale	**eine Postkarte** *aïneu posstkarteu*
carte routière de …	**eine Straßenkarte von …** *aïneu chtrâsseunkarteu fon*
chewing-gum	**Kaugummi** *kaougoummi*
cigares	**Zigarren** *tsigarreun*
cigarettes	**Zigaretten** *tsigarètteun*
dictionnaire (allemand-français)	**ein (Deutsch-Französisch) Wörterbuch** *aïn (doïtch-franntseûziçh) veurtèrboûçh*
enveloppes	**Briefumschläge** *brîfoumchlè:gheu*
guide de/sur …	**einen Reiseführer von …** *aïneun raïzéfu:rèr fon*
journal	**eine Zeitung** *aïneu tsaïtoung*
livre	**ein Buch** *aïn boûçh*
magazine	**eine Zeitschrift** *aïneu tsaïtchrift*
paquet de cigarettes	**eine Schachtel Zigaretten** *aïneu chaçhtel tsigarètteun*
plan de la ville	**einen Stadtplan** *aïneun chtatplân*
stylo/bille	**einen Kugelschreiber** *aïneun koûgèlchraïbèr*
tabac	**Tabak** *tabak*
tablette de chocolat	**einen Schokoladenriegel** *aïneun chokollâdeunrîgel*
timbres	**Briefmarken** *brîfmarkeun*

Photographie Fotografie

Je cherche un appareil photo …	**Ich suche …** *içh zoûçhe*
automatique	**eine Automatikkamera** *aïneu aoutomâtîkamèrâ*
compact	**eine Kompaktkamera** *aïneu kompaktkamèrâ*
jetable	**eine Einwegkamera** *aïneu aïnvégkamèrâ*
Je voudrais un/une …	**Ich hätte gern …** *içh hètteu ghèrn*
pile	**eine Batterie** *aïneu battèrî*
sac photo	**eine Fototasche** *aïneu fôtotacheu*
flash (électronique)	**einen (Elektronen)blitz** *aïneun (élektrôneun)blits*
filtre	**einen Filter** *aïneun filtèr*
objectif	**ein Objektiv** *aïn obyèktîf*
couvercle d'objectif	**einen Objektivdeckel** *aïneun obyèktîfdékèl*

Pellicules/Développement Filme/Entwickeln

Je voudrais une pellicule … pour cet appareil photo.	**Ich hätte gern einen … für diesen Fotoapparat.** *içh hètteu ghèrn aïneun … fur dîzeun fôto-apparât*
noir et blanc	**Schwarzweißfilm** *chvartsvaïssfilm*
couleur	**Farbfilm** *farpfilm*
24/36 poses	**vierundzwanzig/sechsunddreißig Aufnahmen** *fîrounttsvanntsiçh/zèksountdraïssiçh aoufnâmeun*
Je voudrais faire développer cette pellicule, s.v.p.	**Bitte entwickeln Sie diesen Film.** *bitteu èntvikeln zî dîzeun film*
Pourriez-vous agrandir ceci?	**Können Sie das bitte vergrößern?** *keunneun zî dass bitteu fèrgreûssèrn*
Quand est-ce que les photos seront prêtes?	**Wann sind die Fotos fertig?** *vann zinnt dî fôtoss fèrtiçh*
Je viens chercher mes photos. Voilà le reçu.	**Ich möchte meine Fotos abholen. Hier ist die Quittung.** *içh meuçhteu maïneu fôtoss aphôleun. hîr ist dî kvittoung*

Bureau de poste Postamt

Les bureaux de poste suisses sont reconnaissables au sigle **PTT** et sont signalés par **Post** en Autriche et en Allemagne.

Les boîtes aux lettres sont jaunes en Allemagne et en Suisse, et bleues en Autriche. Elles peuvent être pourvues de fentes séparées pour les cartes postales (**Postkarten**), les lettres (**Briefe**) et le courrier vers l'étranger (**Ausland**) ou, en Suisse d'une section **A** (première classe) ou **B** (deuxième classe).

Où est le bureau de poste (principal)?	**Wo ist das Postamt (die Hauptpost?)** *vô ist dass nè:çhsteu posstammt (dî haouptposst)*
A quelle heure ouvre/ferme la poste?	**Wann öffnet/schließt das Postamt?** *vann euffnet/chlîsst dass posstammt*
Est-elle fermée pour le déjeuner?	**Ist es mittags geschlossen?** *ist èss mittâgs géchlosseun*
Où est la boîte aux lettres?	**Wo ist der Briefkasten?** *vô ist dèr brîfkasteun*
Où est la poste restante?	**Wo ist der Schalter für postlagernde Sendungen?** *vô ist dèr chaltèr fur posstlâgèrndeu zèndoungeun*
Est-ce qu'il y a du courrier pour moi?	**Ist Post für mich da?** *ist posst fur miçh dâ?*

Acheter des timbres Briefmarken kaufen

Un timbre pour cette carte postale/lettre, s.v.p.	**Eine Briefmarke für diese Postkarte/diesen Brief, bitte.** *aïneu brîfmarkeu fur dîzeu posstkarteu/dîzeun brîf bitteu*
Un timbre à … , s.v.p.	**Eine Briefmarke zu … , bitte.** *aïneu brîfmarkeu tsoû … bitteu*
Quel est le tarif pour une lettre pour …?	**Was kostet eine ein Brief nach …?** *vass kostèt aïn brîf nâçh*

– Guten Tag. Ich möchte diese Postkarten nach Frankreich schicken.
(Bonjour, je voudrais envoyer ces cartes postales en France.)

– *Wie viele? (Combien?)*

– Neun, bitte.
(Neuf, s.v.p.)

Envoyer des colis Pakete schicken

Je voudrais envoyer ce paquet …	**Ich möchte dieses Paket per … schicken.** *içh meuçhteu dîzess paké:t pèr … chikkeun*
par avion	**Luftpost** *louftposst*
en exprès	**Express** *èksprèss*
en recommandé	**Einschreiben** *aïnchraïbeun*
Il contient …	**Es enthält …** *èss ènthèlt*

Bitte füllen Sie die Zollerklärung aus.	Veuillez remplir la déclaration de douane, s.v.p.
Wie hoch ist der Wert?	Quelle est la valeur?
Was ist darin?	Qu'y a-t-il à l'intérieur?

Télécommunications Fernmeldeverkehr

Je voudrais une Télécarte.	**Ich hätte gern eine Telefonkarte.** *içh hètteu ghèrn aïneu téléfônkarteu*
10/20/50 unités.	**zehn/zwanzig/fünfzig Einheiten.** *tsé:n/tsvanntsiçh/funftsiçh aïnhaïteun*
Est-ce qu'il y a un photocopieur/fax ici?	**Haben Sie hier ein Fotokopiergerät/Telefax?** *hâbeun zî hîr aïn fôtokopîrgerè:t/téléfaks*
Je voudrais … copies.	**Ich hätte gern … Kopien.** *içh hètteu ghèrn … kopî-eun*
Je voudrais envoyer un message …	**Ich möchte gern eine Nachricht … schicken.** *içh meuçhteu ghèrn aïneu naçhriçht … chikkeun*
par e-mail/fax	**per E-mail/Fax** *pèr î-méil/faks*
Quelle est votre adresse e-mail?	**Wie ist Ihre E-mail Adresse?** *vî ist îreu î-méil adrèsseu*
Est-ce que je peux accéder à l'internet ici?	**Kann ich auf das Internet zugreifen?** *kann içh aouf dass inntèrnet tsoûgraïfeun*
C'est combien par heure?	**Wie viel kostet es pro Stunde?** *vî fîl kostèt èss pro chtoundeu*
Comment j'entre en communication?	**Wie logge ich ein?** *vî loggeu içh aïn*

Souvenirs Andenken

Voici quelques suggestions de souvenirs.

Allemagne:	pots à bière (**Bierkrüge**) jouets en bois (**Holzspielwaren**) coucous de la Forêt-Noire (**Kuckucksuhren**) fourrures (**Pelze**)
Autriche:	broderie au petit point et tapisseries (**Stickerei**) bijoux (**Schmuck**) boulettes de massepain au chocolat (**Mozartkugeln**) poterie (**Töpferei**)
Suisse:	montres (**Armbanduhren**) coucous de la Forêt-Noire (**Kuckucksuhren**) fromage (**Käse**) chocolat (**Schokolade**) couteaux suisses (**Taschenmesser**) articles en bois (**Holzartikel**)

Cadeaux Geschenke

Je voudrais un/une/des …	**Ich hätte gern …** *içh hètteu ghèrn …*
boîte de chocolats	**eine Schachtel Pralinen** *aïneu chaçhtel pralîneun*
bouteille de vin	**eine Flasche Wein** *aïneu flacheu vaïn*
calendrier	**einen Kalender** *aïneun kalèndèr*
carte postale	**eine Postkarte** *aïneu posstkarteu*
guide-souvenir	**einen Andenkenbildband** *aïneun anndenkeunbiltbannt*
porte-clefs	**einen Schlüsselanhänger** *aïneun chlussèlannhènghèr*
torchon	**ein Geschirrtuch** *aïn ghéchirrtoûçh*
T-shirt	**ein T-Shirt** *aïn Tî-cheurt*

Musique Musik

Je voudrais un/une …	**Ich hätte gern …** *içh hètteu ghèrn*
cassette	**eine Kassette** *aïneu kassètteu*
compact disc	**eine CD** *aïneu tsé:dé:*
disque	**eine Schallplatte** *aïneu challplatteu*
cassette vidéo	**eine Videokassette** *aïneu vîdéôkassètteu*
Quels sont les chanteurs/groupes populaires?	**Welche Sänger/Gruppen sind beliebt?** *vèlçheu zènghèr/grouppeun zinnt belîbt*

Si vous envisagez d'acheter une vidéo en souvenir de votre voyage en Allemage, assurez-vous qu'elle est bien en SECAM.

Jouets et jeux Spielzeug und Spiele

Je voudrais un jouet/un jeu …	**Ich hätte gern ein Spielzeug/Spiel …** *içh hètteu ghèrn aïn chpîltsoïg/chpîl*
pour un garçon	**für einen Jungen** *fur aïneun youngeun*
pour une fille de cinq ans	**für ein fünfjähriges Mädchen** *fur aïn funfjè:rigèss mè:tçheun*
Je voudrais un/une …	**Ich hätte gern …** *çh hètteu ghèrn*
seau et une pelle	**einen Eimer und Schaufel** *aïneun aïmèr ount chaoufèl*
jeu d'échecs	**ein Schachspiel** *aïn chaçhchpîl*
poupée	**eine Puppe** *aïneu pouppeu*
jeu électronique	**ein Elektronikspiel** *aïn élèktrônîk-chpîl*
ours en peluche	**einen Teddybär** *aïneun tèddibè:r*

Antiquités Antiquitäten

Cela a quel âge?	**Wie alt ist das?** *vî alt ist dass*
Avez-vous quelque chose de la période …?	**Haben Sie etwas aus der … Zeit?** *hâbeun zî ètvass aouss dèr … tsaït*
Pouvez-vous me l'envoyer?	**Können Sie es mir schicken?** *keunneun zî èss mîr chikkeun*
Est-ce que je risque d'avoir des problèmes à la douane?	**Bekomme ich Schwierigkeiten mit dem Zoll?** *békommeu içh chvîriçhkaïteun mit dé:m tsoll*
Y a-t-il un certificat d'authenticité?	**Ist eine Echtheitsurkunde vorhanden?** *ist aïneu èçhthaïtsoûrkoundeu forhanndeun*

Supermarché / Minimarché
Supermarkt/Lebensmittelgeschäft

Vous trouverez des supermarchés tels que **Tengelmann**, **HL** et **Minimal** dans les centre-villes, de même que des épiceries économiques telles que **Lidl**, **Penny** et **Aldi**; **Toom**, **Wertkauf** et **Real** sont de grands supermarchés proposant le plus vaste éventail de produits alimentaires et de spécialités internationales.

Au supermarché Im Supermarkt

Excusez-moi. Où se trouve(nt) ...?	**Entschuldigen Sie. Wo finde ich ...?** *èntchouldigeun zî. vô finndeu içh*
Je paye ça ici ou à la caisse?	**Muss ich das hier oder an der Kasse bezahlen?** *mouss içh dass hîr ôdèr ann dèr kasseu bétsâleun*
Où sont les chariots / les paniers?	**Wo sind die Einkaufswagen/Einkaufskörbe?** *vô zinnt dî aïnkaoufsvâgeun/ aïnkaoufskeurbeu*
Y a-t-il une ... ici?	**Gibt es hier ...?** *gipt ess hîr*
boulangerie	**eine Bäckerei** *aïneu bèkèraï*
pâtisserie	**eine Konditorei** *aïneu honnditoraï*
poissonerie	**eine Fischtheke** *aïneu fichté:keu*
Dans quelle allée puis-je trouver du / des ...?	**In welcher Reihe kann ich ... finden?** *inn vèlçheur raïeu kann içh ... finndeun*
boîtes de conserve	**Konserven** *konnsèrveun*
café / thé	**Kaffee/Tee** *kaffé/té:*
céréales	**Corn-flakes, Müsli** *kornfléiks, mûzli*
produits de toilette	**Toilettenartikel** *toalètteun-artikeul*
la deuxième allée à gauche	**die zweite Reihe links** *dî tswaïteu raïeu rèçhts*
Est-ce que je peux avoir un sac en plastique, s.v.p.?	**Kann ich bitte eine Plastiktasche haben?** *cann içh bitteu aïneu plastiktacheu hâbeun?*
Je crois qu'il y a une erreur sur le ticket de caisse.	**Ich glaube, es gibt einen Fehler auf der Rechnung.** *içh glaoubeu èss ghipt aïneun fé:leur aouf dèr rèçhnoung*

BROT UND KUCHEN	boulangerie–pâtisserie
FRISCHES GEMÜSE	fruits et légumes
FRISCHFISCH	poissonnerie
FRISCHFLEISCH	boucherie
GEFLÜGEL	volaille
HAUSHALTSWAREN	articles ménagers
MILCHPRODUKTE	produits laitiers / crémerie
KONSERVEN	conserves
PUTZMITTEL	produits d'entretien
SONDERANGEBOT	offre spéciale
TIEFKÜHLKOST	surgelés
WEIN UND SPIRITUOSEN	vins et spiritueux

FÜR MIKROWELLE GEEIGNET	pour four à micro-ondes
FÜR VEGETARIER GEEIGNET	convient aux végétariens
KÜHL AUFBEWAHREN	à conserver au froid
MINDESTENS HALTBAR BIS ...	date limite de vente ...

Vous trouverez dans les boulangeries ou les rayons boulangerie des supermarchés un grand choix des pains délicieux comme le **Weißbrot** (blanc), **Vollkornbrot** (complet), **Roggenbrot** (seigle), **Zwiebelbrot** (à l'oignon), **Pumpernickel** (pain noir de Westphalie), **Rosinenbrot** (aux raisins), et de petits pains comme les **Sesambrötchen** (au sésame), ou les **Mohnbrötchen** (aux graines de pavot) qui valent vraiment la peine qu'on y goûte lors d'un séjour en Allemagne.

–Entschuldigen Sie bitte, wo finde ich den Käse?
(Excusez-moi, où puis-je trouver du fromage?)
– Frisch oder verpackt? (Frais ou déjà empaqueté?)
– Verpackt, bitte. (Déja empaqueté, s.v.p.)
– Dort drüben. Die zweite Reihe links.
(Là bas. La deuxième allée à gauche.)

Au magasin d'alimentation
Im Lebensmittelgeschäft

Avez-vous ...?	**Haben Sie ...?** *hâbeun zî*
Je voudrais un/une ...	**Ich hätte gern ...** *iҫh hètteu ghèrn*
kilo de pommes	**ein Kilo Äpfel** *aïn kîlo èpfèl*
livre de tomates	**ein Pfund Tomaten** *aïn pfoûnde tomâteun*
cent grammes de fromage	**hundert Gramm Käse** *houndèrt gram kè:zeu*
litre de lait	**einen Liter Milch** *aïneun lîtèr milҫh*
demi-douzaine d'œufs	**ein halbes Dutzend Eier** *aïn halbèss doutsènt aïèr*
morceau de gâteau	**ein Stück Kuchen** *aïn chtuk koûҫheun*
bouteille de vin	**eine Flasche Wein** *aïneu flacheu vaïn*
boîte de coca	**eine Dose Cola** *aïneu dôzeu kôla*
brique de lait	**eine Tüte Milch** *aïneu tu:teu milҫh*
pot de confiture	**ein Glas Marmelade** *aïn glâss marmeulâdeu*
paquet de chips	**eine Packung Chips** *aïneu pakkoung tchîps*
tube de moutarde	**eine Tube Senf** *aïneu toûbeu zènf*
Je voudrais de ça/ceci.	**Ich hätte gern etwas davon.** *iҫh hètteu ghèrn ètvass dafon*
C'est tout, merci.	**Danke, das ist alles.** *dannnkeu dass ist allèss*

– Ich hätte gern ein Pfund von dem Käse, bitte.
(Je voudrais un livre de ce fromage, s.v.p.)
– Diesen hier? (Celui-ci?)
– Ja, den Emmentaler, bitte. (Oui, l'Emmental, s.v.p.)
– Selbstverständlich … Sonst noch etwas?
(Très bien … et avec ça?)
– Und vier Stücke Apfelstrudel, bitte.
(Et quatre parts d'Apfelstrudel, s.v.p.)
– Bitte schön. (Voilà.)

Provisions / Pique-nique Proviant/Picknick

bière	**Bier** *bîr*
beurre	**Butter** *bouttèr*
biscuits	**Kekse** *kékseu*
boissons gazeuses	**Erfrischungsgetränk** *èrfrichoungzgétrènk*
bonbons	**Süßigkeiten** *zu:ssiçhkaïteun*
café soluble	**Pulverkaffee** *poulfèrkaffé:*
chips	**Chips** *tchîps*
confiture	**Marmelade** *marmeulâdeu*
frites	**Pommes frites** *pom frit*
fromage	**Käse** *kè:zeu*
glace	**Eis** *aïss*
lait	**Milch** *milçh*
margarine	**Margarine** *margarîneu*
moutarde	**Senf** *zeunf*
œufs	**Eier** *aïèr*
oranges	**Orangen** *orranngeun*
pain	**Brot** *brôt*
petits pains	**Brötchen** *breûtçheun*
pommes	**Äpfel** *èpfèl*
raisin	**Weintrauben** *vaïntraoubeun*
sachets de thé	**Teebeutel** *té:boïtel*
saucisses	**Würstchen** *vurstçheun*
sucre	**Zucker** *tsoukkèr*
vin	**Wein** *vaïn*
yaourt	**Jogurt** *yôgoûrt*

Urgences/Santé

Police Polizei

Tout crime, vol, accident ou objet perdu doit être signalé au service de police le plus proche (**Polizei**). Pour contacter la police en cas d'urgence, composez le ☎ 110 en Allemagne, ☎ 133 en Autriche, ☎ 117 en Suisse.

Où est le commissariat le plus proche?	**Wo ist die nächste Polizeiwache?** *vô ist dî nè:çhsteu pollitsaïvaçheu*
Est-ce qu'il y a quelqu'un ici qui parle français?	**Spricht hier jemand Französich?** *chpriçht hîr yémannt franntseûzich*
Je veux signaler …	**Ich möchte … melden.** *içh meuçhteu … mèldeun*
un accident	**einen Unfall** *aïneun ounfall*
une attaque	**einen Überfall** *aïneun u:bèrfall*
une agression/un viol	**einen Straßenraub/eine Vergewaltigung** *aïneun chtrâsseunraoup/aïneu fèrghévaltigoung*
Mon enfant a disparu.	**Mein Kind ist verschwunden.** *maïn kinnt ist fèrchvoundeun*
Voilà sa photo.	**Hier ist ein Foto von ihm/ihr.** *hîr ist aïn fôto fon îm/îr*
Il me faut un avocat qui parle français.	**Ich brauche einen Französisch sprechenden Anwalt.** *içh braouçheu aïneun franntseûzich chprèçhèndeun annvalt*
Je dois téléphoner.	**Ich muss telefonieren.** *içh mouss téléfonnîreun*
Je dois contacter le consulat …	**Ich muss mich mit dem … Konsulat in Verbindung setzen.** *içh mouss miçh mit dé:m … konnsoulât inn fèrbinndoung zétseun*
français/belge/suisse/canadien	**französischen/belgischen/schweizerischen/kanadischen** *franntseûzicheun/bèlghicheun/chvaïtseuricheun/kannâdicheun*

Pertes/Vol Fundsachen/Diebstahl

Je veux signaler un vol/cambriolage.	**Ich möchte einen Diebstahl/Einbruch melden.** *iҫh meuҫhteu aïneun dîpchtâl/aïnbrouҫh mèldeun*
J'ai été volé/agressé.	**Ich bin bestohlen worden/auf der Straße überfallen worden.** *iҫh binn béchtôleun vordeun/aouf dèr chtrâsseu ubèrfalleun vordeun*
J'ai perdu mon/ma/mes …	**Ich habe … verloren.** *iҫh hâbeu … fèrlôreun*
On m'a volé mon/ma/mes …	**Jemand hat … gestohlen.** *yémannt hat … ghéchtôleun*
vélo	**mein Fahrrad** *maïn fârât*
appareil photo	**meine Kamera** *maïneu kammèrâ*
voiture (de location)	**meinen (Miet)wagen** *maïneun (mît)vâgeun*
cartes de crédit	**meine Kreditkarten** *maïneu kréditkarteun*
sac à main	**meine Handtasche** *maïneu hannt-tacheu*
argent	**mein Geld** *maïn ghèlt*
passeport	**meinen Reisepass** *maïneun raïzèpass*
porte-monnaie	**mein Portmonee** *portemonné:*
billet	**meine Fahrkarte** *maïneu fârkarteu*
portefeuille	**meinen Geldbeutel** *maïneun gèltboïtel*
montre	**meine Uhr** *maïneu oûr*
Que dois-je faire?	**Was soll ich tun?** *vass zoll iҫh toûn*
Il me faut un certificat de police pour mon assurance.	**Ich brauche eine polizeiliche Bescheinigung für meine Versicherung.** *iҫh braouҫheu aïneu pollitsaïliҫheu béchaïnigoung fur maïneu fèrziҫhèroung*

Was fehlt?	Qu'est-ce qui (vous) manque?
Wann ist es passiert?	Quand cela s'est-il passé?
Wo wohnen Sie?	Où logez-vous?
Wo ist es gestohlen worden?	Où a-t-il/elle été volé(e)?
Wo waren Sie zu der Zeit?	Où étiez-vous à ce moment-là?
Wir besorgen Ihnen einen Dolmetscher.	Nous allons vous procurer un interprète.
Wir werden die Sache verfolgen.	Nous allons faire une enquête.
Füllen Sie bitte dieses Formular aus.	Remplissez ce formulaire, s.v.p.

Médecin / Généralités
Arzt/Allgemeines

En Allemagne, les citoyens de l'UE munis d'un formulaire E111 bénéficient gratuitement de traitements médicaux. Toutefois, il est toujours préférable de souscrire une assurance voyage. La Suisse ne fait pas partie de l'Union européenne et les soins de santé y sont très coûteux.

Les médecins allemands sont généralement classés selon leur spécialité. Pour un médecin généraliste, cherchez un **praktischer Arzt**. En cas d'urgence, appelez la Croix Rouge (**Rotes Kreuz**) ou le service médical d'urgence (**Ärztlicher Notfalldienst**), qui vous fournira une liste des médecins (consultez l'annuaire pour obtenir le numéro).

Où est-ce que je peux trouver un médecin / dentiste?	**Wo finde ich einen Arzt/Zahnarzt?** *vô finndeu içh aïneun ârtst/tsânârtst*
Où y a-t-il un médecin qui parle français?	**Wo gibt es einen Arzt, der Französisch spricht?** *vô gipt ess aïneun ârtst dèr franntseûzich chpriçht*
Où est le cabinet médical?	**Wo ist die Arztpraxis?** *vô ist dî ârtstpraksiss*
Quelles sont les heures de consultation au cabinet?	**Wann ist Sprechstunde?** *vann ist chprèçh-chtoundeu*
Est-ce que le médecin pourrait venir me voir?	**Könnte der Arzt mich hier besuchen?** *keunnteu dèr ârtst miçh hîr bezoûçheun*
Est-ce que je peux prendre rendez-vous pour …?	**Kann ich … einen Termin bekommen?** *kann içh … aïneun tèrmîn békommeun*
aujourd'hui / demain	**heute/morgen** *hoïteu/morgeun*
Mon / Ma … est blessé(e).	**… ist verletzt.** *ist fèrlètst*
mari / femme	**Mein Mann/meine Frau** *maïn mann/maïneu fraou*
fils / fille	**Mein Sohn/meine Tochter** *maïn zôn/maïneu toçhtèr*
ami / amie	**Mein Freund/meine Freundin** *maïn froïnt/maïneu froïndinn*
bébé	**Mein Baby** *maïn béibi*
Il / Elle est …	**Er/Sie …** *èr/zî*
sans connaissance	**ist bewusstlos** *ist bévousstlôss*
(gravement) blessé(e)	**ist (schwer) verletzt** *ist (chvé:r) fèrlètst*
Il / Elle saigne (beaucoup).	**Er/Sie blutet (schwer).** *èr/zî bloûtèt (chvé:r)*
J'ai mal au …	**Mein/Meine … tut weh.** *maïn/maïneu … toût vé:*

HEURES ➤ 220; DATE ➤ 218

Symptômes Symptome

Je suis malade depuis … jours.	**Ich fühle mich seit … Tagen nicht wohl.** *içh fu:leu miçh zaït … tâgheun niçht vôl*
Je vais m'évanouir.	**Mir ist schwindelig** *mîr ist chvinndlliçh*
J'ai de la fièvre.	**Ich habe Fieber/Schüttelfrost.** *içh hâbeu fîbèr/chuttèlfrost*
J'ai vomi.	**Ich habe mich übergeben.** *içh hâbeu miçh ubèrghé:beun*
J'ai la diarrhée.	**Ich habe Durchfall.** *içh hâbeu doûrçhfal*
J'ai mal ici.	**Es tut hier weh.** *èss toût hîr vé:*
J'ai (un/une/des) …	**Ich habe …** *içh hâbeu*
mal au dos	**Rückenschmerzen** *rukeunchmèrtseun*
rhume	**eine Erkältung** *aïneu èrkèltoung*
crampes	**Krämpfe** *krèmpfeu*
mal à l'oreille	**Ohrenschmerzen** *ôreunchmèrtseun*
mal à la tête	**Kopfschmerzen** *kopfchmèrtseun*
mal à la gorge	**Halsschmerzen** *hals-chmèrtseun*
torticolis	**einen steifen Nacken** *aïneun staïfeun nakeun*
mal à l'estomac	**Magenschmerzen** *mâgeunchmèrtseun*
insolation	**einen Sonnenstich** *aïneun zonneunchtiçh*

Problèmes médicaux Gesundheitszustand

Je suis …	**Ich bin …** *içh binn*
sourd	**taub** *taoup*
diabétique	**Diabetiker** *dîabé:tikèr*
épileptique	**Epileptiker** *épilèptikèr*
handicapé(e)	**behindert** *béhinndèrt*
enceinte (de … mois)	**(im … Monat) schwanger** *(imm … mônat) chvanngèr*
J'ai de l'arthrite/l'asthme.	**Ich habe Arthritis/Asthma.** *içh hâbeu ârtrîtiss/astma*
Je souffre du cœur.	**Ich habe ein Herzleiden.** *içh hâbeu aïn hèrtslaïdeun*
J'ai eu une crise cardiaque il y a … ans.	**Ich hatte vor … Jahren einen Herzanfall.** *içh hatteu fôr … yâreun aïneun hèrtsannfal*

PARTIES DU CORPS ➤ 167

Questions du docteur Fragen des Arztes

Wie lange fühlen Sie sich schon so?	Depuis combien de temps vous sentez-vous comme ça?
Haben Sie das zum ersten Mal?	Est-ce que c'est la première fois que vous avez ça?
Nehmen Sie noch andere Medikamente?	Est-ce que vous prenez d'autres médicaments?
Sind Sie gegen irgendetwas allergisch?	Est-ce que vous êtes allergique à quelque chose?
Sind Sie gegen Wundstarrkrampf geimpft?	Est-ce que vous avez été vacciné(e) contre le tétanos?

Examen (médical) Untersuchung

Ich werde Ihre Temperatur/Ihren Blutdruck messen.	Je vais prendre votre température / tension.
Bitte streifen Sie den Ärmel hoch.	Remontez votre manche, s.v.p.
Bitte machen Sie den Oberkörper frei.	Déshabillez-vous jusqu'à la ceinture, s.v.p.
Machen Sie den Mund auf.	Ouvrez la bouche.
Atmen Sie tief durch.	Respirez profondément..
Husten Sie, bitte.	Toussez, s.v.p.
Wo tut es weh?	Où est-ce que vous avez mal?

Diagnostic Diagnose

Sie müssen geröntgt werden.	Il faut vous faire une radio.
Ich brauche eine Blutprobe/ Stuhlprobe/Urinprobe von Ihnen.	J'ai besoin d'une prise de sang / d'un examen des selles / d'une analyse d'urine.
Ich überweise Sie an einen Facharzt.	Je veux que vous alliez voir un spécialiste.
Ich überweise Sie ins Krankenhaus.	Je veux vous hospitaliser.
Sie haben ...	Vous avez ...
gebrochen/verstaucht	cassé / foulé
verrenkt/gerissen	disloqué / déchiré

Traitement Behandlung

Ich gebe Ihnen …	Je vais vous donner …
ein Antiseptikum	un antiseptique
ein Schmerzmittel	un analgésique
Ich verschreibe Ihnen …	Je vais vous prescrire …
Antibiotika	des antibiotiques
Zäpfchen	des suppositoires
Sind Sie gegen bestimmte Medikamente allergisch?	Est-ce que vous êtes allergique à certains médicaments?
Nehmen Sie … Tabletten/Teelöffel alle … Stunden.	Prenez … comprimés/ cuillère à café toutes les … heures.
Gehen Sie zum Arzt, wenn Sie wieder zu Hause sind.	Consultez un médecin à votre retour.

Parties du corps Körperteile

amygdales	**die Mandeln** *dî manndèln*
appendice	**der Blinddarm** *dèr blinntdarm*
articulation	**das Gelenk** *dass ghélènk*
côte	**die Rippe** *dî rippeu*
cou	**der Hals** *dèr hals*
cœur	**das Herz** *dass hèrts*
dos	**der Rücken** *dèr rukeun*
épaule	**die Schulter** *dî choultèr*
estomac	**der Magen** *dèr mâgheun*
foie	**die Leber** *dî lé:bèr*
glande	**die Drüse** *dî dru:zeu*
gorge	**der Hals** *dèr hals*
langue	**die Zunge** *dî tsoungheu*
mâchoire	**der Kiefer** *dèr kîfèr*
main	**die Hand** *dî hannt*
muscle	**der Muskel** *dèr mousskel*
orteil	**die Zehe** *dî tsé:heu*
os	**der Knochen** *dèr knoçheun*
peau	**die Haut** *dî haout*
poitrine	**der Brustkorb** *dèr broustkorp*
rein	**die Niere** *dî nîreu*
tête	**der Kopf** *dèr kopf*
vessie	**die Blase** *dî blâzeu*

Gynécologue Frauenarzt

J'ai …	**Ich habe …** *içh hâbeu*
des douleurs abdominales	**Unterleibsschmerzen** *ountèrlaïbs-chmèrtseun*
des règles douloureuses	**Menstruationsbeschwerden** *mennstrouatsiôns-béchvé:rdeun*
une infection vaginale	**eine Scheidenentzündung** *aïneu chaïdeun-èntsunndoung*
Je n'ai pas eu mes règles depuis … mois.	**Ich habe seit … Monaten meine Periode nicht mehr gehabt.** *içh hâbeu zaït … mônateun maïneu pèriôdeu niçht mé:r ghéhapt*
Je prends la pilule.	**Ich nehme die Pille.** *içh né:meu dî pilleu*

Hôpital Krankenhaus

Prévenez ma famille, s.v.p.	**Benachrichtigen Sie bitte meine Familie.** *bénâçhriçhtiggeun zî bitteu maïneu fammîliè*
J'ai mal./Je souffre.	**Ich habe Schmerzen.** *içh hâbeu chmèrtseun*
Je ne peux pas manger/dormir.	**Ich kann nicht essen/schlafen.** *içh kann niçht èsseun/chlâfeun*
Quand est-ce que le docteur passera?	**Wann kommt der Arzt?** *vann kommt dèr ârtst*
Dans quelle chambre est …?	**Auf welcher Station liegt …?** *aouf vèlçhèr chtatsiôn lîgt*
Je viens voir …	**Ich besuche …** *içh bézoûçheu*

Opticien Optiker

Je suis myope/hypermétrope.	**Ich bin kurzsichtig/weitsichtig.** *içh binn kourts-ziçhtiçh/vaït-ziçhtiçh*
J'ai perdu …	**Ich habe … verloren.** *içh hâbeu … fèrlôreun*
une de mes lentilles de contact	**eine meiner Kontaktlinsen** *aïneu maïnèr konntaktlinnzeun*
mes lunettes	**meine Brille** *maïneu brilleu*
un verre	**ein Brillenglas** *aïn brilleunglâss*
Pourriez-vous me le/la changer?	**Können Sie es ersetzen?** *keunneun zî èss èrzétseun*

Dentiste Zahnarzt

Si vous devez consulter un dentiste, vous devrez probablement régler les honoraires immédiatement; conservez tous vos reçus pour le remboursement. Les citoyens de l'Union européenne doivent se procurer le formulaire E111 avant de quitter leur pays.

J'ai mal aux dents.	**Ich habe Zahnschmerzen.** *içh hâbeu tsânchmèrtseun*
Cette dent me fait mal.	**Dieser Zahn tut weh.** *dîzèr tsân toût vé:*
J'ai perdu une dent/ une couronne.	**Mir ist ein Zahn/eine Krone abgebrochen.** *mîr ist aïn tsân/aïneu krôneu apgebroçheun*
J'ai perdu un plombage.	**Ich habe eine Füllung verloren.** *içh hâbeu aïneu fulloung fèrlôreun*
Est-ce que vous pouvez réparer ce dentier?	**Können Sie dieses Gebiss reparieren?** *keunneun zî dîzèss ghébiss réparîreun*
Je ne veux pas que vous me l'arrachiez.	**Ich möchte ihn nicht ziehen lassen.** *içh meuçhteu în niçht tsîheun lasseun*

Ich gebe Ihnen eine Spritze/eine örtliche Betäubung.	Je vais vous faire une piqûre/ une anesthésie locale.
Sie brauchen eine Füllung/Krone.	Il faut vous faire un plombage/ vous mettre une couronne.
Ich muss ihn ziehen.	Je dois l'arracher.
Ich kann es nur provisorisch behandeln.	Je ne peux vous donner qu'un traitement provisoire.

Paiement/Assurance Bezahlung/Versicherung

Combien je vous dois?	**Wie viel bin ich Ihnen schuldig?** *vî fîl binn içh îneun chouldiçh*
J'ai une assurance.	**Ich bin versichert.** *içh binn fèrziçhèrt*
Puis-je avoir un reçu pour mon assurance maladie?	**Kann ich eine Quittung für meine Krankenkasse haben?** *kann içh aïneu kvittoung fur maïneu krannkeunkasseu hâbeun*
Pourriez-vous remplir cette feuille d'assurance maladie, s.v.p.?	**Würden Sie bitte dieses Krankenkassen-formular ausfüllen?** *vurdeun zî bitteu dîzèss krannkeunkasseun-formoulâr aousfulleun*
Avez-vous le formulaire E111?	**Haben Sie das Formular E-HunderteIf?** *hâbeun zî dass formoulâr é:-houndeurtèlf*

Lexique
Français–Allemand

A-Z

Vous retrouverez la plupart des termes de ce lexique dans les pages où le mot apparaît dans une expression entière. Les notes ci-dessous vous donneront un aperçu supplémentaire de quelques règles principales de la grammaire allemande.

Noms et adjectifs

En allemand, les noms s'écrivent toujours avec une majuscule. Ils peuvent être masculins (*m*), féminins (*f*), ou neutres (*n*) et l'article qui les précède permet de les classer facilement. Les règles qui gouvernent la formation du pluriel sont assez complexes.
La terminaison des articles, des noms et des adjectifs qualificatifs allemands varie selon leur fonction dans la phrase. Les tableaux ci-dessous donnent la déclinaison de ces trois parties du langage.

	masc. sing.	*masc. plur.*
sujet	**der reiche Mann**	**die reichen Männer**
cpl. obj. direct	**den reichen Mann**	**die reichen Männer**
cpl. de nom	**des reichen Mannes**	**der reichen Männer**
cpl. obj. indirect	**dem reichen Mann**	**den reichen Männern**
	fém. sing.	*fém. plur.*
sujet	**die schöne Frau**	**die schönen Frauen**
cpl. obj. direct	**die schöne Frau**	**die schönen Frauen**
cpl. de nom	**der schönen Frau**	**der schönen Frauen**
cpl. obj. indirect	**der schönen Frau**	**den schönen Frauen**
	neutre sing.	*neutre plur.*
sujet	**das kleine Kind**	**die kleinen Kinder**
cpl. obj. direct	**das kleine Kind**	**die kleinen Kinder**
cpl. de nom	**des kleinen Kindes**	**der kleinen Kinder**
cpl. obj. indirect	**dem kleinen Kind**	**den kleinen Kindern**

Verbes

Vous trouverez ci-dessous l'infinitif et le présent de l'indicatif des deux auxiliaires (**sein** et **haben**) ainsi que d'un verbe régulier (faible) (**lieben**):

	sein *(être)*	**haben** *(avoir)*	**lieben** *(aimer)*
ich *(je)*	**bin** *(suis)*	**habe**	**liebe**
du *(tu)*	**bist** *(es)*	**hast**	**liebst**
er/sie/es/man *(il/elle/on)*	**ist** *(est)*	**hat**	**liebt**
wir *(nous)*	**sind** *(sommes)*	**haben**	**lieben**
ihr *(vous)*	**seid** *(êtes)*	**habt**	**liebt**
sie *(ils/elles)*	**sind** *(sont)*	**haben**	**lieben**
Sie *(vous polit.)*	**sind** *(êtes)*	**haben**	**lieben**

A-Z

A

à an, nach, zu; *(+ heure)* um 13; **à 2 km de ...** zwei Km von ... entfernt 88; **c'est à moi** *(appartenir)* das gehört mir
à l'avance im Voraus f 21
à l'étranger im Ausland f
à l'extérieur draußen
à personne niemandem 16
à qui est-ce? wem gehört das? 16
abbaye Abtei f 99
abîmé beschädigt 28, 71
absurde: c'est absurde Unsinn 19
accélérateur Gaspedal n 91
accepter annehmen 125
accessible zugänglich 100; **est-ce accessible aux handicapés?** ist es für Behinderte zugänglich?
acceuil Empfang m
accident Verkehrsunfall m 92; Unfall m 161
accompagnements Beilagen fpl 38
accompagner begleiten 65
acheter kaufen
acide sauer 41
acier inoxydable Edelstahl m 150
acteur/actrice Schauspieler(in) m/f
addition: l'addition, s.v.p! die Rechung, bitte! 42
adorer: j'adore ... ... gefällt mir sehr gut 119
adresse Adresse f 84, 126, 139; Anschrift f 93
adultes Erwachsene pl 81, 100
aéroport Flughafen m 78, 84, 96
affaires Sachen fpl 27; **pour affaires** geschäftlich 66
âge: quel âge...? wie alt ...? 113
agence de voyage Reisebüro n 26
agent immobilier Immobilienmakler m
agrandir vergrößern 152
agréable freundlich; nett 14
agressé überfallen 162
agression Straßenraub m 161
aide Hilfe f 94
aider helfen 92; **pouvez-vous m'aider** können Sie mir helfen? 92, 224
aimable freundlich
aimer lieben; **aimez-vous...?** mögen Sie ...? 125; **j'aimerais** ich hätte gern; **je t'aime** ich liebe dich
alarme d'incendie Feuermelder m
alcool Alkohol m
aliments pour bébé Babynahrung f 143
allaiter füttern 39
allée Gang m 74; **allée** *(supermarché)* Reihe f 157
Allemagne Deutschland 119; **en ~** in Deutschland 12
allemand Deutsch 126
aller gehen 12, 18; **~** *(en voiture)* fahren 83 **~ faire les courses** einkaufen gehen; **pour ~ à ...?** wie komme ich nach ...? 94; **~-retour** *(avion)* Rückflugticket n 68; **~-retour** Rückfahrkarte f 74, 81; **~-retour** einmal nach... und zurück 79; **~-simple** einfache Fahrkarte f 74; **~-simple** einfache Fahrt f 79; **~-simple** *(avion)* einfaches Flugticket n 68; **allez-vous en!** gehen Sie weg! **allons-nous en!** gehen wir!
aller *(vêtements)* passen 147
allergie Allergie f
allergique allergisch 166; **être ~ à quelque chose** gegen irgendetwas allergisch sein 165
alliance Ehering m

allumer *(chauffage)* anmachen 25
allumettes Streichhölzer pl 31, 151
alors dann 13
alternateur Lichtmaschine f 91
ambassade Botschaft n
ambassadeur Botschafter(in) m/f
ambulance Krankenwagen m 92
amende Bußgeld n 93
amener *(un ami)* mitbringen 125; ~ *(déposer)* abliefern 113
amer bitter 41
ami(e) Freund(in) m 120, 163
amortisseurs Stoßdämpfer mpl 91
ample weit 147
ampoule *(corps)* Blase f 141
ampoule *(électrique)* Glühbirne f 82, 149
amusant: c'est ~ es macht Spaß 101
amuser, s' Spaß m haben
amygdales Mandeln fpl 166
an Jahr n
analgésique Schmerzmittel n 142, 166
analyse d'urine Urinprobe f 165
anesthésie Anästhesie f; **~ locale** örtliche Betäubung f 168
angine Mandelentzündung f
animal Tier n 106
année Jahr n 218
annuaire Telefonbuch n
annuler stornieren 68
antibiotiques Antibiotika npl 166
antiquaire Antiquitätengeschäft n 130
antiquités Antiquitäten fpl 156
antiseptique Antiseptikum n 166
antivol Schloss m 82
août August m 218
aphte Aphthe f
appareil de surdité Hörapparat m
appareil photo Kamera f 152, 162
appartement (de vacances) Ferienwohnung f 28, 123
appel téléphonique Anruf m 32
appeler *(téléphone)* anrufen 127
appeler, s' heißen 120; **je m'appelle ...** ich heiße ...; mein Name ist ... 22
appendice Blinddarm m 166
apprendre lernen
après nach 95
après-midi Nachmittag m; **l'après-midi** nachmittags 220
après-shampooing Spülung f 143
arbre Baum m 106; **~ à cames** Nockenwelle f 91
architect Architekt(in) m/f
argent *(monnaie)* Geld n 42, 136, 162; ~ *(métal)* Silber n 150
arracher *(dent)* ziehen 168
arrêt Haltestelle f 79; **~ d'autobus** Bushaltestelle f 65, 96 **~ de bus** Bushaltestelle f 78
arrêter, s' anhalten 98
arrhes Anzahlung f 24; Kaution f 32, 83
arrivée Ankunft f 66, 69, 70
arriver: comment arrivez-vous? wie kommen Sie hierher? 17; **quand est-ce que ... arrivera?** wann kommt ... an? 65; **quand est-ce que nous arriverons à ...?** wann kommen wir in ... an? 77
art Kunst f
arthrite Arthritis f 164
articles de toilette Toilettenartikel mpl 143, 157
articulation Gelenk n 166

A-Z

B

batterie Batterie f 88, 91
bavoir Lätzchen n
beau schön 14, 101
beaucoup viel 15; **~ plus** viel mehr 15
bébé Baby n 143, 163
beige beige 144
belge belgisch 161
Belgique Belgien n 119
béquille *(moto)* Ständer m 82; Krücken fpl
besoin: j'ai besoin ich brauche
bêtises Quatsch 19
beurre Butter f 38, 43, 160
biberon Fläschchen n 39; Schoppen m
bibliothèque Bibliothek f 131
bicyclette Fahrrad n 83
bidet Bidet n
bidon à eau Wasserkanister m 31
bidon d'eau Wasserflasche f 82
bien sûr natürlich 19
bientôt bald 13; **à ~** bis bald 126
bienvenue à ... willkommen in ...
bière Bier n 40, 49, 168
bigoudis Lockenwickler mpl
bijouterie Juwelier m 131
bijoutier Juwelier m 150
billet *(bus/tram)* Fahrschein m 79; **~ d'avion** Flugticket n 68; **~ d'entrée** Eintrittskarte f 100, 109; **~** *(transport)* Fahrkarte f 65, 74, 75, 162; **~ pour la journée** Tageskarte f
biscuits Kekse pl 160
bizarre merkwürdig 101
blaireau (à raser) Rasierpinsel m
blanc weiß 144
blessé *(adj.)* verletzt 92, 163; **il y a des ~** es gibt Verletzte 92
blessure Verletzung f 92; Wunde f 141
bleu blau 144
bleu *(ecchymose)* Quetschung f 141
blouson imperméable Regenjacke f 146
boire trinken
bois Wald m 107
bois de chauffage Feuerholz n
boisson Getränk n 41, 49, 51; **~ non alcoolisée** Erfrischungsgetränk n 110; **~ gazeuse** Erfrischungsgetränk n 160
boîte Schachtel f 110; Dose f 159; **~ à fusibles** Sicherungskasten m 28; **~ aux lettres** Briefkasten m 153; **~ de chocolats** Schachtel Pralinen 155; **~ de nuit** Nachtlokal n; **~ de vitesses** Getriebe n 91
bon gut 14; ~ **anniversaire!** Herzlichen Glückwunsch zum Geburtstag! 219; **~ appétit!** Guten Appetit! m 37; **~ marché** billig 14, 35; preiswert 134, **~ voyage!** Gute Reise! 219
bonbons Süßigkeiten f 151
bonjour guten Tag m 224; **~** *(le matin)* guten Morgen m 10, 224
bonjour! hallo! 10
Bonne Année! Ein Glückliches Neues Jahr! 219; **~ chance!** Viel Glück! Alles Gute! 219; **~ nuit** gute Nacht f 10
bonsoir guten Abend m 10, 224
bosse Knoten m 141
bottes Stiefel mpl 146
bouche Mund m 165
bouché verstopft 25
boucher Fleischerei f; Metzgerei f 130

C

A-Z

A-Z

content: je ne suis pas content du service ich bin mit dem Service nicht zufrieden
contraceptif Verhütungsmittel n
contre gegen
contusion Quetschung f
convenir à sich eignen für …
copain/copine Freund/Freundin 120
copie Kopie f
coque: œuf à la ~ gekochtes Ei n 43
corde Seil n
corps Körper m
correct richtig
correspondance Anschluss m 76
costume Anzug m 145
côte *(mer)* Küste f
côte *(partie du corps)* Rippe f 166
côte à côte nebeneinander 22
côté: à côté de neben 95
coton Baumwolle f 146
coton (hydophile) Watte f 142
cou Hals m 166
couche *(pour bébé)* Windel f 143
couchette Schlafplatz m 77
couleur Farbe f 134; **~ (pellicule)** Farbfilm m 152
coup d'œil: je jette juste un ~ ich schaue mich nur um
coupe de cheveux Haarschnitt m; **~ et brushing** schneiden und fönen 148
coupure Schnittwunde f 141; **~ de courante** Stromausfall m
cœur Herz n 166
cour de récréation Spielplatz m 113
courant Durchzug m
couronne *(dentaire)* Krone f 168
courrier Post f 27, 153; **~ en recommandé** eingeschrieben
courroie de ventilateur Keilriemen m 91
cours de langue Sprachkurs m
course *(de chevaux)* Rennen n; **aller faire des ~s** einkaufen gehen 124
court kurz 147, 148
cousin(ine) Cousin(ine) m/f
couteau Messer n 39, 149
coûter kosten 84
couverts Besteck n 29, 149
couverture Decke f 27
crampes Krämpfe pl 164
crèche Kinderkrippe f
crédit Kredit m
crème creme f; **~ à raser** Rasierschaum m; **~ antiseptique** Wundsalbe f 142; **~ solaire** Sonnencreme f 143
crevaison Platten m 88
crevé: le pneu est crevé der Reifen hat einen Platten m 83
crise cardiaque Herzanfall m 164
cristal Kristall n 150
croire glauben
croisière Kreuzfahrt f; **~ sur rivière** Flussfahrt f 81
croix *(crucifix)* Kreuz n
cuillère Löffel m 39, 149
cuillère à café Teelöffel m 140, 149, 166
cuir Leder m 146
cuisine Küche f 29, 119
cuisinier(ère) Koch m Köchin f
cuisinière *(appareil)* Herd m 28, 29
cuisse Schenkel m; Oberschenkel m 166
cuivre Kupfer n 150
culte Gottesdienst m 105

cure-pipe Pfeifenreiniger mpl
cyclisme Radfahren n 114

D

d'accord in Ordnung f 10; **je suis ~!** Einverstanden!
d'occasion gebraucht
dames Damen fpl
dangereux gefährlich
dans in 12; **~ ... jours** in ... Tagen mpl 89; **~ ... minutes** in ... Minuten fpl 13
danse Tanz m 111; **~ contemporaine** moderne Tanz m 111
danser tanzen 111; **aller ~** tanzen gehen 124
date Datum n; **~ de naissance** Geburtsdatum n 23
date d'expiration: quelle est la ~ de votre ...? bis wann ist Ihre ... gültig? 109
de ... à... von... bis... 13, 221
de temps en temps ab und zu
débutant(e) Anfänger(in) m / f 117
décalage horaire: je souffre du ~ der Zeitunterschied macht mir zu schaffen
décembre Dezember m 218
déchiré verstaucht 165; zerrissen
décision Entscheidung f 24, 135
déclaration de douane Zollerklärung f 154
déclarer *(marchandises)* verzollen 67
décliner ablehnen 125
décoller starten
décongeler auftauen
dedans darin 37
défaut: il y a un défaut das ist kaputt
dégoûtant scheußlich 14
degrés *(temperature)* Grad n
déjeuner Mittagessen n 13, 34, 98, 124
délicieux köstlich 14
demain morgen 13, 84, 89, 122, 218
demande d'indemnité Versicherungs-anspruch m
démarrer *(voiture)* anspringen 88; **ma voiture ne veut pas ~** mein Auto springt nicht an 88
démarreur Anlasser m 91
demi halb; **~ heure** halbe Stunde f 217; **~ kilo** halbes Kilo n; **une ~-douzaine de** ein halbes Dutzend n 159; **~-pension** Halbpension f 24
démodé altmodisch 14
dent Zahn m 168
dentelle Spitze f 146
dentier Gebiss n 168
dentifrice Zahnpasta f 143
dentiste Zahnarzt m 131, 163, 168
dépanneuse Abschleppwagen m 88
départ Abreise f 32
départ *(avion)* Abflug m 69
dépenser ausgeben
déplacer bewegen 92; **ne le déplacez pas** bewegen Sie ihn nicht
dépliant Prospekt m
déposer absetzen 83
déranger stören 77, 126; **ne pas ~** bitte nicht stören
dernier letzte 14, 75, 218;
derrière hinter 95; hinten 148
dés Würfel mpl
désagréable unfreundlich 14
descendre *(du bus/du train)* aussteigen 79
désolé! Entschuldigung! Verzeihung! f 10; **je suis ~** es tut mir leid
dessert Nachtisch m 48

A-Z

dessus: sur le dessus oben 148
destination Reiseziel n
détails Details npl
détergent Waschmittel n
deux zwei 15, 216; **~ cents** zweihundert 217; **~ fois** zweimal 76, 217
deuxième zweite 217
devant vor 12; vorne 148
devises *(étrangères)* Devisen fpl 138
devoir müssen 18; **je dois** ich muss
diabète Diabetes m
diabétique *(personne)* Diabetiker m 39, 140, 164
diamant Diamant m 150
diarrhée Durchfall m 142, 164
dictionnaire Wörterbuch n 151
diesel Diesel m
difficile schwer 14
difficile *(physiquement)* anstrengend 106
dimanche Sonntag m 218
dîner Abendessen n 34, 124; Abendbrot n 34
dire sagen 11; **comment dites-vous ...?** wie sagt man ...?
direct direkt 75
directeur Director(in) m / f
direction Richtung f; **en ~ de ...** in Richtung ... f 12, 95
disloqué verrenkt 165
disparaître verschwinden; **mon enfant a disparu** mein Kind ist verschwunden 161
disponibilité Erhältlichkeit f 108
disque Schallplatte f 156
distributeur *(voiture)* Verteiler m 91; **~ automatique de billets** Geldautomat m 139
divorcé geschieden 120
dix zehn 216
dix-huit achtzehn 216
dix-neuf neunzehn 216
dix-sept siebzehn 216
docteur Arzt m 92; Ärztin f
doigt Finger m 166
dois: combien je vous ~? wie viel schulde ich?
donner geben 18; **donnez-moi ...** geben Sie mir ...
dormir schlafen 167
dos Rücken m 166
douane Zoll m 67, 156
doublé *(film)* synchronisiert 110
douche Dusche f 21, 26
douleurs abdominales Unterleibsschmerzen mpl 167
douzaine Dutzend n 217
douze zwölf 216
draps Bettlaken npl 28
droite, à rechts 12; auf der rechten Seite f 76; 95
du matin morgens
dur hart 31; zäh 41
durer dauern
durite *(voiture)* Kühlwasserleitung f 91
duvet Federbett n
dynamo Dynamo m 82

E

e-mail E-mail f 150, 154
eau Wasser n 17; **~ de Javel** Bleichmittel n 149; **~ distillée** destilliertes Wasser; **~ minérale** Mineralwasser n 51; **~ potable** Trinkwasser n 30
échanger umtauschen 137
écharpe Halstuch n 145
échecs Schach n 121
échelle Leiter f
écrire aufschreiben 11

édulcorant Süßstoff m 38
effondrer: il s'est effondré er ist zusammengebrochen
également gleich 17
église Kirche f 96, 99, 105
égratignure Schürfwunde f 141
élevé hoch 122
embarquement Einsteigen n 70, 77
embouteillage *(circulation)* Stau m 94; Verkehrsstau m
embrasser küssen 126
embrayage *(moto)* Kupplungshebel m 82
embrayage *(voiture)* Kupplung f 91
emmener bringen 84
emplacement Lage f 95
emplacement (*camping*) Platz m; Stelle f 31
emporter mitnehmen 40
emprunter: est-ce que je peux ~ votre …? darf ich Ihr/Ihre/Ihren … leihen?
en in 12
encaisser einlösen 138
enceinte schwanger **~ de … mois** im … Monat schwanger 164
enchanté sehr angenehm 118
encore noch 41; **pas ~** noch nicht
enfant Kind n 74
enfants Kinder n pl 22, 81, 100, 113, 120
enfin! endlich! 19
enflure Schwellung f 141
enjoliveur *(voiture)* Radkappe f 90
ennuyeux langweilig 101
enregistrement Einchecken n 68
enregistrer einschreiben 69
ensemble: vivre ~ zusammen leben 120
ensoleillé sonnig 31
ensuite dann 13
entendre hören
entier *(sans croquer)* ganz 140
entièrement ganz 17
entrée *(coût)* Eintritt m 100; **entrée** Eingang m 132
enveloppe Briefumschlag m 151
environ etwa 15; ungefähr
envoyer schicken 153
épais dick 14
épaule Schulter f 166
épeler buchstabieren 11
épicerie Lebensmittelgeschäft n 130
épilation à la cire Wachsbehandlung f 148
épileptique Epileptiker 140, 164
épingles à linge Wäscheklammern fpl 149; **~ de sûreté** Sicherheitsnadeln fpl
éponge Schwamm m 149
époustouflant atemberaubend 101
épuisé erschöpft 106
épuisé *(article/modèle)* nicht vorrätig 135
équipe Mannschaft f 114
équipement Ausstattung f 22
erreur Fehler m; Irrtum m 41
éruption cutanée Ausschlag m 141
escalier Treppe f 132; **~ roulant** Rolltreppe f 132; **~ de secours** Feuerleiter f
esperer hoffen; **j'espère que …** ich hoffe, dass … 19; hoffentlich
essayer: je peux l'essayer? kann ich das anprobieren? 147
essence Benzin n 87; **~ sans plomb** bleifreies Benzin n
essieu Achse f 82
essuie-glaces Scheibenwischer mpl 90
est Osten; **à l'~** östlich 95

A-Z

estomac Magen m 166
et und 19
étage Stock m 132
étain Zinn n 150
étang Teich m 107
été *(saison)* Sommer m 13, 219
éteindre ausmachen 25
étiquette Etikette f
étrange seltsam 101
étroit eng 14, 147
étudiant Student(in) m/f 74, 100, 121
étudier studieren 121
évanouir: je vais m'évanouir mir ist schwindelig 164
événement *(culturel)* Veranstaltung f 108
examen *(medical)* Untersuchung f
excursion Ausflug m 97, 98; **~ d'une journée** Tagesausflug m
excuse Entschuldigung f 10
excuser: excusez-moi! Verzeihung!; Entschuldigung! 18; Entschuldigen Sie, bitte! 94, 224
exemple: par ~ zum Beispiel n
exprès: je ne l'ai pas fait ~! es war ein Versehen! 10; **en ~** *(lettre)* per Express 154
expression Ausdruck m 11
extérieur: à l'extérieur draußen 12
extincteur Feuerlöscher m
extrêmement äußerst 17

F

face: en face de gegenüber 95
facile einfach 14; leicht 106
facteur Postbote m
facteur *(crème solaire)* Lichtschutzfaktor 143
faim: j'ai faim ich habe Hunger
faire machen; **~ de la randonnée** trampen; **~ du sport** Sport treiben 115; **~ du tourisme** eine Besichtigungstour machen; **~ la cuisine** kochen; **~ une promenade** spazieren gehen 124; **il fait beau** es ist schön 122
falaise Klippe f 107
famille Familie f 66, 74, 120
fantastique großartig 101; fantastisch
fatigué müde
faune et flore Tierwelt f; Fauna f und Flora f
fauteuil roulant Rollstuhl m
faux falsch 14
fax Telefax n 154; Fax m 154
félicitations! Herzlichen Glückwunsch!
femme Frau f 120, 163; **~ au foyer** Hausfrau f 121; **~ d'affaires** Geschäftsfrau f 121; **~ de chambre** Zimmermädchen n 27; **~ de ménage** Putzfrau f 28
fenêtre Fenster n 25, 77
fermé geschlossen 14, 132; **quand est-ce que vous fermez?** wann schließen Sie?
fermer schließen 100, 132, 140
fermeture éclair Reißverschluss m; **~ centrale** Zentralverriegelung f 90
ferry Fähre f 81, 123
fête foraine Festplatz m 113
feu Feuer; **~ arrière** Rücklicht n 82; **au ~!** Feuer! 224; **~ de brouillard** Nebelscheinwerfer m 90; **~ de détresse** Warnlampe f 90; **il y a le ~!** es brennt!
feux Ampel f 12, 95; **~** *(véhicule)* Beleuchtung f 83, 93; **~ de recul** Rückfahrscheinwerfer mpl 91; **~ rouges (des freins)** Bremslichter npl 90

A-Z

genou Knie n 166
gens Leute pl 15
gentil nett
gilet de sauvetage Schwimmveste f
givre Frost m; **il y a du ~** es ist frostig 122
glace Eis n 40, 160; **~ au chocolat** Schokoladeneis n 110
glacier Gletscher m 107
glacière Kühlbox f 31; Kühltasche f
glaçons Eis n 38
glande Drüse f 166
gonflé geschwollen
gorge Schlucht f 107
gorge *(corps)* Hals m 166; Kehle f; **mal de ~** Halsschmerzen mpl 142
grammes Gramm n 159
grand groß 14, 117; **~ lit** Doppelbett n 21
grands-parents Großeltern pl
gras *(cheveux)* fettig
gratuit frei 17; gratis
grave ernst
grec griechisch 35
grill Steakhouse n 35
grillé grilliert
grille-pain Toaster m 29
gris grau 144
gros groß 40
grotte Höhle f 107
groupe Gruppe f 66, 100, 156
groupe sanguin Blutgruppe f
guêpe Wespe f
gueule de bois Kater m 142
guichet Fahrkartenschalter m 73
guide Führer m 98; Reiseführer 100; **~ audio** Audio-Führer m 100; **~ des spectacles** Veranstaltungskalender m; **~-souvenir** Andenkenbildband m 155
guidon Lenker m 82
guitare Gitarre f

H

habiter wohnen 119
habitude: d'habitude immer 122
hall d'entrée Eingangshalle
handicapé behindert 164
handicapés Behinderte pl 22, 100
hasard: par hasard durch Zufall 17
héberger: pouvez-vous m'~ pour la nuit? können Sie mich heute Nacht unterbringen?
hémorroïdes Hämorrhoiden fpl
heure Stunde f 13, 97; **à l'~** pünktlich 76; **à l'~ juste** zur vollen Stunde f 76; **à quelle ~?** wann? 13, 98; **de bonne ~** früh 13; **~ de pointe** Hauptverkehrszeit f; **par ~** pro Stunde f 154; **il est … ~** es ist … Uhr
heures d'ouverture Öffnungszeiten fpl 100; **~ de consultation** Sprechstunden fpl 163; **~ de visite** Besuchszeiten fpl
heureusement glücklicherweise 19
hier gestern 218
hippodrome Pferderennbahn f 114
hiver Winter m 219
homme Mann m; **~ d'affaires** Geschäftsmann f 121
homosexuel *(adj)* homosexuell
hôpital Krankenhaus n 131, 165, 167
horaires *(des trains)* Abfahrtzeiten fpl 75; Fahrplan m

A-Z

jouet Spielzeug n 156
jour Tag m 23, 97
journal Zeitung f 151
journaliste Journalist(in) m/f
journée Tag m 122
jours: tous les ~ täglich 13; **en ... ~** innerhalb von ... Tagen 13
Joyeux Noël! Fröhliche Weihnachten! 219
juif(ve) (*adj*) jüdisch
juillet Juli m 218
juin Juni m 218
jumelles *(de vue)* Feldstecher m
jupe Rock m 145
jus Saft m; **~ de fruit** Fruchtsaft m 51; **~ d'orange** Orangensaft m 43
jusqu'à bis 221
juste richtig 14

K

kilo Kilo n 159
klaxon Hupe f 82, 91

L

là-bas dort 12; dort drüben 76
lac See m 107
lacets Schnürsenkel m
laid hässlich 14, 101
laine Wolle f 146
lait Milch f 43, 51, 160; **au ~** mit Milch 40
lames de rasoir Rasierklingen fpl 143
lampe Lampe f 25; **~ de poche** Taschenlampe f 31
landau Kinderwagen m 113
langue Zunge f 166
laque Haarspray n 143
large weit 14; locker 117
lavabo Waschbecken n 25
lavette Spüllappen m 149
laxatif Abführmittel n
leçon Lektion f; **~ de sport** Stunden fpl 115; **~ de ski** Skiunterricht m 117
lecteur de CD CD-Spieler m
léger leicht 14; leicht 134
légumes Gemüse n 38
lent langsam 14
lentement langsam 11, 17, 94; **plus ~** langsamer 128
lentille (de contact) Kontaktlinse f 167
lequel/laquelle? welcher/welche/welches? 16
lessive Waschpulver n 149
lettres Geisteswissenschaften fpl 121
leur/leurs ihre; ihnen 16
levier de changement de vitesse Schalthebel m 82
levier de vitesse Schaltknüppel m 91
lèvre Lippe f 166
librairie Buchhandlung f 130
libre frei 14, 20, 21, 84, 124
lieu: au ~ de statt
ligne Linie f 78
ligne *(métro)* Linie f 80
limitation de vitesse Geschwindigkeitsbegrenzung f 93
limousine Limousine f
lin Leinen n 146
liqueur Likör m
liquide vaisselle Spülmittel n 149
liquide: en ~ *(monnaie)* bar 136
lire lesen 121
lit Bett n 22; **~ d'enfant** Kinderbett n 22
litre Liter m 87, 159
lits jumeaux Einzelbetten npl 21

M

A-Z

marche: équipement pour la ~ Wanderausrüstung f
marcher *(fonctionner)* funktionieren 25
mardi Dienstag m 218
mari Mann m 163
mariage Hochzeit f
marié verheiratet 120
marionettes *(spectacle)* Puppenspiel n 113
marmite Kochtopf m 31
marron braun 144
mars März m 13, 218
marteau Hammer m 31
mascara Wimperntusche f
mat *(photos)* matt
matelas Matratze f; **~ pneumatique** Luftmatratze f 31
matériel Ausrüstung f 115
matin Morgen m; **demain ~** morgen früh; **le ~** morgens 140; 220
matinée *(représentation)* Nachmittagsvorstellung f 109
mauvais schlecht 14; 126
me mir 16; mich
mécanicien Mechaniker m 88
médecin Arzt m Ärztin f 131, 163
médicaments Medikamente npl 165
meilleur beste
membre *(d'un club etc.)* Mitglied n 88, 112
même: le/la ~ der/die/das Gleiche 144
menu Menü n 37
mer Meer n 107
merci danke 10, 94, 129, 224; **~ beaucoup** Vielen Dank m 10
mercredi Mittwoch m 218
mère Mutter f 120
mes meine
message Nachricht f 27, 154
messe Messe f 105
mesures Maß n
métal Metall n
météo Wetterbericht m 122
métro U-Bahn f 80
mettre: où puis-je ~ ...? wo kann ich ... hintun?
meubles Möbel npl
midi Mittag m 220
miel Honig m 43
mieux besser 14
migraine Migräne f
mille (ein)tausend 217
million Million f 217
mince dünn 14
minuit Mitternacht 13, 220
minute Minute f 221
mirroir Spiegel m
mobylette Moped n 83
moderne modern 14
moi: à ~ mir 16; **c'est à moi** *(mon tour)* ich bin an der Reihe 133
moins weniger; **~ cher** billiger 109; **~ que (ça)** weniger als (das) 15
mois Monat m 218
moitié Hälfte f 217; **à ~ mangé** halb gegessen 217
mon mein 16
monastère Kloster n 99
moniteur Lehrer(in) m/f
monnaie Geld n; **~** *(devises)* Währung f 67; **petite ~** Kleingeld n 87, 138
montagne Berg m 107
montant Betrag m 42
montre Armbanduhr f 150; Uhr f 162
montrer zeigen 18, 94, 99, 133

monture *(lunettes)* Gestell n
moquette Teppich m
morceau Stück n 159
morceaux de viande Fleischstücke n pl 45
mordu: j'ai été mordu par un chien ich bin von einem Hund gebissen worden
mosquée Moschee f 105
mot Wort n
mots Wörter npl 19
motel Rasthof m 20
moteur Motor m
moto Motorrad n 83
mouche Fliege f
mouchoir Taschentuch n
mouchoirs en papier Papiertaschentücher npl 143
mousse pour cheveux Schaumfestiger m 143
moustache Schnurrbart m
moutarde Senf m 38, 160
moyen mittel 122
moyen *(niveau)* mittel 106
moyen *(portion)* normal 40
muscle Muskel m 166
musée Museum n 12, 99
musicien(ne) Musiker(in) m / f
musique Musik f 111
musulman moslemisch
myope kurzsichtig 167

N

natation Schwimmen n 114
nationale nationale
nationalité Nationalität f
nausée Übelkeit f
né geboren 119; **je suis ~ à** ich bin in ... geboren; **je suis ~ en** ich bin am ... geboren
neige Schnee m 117
neiger schneien 122
nettoyage Reinigung f 137; **service de ~** Wäschedienst m 22
nettoyer reinigen 137; **~ à sec** chemisch reinigen
neuf neu 14
neuf *(chiffre)* neun 216
neveu Neffe m
nez Nase f 166
nièce Nichte f
noir schwarz 40, 144; **~ et blanc** *(pellicule)* Schwarzweißfilm m 152
nom Name m 23, 93; **mon ~ est ...** mein Name ist 22
non nein 10
non alcoolisé alkoholfrei; **~ gazeuse** ohne Kohlensäure f 51; **~-fumeur** Nichtraucher m 36; **zone ~-fumeur** Nichtraucherecke f
nord Norden m; **au ~** nördlich 95
nos unsere 16
note *(d'hôtel etc)* Rechnung f 32, 42
notre unser(e) 16
nourriture Essen n 41
novembre November m 218
noyer, se: quelqu'un se noie jemand ist am Ertrinken
nuageux bewölkt 122
nuit Nacht f 23, 24
numéro Nummer f; **~ d'immatriculation** Kraftfahrzeugkennzeichen n 23; **~ de téléphone** Telefonnummer f 127; **faux ~** falsch verbunden 128

O

objectif Objektiv n 152
occasion: d'occasion *(achat)* antiquarisch
occupé besetzt 14

A-Z

occuper, s': pourriez-vous vous en occuper? können Sie sich darum kümmern? 25
octobre Oktober m 218
office Büro n; **~ du tourisme** Fremdenverkehrsbüro n 96, 97; **~ religieux** Gottesdienst m 105
offre spéciale Sonderangebot m 158
œil Auge m 166
oiseau Vogel m 106
ombragé schattig 31
oncle Onkel m 120
onde Welle f
onze elf 216
opéra Oper f 108, 111
opéra *(lieu)* Opernhaus n 99
opération Operation f
opticien Optiker m 167
or Gold n 150; **plaqué ~** vergoldet 150
orageux gewitterig 122
orange orange 144
orange *(fruit)* Orange f 160
orchestre Orchester n 111
ordinaire *(essence)* Normal 87
ordinateur Computer m/Rechner m
oreille Ohr n 166
oreiller Kopfkissen n 27
oreillons Mumps m
original echt 134
orteil Zehe f 166
os Knochen m 166
ou oder 19
où wo 12, 26; **~ est...?** wo ist...? 94; **~ se trouve...?** wo ist...? 99; **d'~** woher 119
ouest Westen m; **à l'~** westlich 95
œufs Eier npl 43, 160
œufs *(station de ski)* Gondel f 117
oui ja 10
ours *(en peluche)* Teddybär m 156
ouvert geöffnet 14, 100, 132
ouverture: heures d'~ Öffnungszeiten fpl 132
ouvre-boîtes Büchsenöffner m 149; **~-bouteilles** Flaschenöffner m 149
ouvrir öffnen 132, 140, 165
ovale oval 134

P

P.C.V. R-Gespräch n 127
paiement Bezahlung n 100
paille *(boisson)* Strohhalm m
pain Brot n 15, 38, 43, 160; **~ grillé** Toast m 43
pain de glace Kälteakku m 31
paire Paar n 146, 217
palais Palast m 99
palpitations Herzklopfen n
pancarte Wegweiser m
panier *(supermarché)* Einkaufskorb m 157
panne Panne f 88; **ma voiture est tombée en ~** ich habe eine Panne 88; **~ d'essence** ich habe kein Benzin mehr 88
panneau Verkehrszeichen n 96
panneaux Schilder npl 95
panorama Panorama n
pantalon Hose f 145
pantoufles Hausschuhe mpl 146
papeterie Schreibwarenhandlung f
papier Papier n; **~ aluminium** Alufolie f 149; **~ toilette** Toilettenpapier n 25, 29, 143
paquet Packung f 159; **~ de cigarettes** Schachtel f Zigaretten 151
par jour pro Tag m 30, 83; **~ nuit** pro Nacht f 21; **~ semaine** pro Woche f 30, 83

paralysie Lähmung f
parasol Sonnenschirm m 116
parc Park m 96, 99; **~ d'attraction** Vergnügungspark m
parce que weil 15
parcmètre Parkuhr f 87
pardon! *(désolé)* Entschuldigung!/ Verzeihung! f 10, 224; *(excusez-moi)* gestatten Sie 10; **~?** wie bitte? 11, 224
pare-brise Windschutzscheibe f
pare-choc Stoßstange f 90
parents Eltern pl 120
pari *(sur chevaux)* Pferdewette f 114
parking Parkplatz m 26, 87, 96
parlement Parlamentgebäude n 99
parler sprechen 11, 161, 224; **je voudrais ~ avec …** ich möchte mit … sprechen 18
partager teilen
partir *(transport)* abfahren 65
partir *(hôtel)* abreisen 32
passage piéton Zebrastreifen m
passage souterrain Unterführung f 76, 96
passeport Pass m 23, 32, 66, 139; Reisepass m 17, 162
pâtes Teigwaren fpl 47
patient *(le/la)* Patient(in) m/f
patinoire Eisbahn f
patins *(à glace)* Schlittschuhe mpl 117
pâtisserie Konditorei f 33, 131, 157
patron Geschäftsführer(in) m/f 41
payer bezahlen 42, 67, 87, 136; zahlen 17
pays Land n
paysage Landschaft f 119
peau Haut f 166
pêche: aller à la ~ angeln gehen
pédale Pedal 82; Bremspedal 91
peigne Kamm m 143
peindre malen
peintre Maler(in) m/f
pelle Schaufel f 156
pellicule Film m 152
pelouse Rasen m
pendant während 13
pendule Uhr f
pension Pension f 20; **~ complète** Vollpension f 24
perdre verlieren 27, 28; **~ connaissance** bewusstlos sein 92
perdu: je me suis ~ ich habe mich verlaufen 94; ich habe mich verirrt 224; *(voiture)* ich habe mich verfahren 106; **j'ai ~** … ich habe … verloren 162
père Vater m 120
perle de culture Perle f 150
permanente Dauerwelle f 148
permis de conduire Führerschein m 85
personnes âgées Senioren mpl 74
perte Verlust m 71
peser: je pèse … ich wiege …
petit klein 14, 24, 117; **~ bassin** Planschbecken n; **~ déjeuner** Frühstück n 23, 24, 26, 34, 43
petits pains Brötchen n pl 160
pétrole Paraffin n 31
peu: un ~ ein wenig 15; **un ~ de** etwas 15
peut-être vielleicht 19
phare Scheinwerfer m 82
pharmacie Apotheke f 130, 140; **~ de garde** Notdienst Apotheke f 140
photo Foto n 152; **~ d'identité** Passbild n 115; **prendre un ~** ein Foto machen
photocopieur Fotokopiergerät n 154
photographier fotografieren

porte Tür f 25; **~-clefs** Schlüsselanhänger m 155; **~-monnaie** Portmonee n 162
portefeuille Brieftasche f 42
porteur Gepäckträger m 71
portion Portion f 40; **~ enfant** Kinderportion f 39
posologie Dosierung f 140
possible möglich; **le plus tôt ~** so bald als möglich
poste *(téléphone)* Apparat m 128; *(courrier)* Post f; **~ restante** postlagernde Sendungen fpl 153; **bureau de ~** Postamt n 131
pot Glas n 159; Topf m
pot d'échappement Auspuff m 82; Auspuffrohr m 90
potage Suppe f 44
poterie Töpferei f
poubelle Mülleimer m 30
pouce Daumen m 166
poumon Lunge f
poupée Puppe f 156
pourboire Trinkgeld n
pourquoi? warum? 15
pourquoi pas? warum nicht? 15
pourriez-vous könnten Sie 11
poussette Kinderwagen m 113
pouvez-vous ...? können Sie...? 18
pouvoir können 18
préféré Lieblings-
premier erste 75, 217
première classe erste Klasse f 74
prendre nehmen 125, 135; **~ (un médicament)** einnehmen 140; **~ des photos** fotografieren 100
prénom Vorname m 23
près nah 95; **~ de** in der Nähe f 12; in der Nähe von 92
présentation Vorstellung f 118
présenter vorstellen 118
préservatif Präservativ n
préservatifs Kondome npl 142
presque beinahe
pressé: je suis ~ ich habe es eilig 15
pressing Reinigung f 131
prêt fertig 17, 89
prêter: pourriez-vous me ~ ...? können Sie mir ... leihen?
prêtre Priester m
prévenir benachrichtigen 167
prie: je vous en ~ gern geschehen! 10
printemps Frühling m 219
priorité Vorfahrt f 93
prise (électrique) Stecker m 149
prison Gefängnis n
prix Preis m 24, 74
problème Problem n 28
prochain nächste 14, 75, 218
proche nächste 92; **le/la plus ~** der/die/das nächste 130
produits Produkte npl; **~ de beauté** Kosmetika f; **de nettoyage** Putzmittel npl 149; **~ surgelés** Tiefkühlkost f 158
professeur Lehrer(in) m/f
profession Beruf m 23; **quelle est votre ~?** was sind Sie von Beruf?
profond tief
promenade Wanderung f 106; **~ en bateau** Schiffsfahrt f 97
prononcer aussprechen 11
propre sauber 14, 41
propriétaire Eigentümer(in) m/f
protestant evangelisch 105
provisions Proviant m 160
prudent: soyez ~! Vorsicht!
puce Floh m

A-Z

puis dann 13
pyjama Pyjama m

Q

quai Bahnsteig m 73, 76
qualité Qualität f 134
quand wann? 13
quantité Menge f 67, 134
quarante vierzig 217
quart Viertel n 217; **~ d'heure** Viertelstunde f 221
quatorze vierzehn 216
quatre vier 15, 216
quatre-vingt-dix neunzig 217
quatre-vingts achtzig 217
quatrième vierte 217
quelqu'un jemand 16
quelque chose etwas 16
quelquefois manchmal 13
quelques wenige 15
question Frage f; **pas ~!** auf keinen Fall! m 19
queue: faire la ~ Schlange stehen 112
qui? wer? 16; **à ~?** wem? 16
quincaillerie Eisenwarenhandlung f 130
quinze fünfzehn 216
quotidiennement täglich 13

R

radiateur Heizkörper m
raisin Weintraube f 160
ralentissez! langsamer, bitte!
rame *(métro)* U-Bahn f 80
randonnée Wandern n
rapide schnell 14
rapidement schnell 17
raquette Schläger m 115
rare selten
rasoir Rasierer m 26; **~ électrique** Rasierapparat m
rayons Speichen fpl 82
réception Empfang m 26
réceptioniste Empfangschef(in) m/f
réchaud de camping Campingkocher m 31
réclamations Beschwerden fpl 41
recommandé: en recommandé per Einschreiben 154
recommander empfehlen 21, 35, 37, 112, 142
reçu Quittung f 32, 42, 89; Schein m 152
réduction Ermäßigung f 24, 74, 100; Reduktion f
réfléchir sich überlegen 135
réflecteurs Rückstrahler mpl 82
réfrigérateur Kühlschrank m 29
regarder: est-ce que nous pouvons ~? können wir uns umsehen? **je regarde seulement** ich sehe mich nur um
régime: je suis au ~ ich mache Diät
région Gegend f 106
règles Periode f 167; **~ douloureuses** Menstruationsbeschwerde fpl 167
reine Niere f 166
religion Religion f
remonte-pente Schlepplift m 117
remparts Stadtmauer f 99
remplir ausfüllen 139
rencontre Begegnung f 126
rendez-vous Termin m 148, 163; **point de ~** Treffpunkt m 12; **prendre ~** einen Termin bekommen 163
renseignements Auskunft f 70, 127; Informationen fpl 97
rentrer chez moi à pied zu Fuß nach Hause gehen 65

réparations Reparaturen fpl 89, 137
réparer reparieren 89, 137
repas Essen n 42, 125; Mahlzeit f 23, 24; **~ pour végétariens** vegetarische Gerichte 39; **~ pour diabétiques** Gerichte für Diabetiker 39
repasser bügeln 137, 146
répéter wiederholen 11, 94, 128
représentant de vente Vertreter(in) m/f
réservation Platzkarte f 77; Reservierung f 21
réserver buchen 28, 81, 98; *(place)* vorbestellen 109; **~ une table** einen Tisch bestellen 36
réservoir Tank m 82
respirer atmen 92, 165
ressemelage Schuhreparatur f
rester bleiben 23
retard Verspätung f 70; **en ~** zu spät 221
retirer *(de l'argent)* abheben 139
retourner *(en voiture)* zurückfahren 95
retraité *(adj.)* pensioniert 121
retraité Rentner m 100
retrouver: où nous retrouvons-nous? wo treffen wir uns? 125
rétroviseur Spiegel m 82; **~ extérieur** Außenspiegel m 90
réveil Wecker m 150; **appel de ~** Weckruf m
réveiller *(trans.)* wecken 27
revenir: à quelle heure revenons-nous? wann sind wir zurück? 98
revoir wiedersehen 126
rez-de-chaussée Erdgeschoss n 132
rhumatisme Rheumatismus m
rhume Erkältung f; Schnupfen m 142, 164
rhume des foins Heuschnupfen m 142
rideaux Vorhänge mpl
rien nichts; **~ d'autre** sonst nichts 15
rire lachen 126
rivage Ufer n
rivière Fluss m 107
robe Kleid n 145
robinet Wasserhahn m 25
robinet d'arrêt Absperrhahn m 28
romantique romantisch 101
rond rund 134
rose rosa 144
rôti gebraten
roue Rad n; **~ arrière** Hinterrad n 82; **~ avant** Vorderrad n 82; **~ de secours** Ersatzrad n 91
rouge rot 144
rouge à lèvres Lippenstift m
rue Straße f; **~ principale** Hauptstraße f 96
rues commerçantes Geschäftsviertel n 99
ruisseau Bach m 107

S

s'il vous plaît bitte 10, 224
sable Sand m
sabot de Denver: on m'a mis un sabot de Denver à ma voiture mein Auto ist mit einer Parkkralle festgesetzt worden 86
sac Tasche f 16, 67; Tasche f 67; **~ plastique** Plastiktasche f; **~ à dos** Rucksack m 31, 146; **~ à main** Handtasche f 145, 162; **~ de couchage** Schlafsack m 31; **~ en plastique** Plastiktüte f 157; **~ photo** Fototasche f 152; **~ poubelle** Abfallsack; **~ vomitoire** Spucktüte f 70

A-Z

sucrée süß
sucreries Süßigkeiten f 151
sud Süden m; **au ~** südlich 95
suffire reichen 19
suggérer vorschlagen 123
suis: je suis ich bin
Suisse Schweiz f 119
suisse Schweizer; schweizerisch 161
super ausgezeichnet 19
superbe phantastisch 101
supérieur: je voudrais une couchette ~ ich möchte oben schlafen 74
supermarché Supermarkt m 131, 157
supplément Zuschlag m 68, 74
supplémentaire extra; zusätzlich 22
suppositoires Zäpfchen n pl 166
sur auf
sûr: êtes-vous ~ sind Sie sicher?
surveiller beaufsichtigen 113
symptômes Symptome pl 164
synagogue Synagoge f 105
synthétique Synthetik f 146
système nerveux Nervensystem n

T

tabac Tabak m 151; **~ à pipe** Pfeifentabak m; **bureau de ~** Tabakgeschäft n 131
table Tisch m 112; **~ pliante** Klapptisch m 31
tableau Bild n
taie d'oreiller Kopfkissenbezug m
taille Größe f 147
talc Körperpuder m
tampon Tampon m 143
tante Tante f 120
tapis Teppich m; **~ de sol** Zeltboden m 31
tard spät 14; **plus ~** später 125
tarif Gebühren fpl 30
tasse Tasse f 39, 149
taux de change Wechselkurs m 138; **~ de pollen** Pollenflug m 122
taxi Taxi n 32, 84
te/t'/à toi dir 16
teinte Farbton m 144
télécarte Telefonkarte f 154
télécopieur Telefax m 2 2
téléphérique Drahtseilbahn f 117
téléphone Telefon n 22, 27, 92; **au ~** am Apparat m 128
téléphoner telefonieren 161
téléphonez à ... rufen Sie ... an 92
télésiège Sessellift m 117
télévision Fernseher m 22, 25; **~ par câble** Kabelfernsehen n; **~ par satellite** Satellitenfernsehen n
témoin Zeuge m 93
température Temperatur f 165
temporaire provisorisch 89
temps Wetter n 15, 122; **~ libre** Zeit zur freien Verfügung 98; **de ~ en ~** ab und zu
tension Blutdruck m 165
tente Zelt n 30, 31
tenue de soirée Abendgarderobe f 111; **~ de ville** zwanglos
terrain de golf Golfplatz 115; **~ de sports** Sportplatz m 96
terrible schrecklich 101
tête Kopf m 166
thé Tee m 40, 51, 157, 166
théâtre Theater n 96, 99, 110
thermomètre Thermometer n
ticket de caisse Kassenzettel m; Quittung f 136
tiers Drittel n 217

timbre Briefmarke f 151, 153
tire-bouchon Korkenzieher m 149
tire-fesses Schlepplift m 117
tissu Stoff m 146
toilettes Toiletten fpl 25, 26, 29, 39, 98, 224
toit Dach n; **~ ouvrant** Schiebedach n 90
tomber en panne eine Panne haben 88
ton/ta/tes dein/deine 16
torchon Geschirrtuch n 155
torticolis steifer Nacken m
tôt früh 13, 14; **plus ~** früher 125
totalement ganz 17; völlig
toujours immer 13
touriste Tourist(in) m/f
tourner abbiegen
tournez à gauche biegen Sie links ab 95
tournevis Schraubenzieher m 149
tous les jours täglich
tous alle
tousser husten 165
tout de suite sofort 13
tout droit geradeaus 95
toutes alle; **~ les heures** jede Stunde f 76
toux Husten m 142
toxique giftig
traducteur(trice) Übersetzer(in) m/f
traduction Übersetzung f
traduire übersetzen 11
train Bahn f 72, 123; Zug m 13
traiteur Feinkostgeschäft n130
tram Straßenbahn f 78;
transit: je suis en ~ ich bin auf der Durchreise f 66
traumatism crânien: il a un ~ er hat eine Gehirnerschütterung
travers, à durch 12
treize dreizehn 216
trente dreißig 217
très sehr 17; **~ bien** sehr gut 19
triangle (de signalisation) Warndreieck m 92
trois drei 15, 216
troisième dritte 217
trop zu 41, 117; **~ de** zu viel; **~ vite** zu schnell 17
trottoir, sur le ~ auf dem Bürgersteig
trou Loch n
trouver finden 18
tuba *(plongée)* Schnorchel m
tube Tube f 159
tunnel Tunnel m
turc türkisch 35
tuyau Abflußrohr n
TVA Mehrwertsteuer f 24

U

ulcère Magengeschwür n
un eins 15, 216
une fois einmal 76, 217
uni einfarbig
uniforme Uniform f
unité Einheit f 154
université Universität f 99
urgent Notfall m 127
utile nützlich 19

V

va: ça ne ~ pas du tout furchtbar 19; **ça ~** einigermaßen 19
vacances Urlaub m 66, 123
vacciné geimpft 165
vaisselle Geschirr n 149
valeur Wert m 154; **de grande ~** wertvoll
valide gültig 136

valider entwerten 78
valise Koffer m 69
valises: faire les - packen
vallée Tal n 107
valve Ventil n 90
végétarien vegetarisch 35, 39
veilleuse Zündflamme f
veine Vene f 166
vélo Fahrrad n 162; **~ à 3 vitesses** drei-Gang-Rad n 83
vendeur(euse) Verkäufer(in) m / f
vendredi Freitag m 13, 218
venir chercher abholen 109, 113
vent Wind m; **il y a du ~** es ist windig 122
vente Verkauf m 121
ventilateur Ventilator m 91
verglas: Eis n; **il y a du ~** es ist eisig 122
vérifier: pourrez-vous vérifier ... bitte überprüfen Sie ...
véritable echt 150
verre Brillenglas n 167; Glas n 37, 39, 40, 149; **prendre un ~** ein Gläschen trinken gehen 124
vers gegen 13
verser hinterlegen 83
version originale Originalfassung f 110
vert grün 144
vertige: j'ai le ~ mir ist schlecht
vessie Blase f 166
veste Jacke f 145
vestiaire Garderobe f 109
vêtements Bekleidung f 144; **magasin de ~** Bekleidungsgeschäft n 130
viande Fleisch n 41, 45
vide leer 14
vieille ville Altstadt f 96, 99
vieux alt 14
vigne Weinberg m 107
ville Stadt f 12, 17
vin Wein m 49, 160; **~ blanc** Weißwein m 40; **~ rouge** Rotwein m 40
vingt zwanzig 216
viol Vergewaltigung f 161
violet violett 144
visa Visa n
visage Gesicht n 166
visière Visier n 82
visite Besuch m; Besichtigung f; **~ guidée** Führung f 100; **~ touristique de la ville** Stadtrundfahrt f 97
visiter besichtigen 123
vite schnell 17
vitre Fenster n 90
vitrine Schaufenster n 150
voici hier; **le/la ~** hier ist er / sie / es 17; **les ~** hier sind sie 17
voie ferrée Eisenbahn f
voilà da, dort; **le/la ~** da ist er / sie / es 17; **les ~** da sind sie 17
voilier Segelboot n 116
voir sehen 18, 98
voiture Auto n 12, 17, 81, 85, 86, 123; **~ de location** Mietwagen m 162; **~ automatique** Automatikwagen m 86; **en ~** im Auto n 95
vol Diebstahl m 162
vol *(avion)* Flug m 68; **~ charter** Charterflug m; **~ normal** Linienflug m; **~ libre** Drachenfliegen n
vol *(dérober)* Diebstahl m 71
volant Lenkrad n 90
volé bestohlen 162
voleur Dieb(in) m / f; **au ~!** Haltet den Dieb! 224
voltage Spannung f

vomir sich übergeben 164; **je vais ~** ich muss mich übergeben

vos *(pol.)* Ihre 16

votre *(pol.)* Ihr(e) 16

voudrais: je ~ ich möchte 14; ich hätte gern 18, 129

vous *(pol.)* Sie; **à ~** Ihnen 16

voyage Fahrt f 76, 77; **~ d'affaires** geschäftlich 123; Geschäftsreise f 123; **~ en bateau** Schiffsfahrt f 81

voyager reisen 66

vrai: c'est ~ das stimmt; **ce n'est pas ~** das ist nicht wahr!

vraiment? wirklich? 19

VTT Mountainbike n 83

vue: avec ~ sur la mer mit Blick auf das Meer

W

wagon Wagen m 75; **~-couchette** Schlafwagen m 77; **~-lit** Schlafwagen m 74; **~-restaurant** Speisewagen m 75, 77

WC Toilette f 29

weekend Wochenende n 218

X Y Z

y a-t-il...? gibt es...? 17

yacht Jacht f

yaourt Jogurt m/n 160

zéro null 216

zone piétonnière Fußgängerzone f 96

zoo Zoo m 113

zut! verdammt! 19

A-Z

Lexique
Allemand–Français

Ce lexique allemand-français couvre tous les domaines dans lesquels vous pourriez devoir décoder l'allemand écrit: hôtels, édifices publics, restaurants, magasins, billetteries et transports. Il vous aidera également à comprendre les formulaires, plans, étiquettes de produits, signaux routiers et les notices d'utilisation (pour téléphones, parcmètres, etc.).

Si vous ne rencontrez pas le signe exact, il se peut que vous trouviez des mots clés ou termes énoncés séparément.

A

ab 18 Jahre interdit aux moins de 18 ans
Abendgarderobe tenue de soirée
Abendgebet prière du soir
Abendkasse achat des billets à la caisse le soir de la représentation
Abendvorstellung représentation du soir
Abfahrt départ
Abfertigung comptoir d'enregistrement
Abflüge départs
Abgeordnetenhaus Parlement *(édifice)*
Abo abonnement *(à un concert)*
abseilen descendre en rappel
Absender expéditeur
(bitte) Abstand halten maintenez vos distances (s.v.p.) / restez derrière ce point
Abtei abbaye
...-abteilung division..., département..., rayon...
Abteilungsleiter chef de service
Adresse adresse
Aquäduct aqueduc
Aerobic aérobic
alkoholfreies Bier bière sans alcool
alle ... Stunden toutes les ... heures
Allee avenue, boulevard
Altglas verre recyclé
Altglascontainer conteneur pour bouteilles en verre à recycler
Altpapier papier recyclé
Altstadt vieille ville
Aluminium aluminium
ambulante Patienten patients ambulatoires
amerikanischer Fußball football américain
5 Ampere 5 ampères
Amtszeichen abwarten attendre la tonalité
an Bord gehen embarquement
an der Kasse bezahlen prière de payer à la caisse
an Sonn- und Feiertagen les dimanches et jours fériés
Andacht office de prières
Andachtsraum chapelle
andere Orte autres destinations
Anfängerpiste pour débutants *(descente à ski)*
Angebot offre spéciale
Angeln pêche, pêche à la ligne
Ankauf achat de devises à
Ankunft arrivée
Anlegehafen port
Anlegeplatz embarcadère, appontement
Anlieger frei résidents uniquement
annulliert annulé
Anprobe cabines d'essayage
Anschlussflug vol de correspondance
Anschlussstelle accès
(bitte) anschnallen attachez vos ceintures
Ansichtskarten carte postale illustrée
Antik/Antiquitäten antiquités
Antiquitätenladen magasin d'antiquités
Anwohner frei accès réservé aux résidents
Apotheke pharmacie
April avril
Art ...façon
Ärztlicher Notfalldienst service médical d'urgence
Arztpraxis cabinet de consultation
auf Tournee en tournée
Aufführung récital, représentation
Aufnahme entrées
(bitte) aufräumen cette pièce doit être rangée
Aufzug ascenseur
Augenarzt ophtalmologue
Augenoptik opticien
August août

A-Z

Ausfahrt freihalten prière de dégager la sortie
Ausgang sortie
ausgebucht réservé, complet
Auskunft informations, renseignements
Auskunft, international renseignements internationaux
Auskunft, national renseignements nationaux
Ausreisedatum date de départ
außer Betrieb en panne
Aussichtspunkt point de vue *(touristique)*
Ausstellungsgebäude pavillon *(exposition)*
Ausstellungsort lieu d'émission, de délivrance
Ausverkauft complet
Ausweich-Parkplätze places de stationnement supplémentaires
Ausweis vorzeigen pièce d'identité nécessaire
Autobahn autoroute
autobahnähnliche Straße route principale
Autobahnpolizei police autoroutière
Autofähre bac, traversier
Autokino ciné-parc
Autoreparaturwerkstatt atelier de réparation automobile
Autovermietung location de voitures
Autowaschanlage poste de lavage
Autozubehör accessoires automobiles

B

Babybekleidung vêtements pour bébés
Babyraum garderie
Babywickelraum local pour changer les bébés
Backartikel utensiles de cuisine
Bäckerei boulangerie
Backwaren pain, gâteaux et pâtisseries
Bademoden maillots de bain
Bademöglichkeit infrastructures de baignade
Bademützen port du bonnet de bain obligatoire
Baden verboten baignade interdite
Bahn chemin de fer
Bahnhof gare ferroviaire
Bahnübergang passage à niveau
Balkon balcon
Ballett ballet
Ballspielen verboten jeux de balle interdits
Bankautomat guichet automatique
Bankgebühren frais bancaires
Barauszahlung retrait d'argent
Basel Bâle
Basteln bricolage
Batterien piles/batteries *(de voiture)*
Bauernhof ferme
Baumwolle coton
beginnt um ... commençant le/à ...
Behandlungsraum salle de soins
belegt réservé
Benzin essence
Benzin Bleifrei essence sans plomb
Benzinpumpe pompe d'essence
Berg montagne
Bergspitze pic
Bergsteigen alpinisme
Bergwerk mine
besetzt occupé
beste Qualität excellente qualité
Bestimmungsort destination
Besucher-Terrasse terrasse réservée aux visiteurs
Betreten verboten passage interdit
Betriebszeiten von... bis... heures d'ouverture de... à...
bezahlt payé
Bibliothek bibliothèque
Bier bière
Bildsäule statue
Billard billard
Binnensee lac
Biographie biographie
Biokost aliments diététiques
Bischof évêque
Bistro voiture-buffet
Bleiben Sie auf der Piste ski hors piste interdit
bleifrei sans plomb
Bleistift stylo
Blick aufs Meer avec vue sur mer
Blumen(laden) fleuriste
Bodensee Lac de Constance
Bordkarte carte d'embarquement
Börse bourse
botanischer Garten jardin botanique
Botschaft ambassade
brandneu flambant neuf
Bremse freins
Briefe lettres
Briefkasten boîte aux lettres
Briefmarken timbres
Briefumschläge enveloppes
Brot pain
Brot und Kuchen pain et gâteaux
Brücke pont
Brunnen puits, fontaine
Bücherei bibliothèque
Buchhandlung librairie
Buchungen réservations *(billet)*
Bühne scène
Bühnenbild décor
Bundesgrenzschutz police des frontières
Bundesstraße route secondaire
Burg château

A-Z

Bürgersteig trottoir
Burgruine ruines d'un château
Bus bus
Bushaltestelle arrêt de bus

C

Camping verboten camping interdit
Campingausweis permis de camping
Campingplatz terrain de camping
Caravan caravane
CD-Hitparade und Neuheiten CD du hit-parade et nouveautés
Chemische Reinigung nettoyage à sec
Chlorbleiche nicht möglich ne pas décolorer
cholesterinfrei exempt de cholestérol
Chor chœur

D

Damenmode vêtements pour dames
Damentoiletten dames *(toilettes)*
Damenwäsche lingerie
Damm barrage
Dampfer/Dampfschiff bateau à vapeur
Dauerkarte carte d'abonnement
Deckspassage accès au pont
Denkmal monument
Dezember décembre
Diät aliments diététiques
Diätküche cuisine diététique
Dichterlesung lecture de poésie
Dienstag mardi
Diesel diesel
Diözese diocèse
Dirigent chef d'orchestre
Dom cathédrale
Domherr canon
Donnerstag jeudi
Dorf village
Dosen boîtes
Drogerie droguerie
drücken pousser
Düne dune
Durchfahrt verboten passage interdit
durchschnittliche Nährwerte valeur nutritionnelle moyenne
Duschen douches
Duty-Free magasin hors-taxe
DZ (Doppelzimmer) chambre double

E

echt véritable; authentique
EDV-Literatur documentation informatique
Eier œufs
Einbahnstraße rue à sens unique
Einfahrt freihalten prière de dégager l'entrée
Eingang entrée
Einheiten unités
Einkaufszentrum/-passage galerie marchande
Einkaufszone centre commercial
einordnen placez-vous dans la bonne file
Einreisedatum date d'arrivée
Einrichtungen für Kinder infrastructures pour enfants
Einrichtungshaus maison d'ameublement
Einschiffung point d'embarquement
einschließlich inclus
Einsteigebereit embarquement immédiat
Einsteigen nur mit gültigem Fahrausweis embarquement avec billet valable uniquement
Einstieg porte *(d'embarquement)*
Eintritt frei entrée gratuite
Eintrittskarten billets
Eintrittspreise tarifs des entrées
Einwanderungsbehörde contrôle de l'immigration
Einzahlung dépôt d'argent, versement
Einzahlung und Auszahlung dépôts et retraits
Einzelfahrschein/Einzelticket billet aller-simple
Einzelkabinen cabine à couchette simple
Eis glace; crème glacée
Eislaufen patinage sur glace
Elektrogeräte und -bedarf appareils électriques
Elektrogeschäft magasin d'appareils électriques
Empfang réception
Ende der Umleitung fin de la déviation
Endstation terminus
Engagement engagement, obligation
Entbindungsklinik maternité
Entfernung in Kilometer (km) distance en kilomètres
entkorken déboucher
entzündlich inflammable
Erdgeschoß rez-de-chaussée
Erfrischungsgetränke rafraîchissements
Erlebnispark parc d'amusement
erste Klasse/1. Klasse première classe
erster Rang premier balcon
erster Stock/Etage premier étage
erster Weihnachtstag jour de Noël
Erwachsene: ... adultes: ...
Erzbischof archevêque
Essen und Trinken nourriture et boissons
Essen verboten interdiction de manger
Etage étage
EU-Staatsangehörige citoyens de l'UE
EuroCity (EC) train interurbain
Explosionsgefahr danger d'explosion
EZ (Einzelzimmer) chambre simple

A-Z

F

Fabrik usine
Fahrbahnschäden chaussée déformée
Fähre bac; traversier
Fahrkarte entnehmen prenez un billet
Fahrkarten billets
Fahrräder vélos
Fahrradgeschäft magasin de vélos
Fahrradhelm casque *(vélo)*
Fahrstuhl ascenseur
Fallschirmspringen parachutisme
... fängt um ... an ... commence le/à ...
Farbfilm pellicule (en) couleur(s)
Fahrschein entwerten validez votre billet
Fasching carnaval
Februar février
Federball badminton
Feinkost produits traiteur
feinschmecker Art gastronomie
Feld champ
Fensterplatz siège côté fenêtre
Feriendorf village de vacances
Fernbahn train longue distance
Fernsehraum salle de télévision
Fertiggerichte repas prêts à servir
Fest festival, fête
Festhalle salle de concert
Festung forteresse
fettarm pauvre en graisses
feuerhemmende Tür porte coupe-feu
Feuerlöscher extincteur
Feuerwehr pompiers
Feuerwehrwache caserne de pompiers
Feuerwerk feu d'artifice
Filmmusik bande son d'un film
Firn névé
Fisch poisson
Fischen pêche
Fischen nicht erlaubt pêche interdite
Fischen nur mit Schein/Erlaubnis permis de pêche obligatoire
Fischhändler poissonnerie
Fischspezialitäten spécialités de poissons
Fischstand échoppe de poissons
Fitnessstudio/-center centre/salle de culture physique
FKK-Strand plage pour nudistes
Fleisch viande
Fluchtweg sortie de secours
Flughafen aéroport
Flugnummer numéro de vol
Flugplan horaires des vols
Flugplatz aérodrome
Flugscheine billets d'avion
Flugscheinkontrolle contrôle des billets
Flugsteig porte
Flugzeit heure du vol
Flugzeug avion
Fluss fleuve
Flussfahrt excursion sur fleuve
Folklore musique folklorique
Fön sèche-cheveux
Foto/Fotogeschäft magasin d'articles photographiques
Fotoabteilung rayon photos
Fotografie photographie
Fotografieren nicht erlaubt interdiction de photographier
Frauen dames *(toilettes)*
Frauenarzt gynécologue
Frauenparkplätze emplacements de stationnement réservés aux dames
frei à louer
Freibad piscine de plein air
freier Verkauf vente libre
freigegeben ab ... Jahren interdit aux enfants de moins de ...; *(classification cinématographique)*
Freigewicht franchise de bagages
Freilandeier œufs fermiers
Freitag vendredi
Freiwillig 30 limitation de vitesse – facultatif 30 kmph
Freizeitanlage centre de loisirs
Freizeitkleidung tenue de ville
Fremdwährung devise étrangère
Friedhof cimetière
frisch frais
frisch gestrichen peinture fraîche
frisches Obst fruits frais
Frischwasser eau potable
Friseur coiffeur
Friseurgeschäft salon de coiffure
Fruchtsäfte jus de fruits
Frühling/Frühjahr printemps
Frühstück/Frühstücksbüffet petit dejeuner
Frühstückszimmer salle de petit dejeuner
Führung visites guidées
Fundbüro objets perdus et trouvés
für ... Tage pour ... jours
für Diabetiker pour diabétiques
für Familien mit Kindern section réservée aux familles avec enfants
für fettiges Haar pour cheveux gras
für Fortgeschrittene pour personnes de niveau intermédiaire *(piste)*
für normales Haar pour cheveux normaux
für trockenes Haar pour cheveux secs

A-Z

für unsere kleinen Gäste portion/menu pour enfants
für zwei Personen pour deux
Fußball football
Fußgänger piétons
Fußgängerbereich zone sans circulation
Fußgängerüberweg passage pour piétons
Fußgängerzone zone piétonne
Fußpflegerin podologue
Fußweg allée piétonne

G

Gabel fourchette
Galerie galerie
Gänge vitesses
Gangplatz place côté allée
Gangschaltung changement de vitesse
Garderobe vestiaire
Garten jardin
Gartenbedarf und -geräte jardinerie; pépinière
Gasanschluss raccord de gaz de camping
Gasse rue, ruelle, passage
Gasthaus/-hof maison d'hôte *(auberge)*
Gastspiel représentation d'acteurs en tournée
Gebärdenspiel mime
Gebet prières
Gebirge chaîne montagneuse
Gebrauchsanweisung/-information notice d'utilisation
Gebühren frei entrée gratuite
Gebührenpflichtige Straße route à péage
Geburtsdatum date de naissance
Geburtshaus von ... maison natale de....
Geburtsname nom de jeune fille
Geburtsort lieu de naissance
Gedichte poèmes
Gefahr danger
gefährlich dangereux
gefährliche Abhang pente dangereuse
Gefälle déclivité, pente
Geflügel volaille
gegen Schuppen shampooing anti-pelliculaire
Gegenanzeigen contre-indications
Gegenverkehr circulation en sens inverse
Gehweg trottoir
Gel pommade
gelandet atterri
Gelbe Seiten pages jaunes
Geldüberweisung transfert d'argent
Geldwechsel change
Geldwechselautomat distributeur de monnaie
Gemäldegalerie galerie d'art
Gemeinde commune
Gemüse légumes frais
Gemüse nach Wahl assortiment de légumes
Gemüsekonserven conserves de légumes
geöffnet von ... bis ... ouvert de... à ...
Gepäckannahme admission des bagages
Gepäckaufbewahrung consigne des bagages
Gepäckausgabe retrait des bagages
Gepäckträger porteur
Gepäckwagen chariot à bagages
Gericht(sgebäude) palais de justice
Gesamtkilometer der Skiabfahrten longueur des pistes de ski
Geschenkartikel articles cadeau
Geschenkladen magasin de souvenirs
geschlossen fermé
Gewerbegebiet région industrielle
Gewürze épices
Gift poison
giftig toxique
Gipfel pic, sommet
Glas verre
Glascontainer conteneur pour verre à recycler
Glatteis(gefahr) route verglacée
Gleis quai, voie ferrée
glutenfrei sans gluten
Gold- und Silberwaren bijoutier
Gondel œuf *(station de sports d'hiver)*
Grab tombe
Grabmal/Grabstätte tombeau
Gram Fett teneur en graisses
Grenzübergang passage de frontière
Grillen verboten barbecue interdit
Grillplatz barbecue *(lieu)*
großer Saal grande salle de conférences
Grundgebühr ... minimum ...
grüner Punkt point vert *(matériau recyclable)*
Grünglas verre vert
Gruppen willkommen groupes bienvenus
Gruppenführung visites en groupes
gültig ab Kauf valable à partir du moment de l'achat
gültig ab ... valable à partir de...
gültig bis ... expire ...
gültig für Zonen ... valable pour les zones...
gut gekühlt servieren servir froid de préférence

H

Hackfleisch viande hachée
Hafen port
Halbpension demi-pension
Hallenbad piscine couverte
Hält! arrêt de bus
Halten verboten interdiction de s'arrêter
Handwäsche lavage à la main uniquement
Hauptbahnhof gare centrale
Hauptstraße rue principale
Haus maison

Haus- u. Küchengeräte appareils ménagers
Hausarzt médecin de famille
hausgebackenes Brot pain fait maison
hausgemacht fait maison
Haushaltswaren équipements ménagers, de cuisine
Haushaltswäsche linge de maison
Heiligabend veillée de Noël
heilige Messe messe catholique
Helm casque *(antichoc)*
Herbst automne
Herrenbekleidung/-mode vêtements pour hommes
Herrenfriseur coiffeur pour hommes
Herren hommes *(toilettes)*
herzlich willkommen bienvenue
heute aujourd'hui
heute abend ce soir
hier abreißen déchirer ici
hier abtrennen découper ici
(bitte) hier anstellen veuillez attendre ici
hier Erfrischungsgetränke rafraîchissements disponibles
hier öffnen ouvrir ici
hier Parkschein lösen prenez votre ticket de parking ici
hier Telefonkarten cartes téléphoniques en vente ici
(bitte) hier warten veuillez attendre ici
hier wird Französisch gesprochen nous parlons français
(bitte) hier zahlen veuillez payer ici
hinten aussteigen sortie par l'arrière
historische Altstadt vieille ville historique
historische Gebäude bâtiment historique
Hochspannung haute tension
höchst Geschwindigkeit vitesse maximale
höchstgelegene Bergstation station de montagne la plus élévée
hochwertig excellent
Homöopathischer Arzt homéopathe
Honig miel
Hörer abnehmen décrocher le combiné
Hörsaal auditorium
Hotel garni chambres d'hôtes
Hotelverzeichnis liste des hôtels
Hubschrauber hélicoptère
Hügel colline
Hunde bitte an der Leine prière de tenir les chiens en laisse
Hunde erlaubt chiens admis

I

Ihr Standort vous êtes ici
im Kühlschrank aufbewahren conserver au frais
im Notfall benötigen Sie keine Münzen/Telefonkarte les appels d'urgence sont gratuits
im Preis inbegriffen inclus dans le prix
in der Tiefkühltruhe aufbewahren conserver au congélateur
Immobilien immobilier
in Wasser auflösen dissoudre dans l'eau
inbegriffen inclus (note)
Industriegebiet région industrielle
Information bureau de renseignements
inklusive inclus
Inlandsflüge vols intérieurs
innerhalb von 3 Tagen verbrauchen utilisation dans les trois jours
Intensivstation soins intensifs
InterCity (IC) train interurbains
InterCityExpress (ICE) train express
internat. Verkehrsflughafen aéroport international
internationale Flüge vols internationaux

J

Jacht yacht
Jachtbassin marina
Januar janvier
Jugendherberge auberge de jeunesse
Jugendhörspiel cassettes pour enfants
Jugendliche ab 14 Jahre jeunes âgés de 14 ans minimum
Juli juillet
junge Erwachsene jeune adulte *(livres)*
Juni juin
Juwelier bijoutier

K

Kabarett cabaret
Kabinen cabines
Kaffee café
kalorienarm basses calories
Kammermusik musique de chambre
Kanal canal
Kanu canoë
Kapelle chapelle
Karte aufbewahren veuillez garder votre billet
Karte einschieben insérer carte
Karten plans, billets
Kartentelefon téléphone à cartes
Käse fromage
Kasse caisse, poste de péage, billetterie
Kassetten cassettes
Kathedrale cathédrale
Kaufhaus grande surface
Kegeln bowling/quilles
kein Ausgang sortie interdite

A-Z

kein Blitzlicht flashs interdits
kein Durchgang entrée interdite
kein offenes Feuer feux interdits
kein Zutritt entrée interdite
(bitte) keine Abfälle zurücklassen interdiction de jeter des ordures
keine Anlegemöglichkeit interdiction d'amarrer
keine Chemischreinigung möglich ne pas nettoyer à sec
keine Eurocheques pas de chèques
keine Filmschwärzung ne nuit pas à la pellicule
keine Haftung aux risques et périls du propriétaire; les propriétaires déclinent toute responsabilité en cas de dommages ou de vol
keine Kreditkarten aucune carte de crédit
keine Pause pas d'entracte
keine Rückgabe à usage unique
keine Rückgabe des Restgeldes montant exact uniquement, monnaie non rendue
kein Rabatt aucune ristourne
Kfz-Nummer numéro d'immatriculation *(véhicule)*
Kfz-Schein documents d'immatriculation
Kieferorthopäde orthodontiste
Kinderhörspiel cassettes pour enfants
Kinder: ... enfants: ...
Kinderabteilung service pédiatrique
Kinderarzt pédiatre
Kinderbekleidung vêtements pour enfants
Kinderkino cinéma pour enfants
Kindermesse messe des enfants
Kinderspielplatz terrain de jeux
Kindertheater théâtre pour enfants
Kino cinéma
Kinopolis cinéma multiplex
Kiosk kiosque à journaux
Kirche(nruine) (ruines d')église
Kirchhof cimetière
kirchlicher Feiertag congés religieux
Klassik musique classique
Klassiker classique
Klebeband ruban adhésif
Kleider- und Kostümverleih location de costumes
kleine Mahlzeit pour les petits appétits
Klettern escalade
Klinik clinique
Klippe falaise
Kloster monastère; cloître
Kochbücher livres de cuisine
Kochmöglichkeiten équipements de cuisine
Kofferkulis chariots à bagages
Köln Cologne
Komödie comédie
Konditorei pâtisserie
Konferenzsaal/-raum salle de conférences
Konfitüre confiture
Kongresshalle salle des congrès
Konserven boîtes de conserve
Konservierungsmittel conservateurs
Konsulat consulat
Konzert für Klavier und Orchester concert(o) pour piano et orchestre
Konzertsaal salle de concert
köstlich délicieux
Krankenhaus hôpital
Krankenkasse assurance-santé
Krankenpfleger infirmier
Krankenschwester infirmière
Krankenwagen ambulance
Kreditinstitut caisse d'épargne
Kreditkartennummer numéro de carte de crédit
Kreuzfahrt croisière
Kreuzung carrefour
Kritik revue
Kuchen gâteaux
Kugelschreiber stylo
kühl aufbewahren conserver au frais
Kundenberatung informations destinées à la clientèle
Kundendienst réparations, service clientèle
Kundenparkplatz parking réservé à la clientèle
Kundentoilette toilettes réservées à la clientèle
Kunstbände encyclopédies sur l'art
Kunstfaser fibre synthétique
Kunstgalerie galerie d'art
Kunsthandlung magasin d'objets d'art
Kurort station thermale
Kurzparkzone stationnement de courte durée
Küste côte
Kutsche calèche

L

Lagerfeuer feu de camp
Lagerverkauf magasin d'usine
Lammfleisch agneau
Landeplatz terrain d'aviation
landschaftlich schöne Strecke route touristique
Landstraße route
Langlauf(ski) ski de fond
Langlaufloipen piste de ski de fond
bitte läuten prière de sonner
Lawinengefahr risque d'avalanches
Lazarett infirmerie
Lebensmittelgeschäft épicerie, supermarché
Leder cuir
Leerung ... heures de la levée

Leichtathletik athlétisme
Leinen linge
letzter Eingang/Einlass um ... dernière entrée à ...
Leuchtturm phare
Licht einschalten allumez vos phares
Lieder chansons
Liederabend concert de ballades
Lieferverkehr frei livraisons uniquement
Liegestuhl chaise longue
Lift ascenseur
Linienverkehr frei accès réservé aux véhicules de transport public
Linksabbieger – Gegenverkehr beachten attention à la circulation arrivant en sens inverse en tournant à gauche
(bitte) links halten restez à gauche
Literatur littérature
Live-Musik concert musical en direct
LKW (Lastkraftwagen) camion
Loge loge *(théâtre)*
Lotterie/Lotteriespiel loterie
Lotterielos billet de loterie
Lounge (für Passagiere) salle d'embarquement (passagers)
Luft air
Luftkissenfahrzeug aéroglisseur
Luftpumpe pompe
Lustspiel comédie

M

Mädchenname nom de jeune fille
mager maigre
Mai mai
Männer hommes *(toilettes)*
Mantel manteau; pardessus
Märchen contes de fée
Markt marché
Markthalle marché couvert
Marktplatz place du marché
Marschgebiet marais
März mars
Maschinenwäsche lavable en machine
maßgeschneidert fait sur mesure
Mauer mur
Maxi CD single
maximal 2 Stunden deux heures maximum
Meer mer, océan
Meeresbucht estuaire
Menü menu à prix fixe
Messe foire
Metall/Plastik conserves et boîtes en plastique
Metzgerei boucher
mikrowellengeeignet convient pour four à micro-ondes
Milch lait
mindestens haltbar
bis Ende ... de préférence avant fin ...
mit Schwimmbad avec piscine
mittags geschlossen fermé le midi
Mittwoch mercredi
Möbelabteilung rayon mobilier
Möbelgeschäft magasin de meubles
moderner Tanz danse moderne
Molkerei(produkte) produits laitiers
Monatskarte abonnement mensuel
Mönchskloster monastère
Montag lundi
Moor marais
morgen demain
Motor abschalten/ausschalten coupez votre moteur
Motor abstellen arrêtez votre moteur
Mühle moulin
München Munich
Mundwasser bain de bouche
Münzen einwerfen, Parkschein entnehmen introduisez la monnaie et prenez votre ticket
Münztelefon téléphone à pièces
Museen musées
Musik musique
Musikhaus disquaire
Musikinstrument und -zubehör magasin d'instruments de musique
MwSt. (Mehrwertsteuer) TVA/taxe de vente

N

nachmittags après-midi
Nachmittagsvorstellung matinée
nächste Führung um ... prochaine visite à ...
nächste Leerung ... prochaine levée à...
nächste Tankstelle ... km prochaine station-service à ... km
Nachtbeleuchtung illuminé le soir
Nachtdienst service de nuit
Nachtportier portier de nuit
Nahverkehrszug train local
Name nom
Name des Ehegatten nom du conjoint
Nationalfeiertag fête nationale
Nationalpark parc national
natriumarm sans sel
Naturbücher livres sur la nature
Naturfaser fibres naturelles
Naturschutzgebiet réserve naturelle
Nebenwirkungen effets secondaires
neu im Sortiment nouveau produit

A-Z

Neujahrstag Jour de l'An
nicht an die Tür lehnen ne pas s'appuyer sur la porte, s.v.p.
nicht aus dem Fenster lehnen ne pas se pencher par la fenêtre, s.v.p.
nicht besetzt libre
(bitte) nicht betreten ne pas entrer, s.v.p.
nicht bügeln ne pas repasser
nicht EU-Staatsangehörige citoyens n'appartenant pas à l'UE
nicht hinauslehnen ne pas se pencher par la fenêtre, s.v.p.
nicht inbegriffen non inclus
nicht rennen ne pas courir
Nichtraucher(abteil) (compartiment) non-fumeur
nichts zu verzollen rien à déclarer
Nichtschwimmerbecken piscine non-nageurs
(bitte) nicht stehen stationnement interdit
(bitte) nicht stören ne pas déranger
(Nonnen-)Kloster couvent
Normal verbleit essence plombée normale
Notarztwagen ambulance
Notausgang issue de secours
Notbremse frein de secours
Notfall urgence
Notfallaufnahme service des urgences
Notfallstation poste d'ambulances
nur an Sonntagen und Feiertagen dimanches et jours fériés uniquement
nur Flughafenpersonal réservé aux membres de l'équipage
nur für Anwohner réservé aux résidents
nur für Auslandsfluggäste réservé aux passagers internationaux
nur für das Personal réservé au personnel
nur für Fluggäste réservé aux passagers
nur für Frauen réservé aux dames
nur für Gäste mit Dauerkarten réservé aux abonnés
nur für Herren réservé aux hommes
nur für Radfahrer réservé aux cyclistes
nur für Rasierapparate rasoirs uniquement
nur gültig mit Entwerteraufdruck uniquement valable après validation
nur Handgepäck bagages à main uniquement
nur heute aujourd'hui uniquement
nur im Besitz einer gültigen Fahrkarte entrée sur présentation d'un billet valable uniquement
nur mit Erlaubnis sur autorisation uniquement
nur mit Schein réservé aux titulaires de permis
nur an Werktagen jours ouvrables uniquement
nur zur äußeren Anwendung usage externe uniquement
Nürnberg Nuremberg

O

Oberdeck pont supérieur
Obergeschoß premier étage, étage supérieur
Observatorium observatoire
Obst und Gemüse fruits et légumes
Obst- und Gemüseladen magasin de fruits et légumes
Obstkonserven fruits en boîte
öffentliches Gebäude édifice public
Öffnungszeiten heures de visite/d'ouverture
ohne Konservierungsstoffe sans conservateurs
ohne Umsteigen service direct *(train/bus)*
ohne Zucker sans sucre
Oktober octobre
Öl huile
Oper opéra
Operationssaal salle d'opération
Optiker opticien
Orchester orchestre
Orgel orgue
Orgelkonzert concert d'orgues
Orthopäde orthopédiste
Ostermontag lundi de Pâques
Ostern Pâques
Ostersonntag dimanche de Pâques
Ozean océan

P

Paddelboot canoë, kayak
Paddeln canoéisme
Pakete colis
Palais/Palast palais
Pannenhilfe, Telefon ... en cas de panne, appelez/contactez ...
Papier- und Schreibwaren papeterie
Papier/Zeitung corbeille à papiers/journaux
Papierwaren papeterie
Parkdeck pont-garage
Parken bis zu 2 Std. stationnement limité à 2 heures
Parken nur für Gäste parking réservé à la clientèle
Parken verboten stationnement interdit sans autorisation
Parkett orchestre, parterre
Parkhaus/-platz parking
Parkplatz mit WC parking avec toilettes
Parkschein anfordern appuyer sur le bouton pour recevoir un ticket
Parkschein hinter die Windschutzscheibe legen placer le ticket derrière le pare-brise
Parkschein-Automat distributeur de tickets
Parkverbot stationnement interdit
Pass col
Passage passage

Passbild photos d'identité
Passkontrolle contrôle des passeports
Passnummer numéro de passeport
Pastor pasteur
Pavillon pavillon
Pedal pédale
Personalausweis vorzeigen pièce d'identité obligatoire
Personenfähre bac pour voyageurs
Personenwagen voiture
Pfad sentier
Pfand verre consigné *(sur une bouteille)*
Pfandflaschen bouteilles consignées
Pfarrer curé
Pferdeschlittenfahrt promenade en traîneau *(tiré par un cheval)*
pflanzlich végétal
pflegeleicht entretien facile; facile à nettoyer
Pflegemittel produits de soin
Picknikplatz site de pique-nique
Piste geschlossen/gesperrt piste de ski fermée
PKW (Personenkraftwagen) voiture
PKW-Stellplätze vorhanden avec parking approprié
planmäßig à l'heure
Plattfuß crevaison
Platz place
Polizei police
Polizeiwache/-station poste de police
Polo(spiel) polo (jeu)
Polyacryl acrylique
Pop International musique pop
Popkonzert concert de musique pop
Porzellan porcelaine
Post/Postamt bureau de poste
Postanweisung mandat-poste
Preis/Liter prix au litre
Preise prix, tarifs
Preise inkl. MwSt. prix TVA incluse
private Krankenversicherung assurance-santé privée
Privatgrundstück privé
Programm programme
Palmsonntag dimanche des rameaux
Psychiater psychiatre
Putzmittel produits de nettoyage

Q

Quelle source

R

Radarkontrolle zone de contrôle radar
Radfahren cyclisme
Radweg piste cyclable
Rang balcon
Rasen bitte nicht betreten ne pas marcher sur le gazon
Rastplatz aire de stationnement, de pique-nique
Raststätte restoroute
Rathaus hôtel de ville
Rauchen verboten interdiction de fumer
Raucher(abteil) (compartiment) fumeurs
Räumungsverkauf soldes pour cessation de commerce
(bitte) rechts halten rester à droite
reduziert ristournes
Reflektor réflecteur
Reformhaus magasin diététique
Regencape/-jacke veste imperméable
Reifenpanne crevaison, éclatement *(pneu)*
Reihe rangée
reine Baumwolle 100% coton
reine Schurwolle pure laine vierge
Reinigung nettoyage à sec
Reisebüro agence de voyage
Reiseführer guide (voyages)
Reisezentrum bureau de voyages
Reiseziel destination
Reisezug trains longue distance
Reiten équitation
reizend irritant pour la peau; charmant
Rennbahn piste de course
Rente pension
Reparaturwerkstatt atelier de réparation
reserviert réservé
Reservierung réservations
Residenzschloss palais
Restmüll ordures restantes sans point vert
Rettungsboot canot de sauvetage
Rettungsdienst poste d'ambulances
Rettungsring bouée de sauvetage
Rettungswagen ambulance
Rettungsweg für die Feuerwehr freihalten prière de laisser cette voie dégagée: voie d'urgence réservée au service des pompiers
Rezeption réception
Rindfleisch bœuf
Ringstraße boulevard extérieur; périphérique
Rockkonzert concert de rock
Rollstuhlgerechte Beherbergung logements pouvant accueillir des personnes en fauteuil roulant
Rolltreppe escalier roulant
Romane fiction
Röntgenabteilung service rayons X
Rückerstattung remboursement
Rückfahrkarte billet retour
Rückgaberecht garantie satisfait ou remboursé

A-Z

(bitte) Rückgeld sofort nachzählen veuillez vérifier votre monnaie
Rücklicht phare arrière
Ruderboot chaloupe
Rudern/Rudersport canotage
Rugby rugby
Ruhetag congé
ruhige Lage situé dans un endroit calme
(bitte) ruhig verhalten veuillez respecter ce lieu de culte
Ruine ruines
rund um die Uhr geöffnet service 24 heures sur 24
Rundblick panorama
Rundfahrt aller-retour

S

Sackgasse cul-de-sac
saisonbedingt en saison
Salbe pommade
Salz sel
Samstag samedi
Sandboden sablonneux *(terrain de camping)*
Sanitäranlage/-ausstattung infrastructures sanitaires
Sattel siège
SB (Selbstbedienung) libre-service
Schallplatten disques
Schauspiel spectacle
Schiff navire
Schiffsverbindung traversée en bac
Schlachtfeld champ de bataille
Schlafwagen compartiment couchette
Schläger raquette
schlechte Fahrbahn route dégradée
Schlepplift tire-fesses
Schleudergefahr danger pour les remorques attelées
Schleuse écluse
Schließfächer coffre à bagages
Schlittschuhe patins à glace
Schlittschuhlaufen patinage sur glace
Schloss serrure; château
Schlosshotel château-hôtel
Schlucht canyon; gorge
Schmuck bijouterie
Schneeketten sind vorgeschrieben utiliser des chaînes à neige
Schnellgerichte repas prêts à servir
Schnellimbiss casse-croûte
Schnellstraße route principale
Schokolade chocolat
schöner Ausblick/schöne Aussicht vue panoramique
Schreibpapier papeterie
Schuhabteilung rayon chaussures
Schuhmacher/-reparatur cordonnier/ cordonnerie
Schulbus bus scolaire
Schule école
Schulweg attention, école!
Schweinefleisch (viande de) porc
Schwimmbad piscine
Schwimmen natation
Schwimmen nicht erlaubt baignade interdite
Schwimmreif bouée
Schwimmweste gilet de sauvetage
See lac
Seemündung estuaire
Segelboot voilier
Segelfliegen vol à voile
Segeln voilier
Seide soie
Seilbahn téléphérique
Seitenstreifen accotement stabilisé
Sekt vin mousseux
selbst wählen composition automatique
Selbstbedienung libre-service
selbstgemacht fait maison
Selbsttanken libre-service *(essence)*
Seniorenmenü repas pour personnes du troisième âge
September septembre
Service 0130 numéro gratuit
Service Point station-service
Serviervorschlag suggestion
Sessellift télésiège
Sicherheitskontrolle contrôle de sécurité
Silber argent
Silvester Saint Sylvestre
Sitzplatz für Behinderte siège pour handicapé
Sitzplatz Nummer numéro de siège
Skier skis
Skilaufen ski
Skilehrer moniteur de ski
Skischule (mit Aufnahme von Kleinkindern) école de ski (avec accueil d'enfants)
Skistiefel chaussures de ski
Skistöcke bâtons de ski
Skiverleih location de skis
Soldatenfriedhof cimetière militaire
Solist(in) soliste
Sommer été
Sonderangebot offre spéciale
Sonnabend samedi
Sonnendeck terrasse
Sonnenmilch Schutzfaktor 8 lotion solaire facteur 8
Sonnenschirm parasol
Sonntag dimanche

sonstige Straße route secondaire
Souvenirladen magasin de souvenirs
Speisekarte menu
Speisesaal salle à manger
Speisewagen voiture-restaurant
Spezialität des Hauses spécialité de la maison
Spezialitäten der Region spécialtés régionales
Spielfilme vidéo / long métrage
Spielkarten cartes à jouer
Spielplatz terrain de jeux
Spielwarengeschäft magasin de jouets
Spirituosen boissons alcoolisées
Sportbekleidung vêtements de sport
Sportgeschäft/-bedarf magasin d'articles de sport
Sportplatz terrain de sport
Sportzentrum centre sportif
Sprechzimmer cabinet de consultation
Springbrunnen fontaine
Sprungbecken bassin de plongeon
Sprungbrett plongeoir
Spur voie
Staatsangehörigkeit nationalité
Staatstheater théâtre
Stadion/Stadium stade
Stadtfestung/-mauer enceinte de la ville
Stadtmitte centre-ville
Stahl acier
Standort vous êtes ici
Station service (hôpital)
Stau embouteillage
Staudamm barrage
Stausee réservoir, lac artificiel
Steigung déclivité
Sternwarte observatoire
Stock étage
storniert annulé
strahlensicher à l'épreuve des radiations
Strand plage
Straße (gesperrt) route / rue (barrée)
Straßenarbeiten travaux routiers
Straßenbahn tramway
Straußwirtschaft bar et restaurant d'établissement vinicole
Strickwaren vêtements tricotés
Strom fleuve
Stromschnelle rapides
Stromzähler ablesen lire le compteur
Sturmwarnung avis de tempête
Sulzschnee neige fondante
Sumpf marécage
Super (Plus) bleifrei essence sans plomb super
Super verbleit essence plombée super
Suppen potages
Surfbrett planche de surf
Süßwaren bonbons; biscuits
SW-Film (schwarzweiß Film) pellicule noir et blanc
Symphonieorchester orchestre symphonique
synchronisiert doublé

T

Tabak/Tabakwaren débit de tabac
Tabletten pilules, comprimés
Tagesgedeck menu à prix fixe
Tageskarte carte permanente pour la journée
Tagesmenü plat / menu du jour
Tagesticket ticket permanent pour la journée
täglich quotidien
Tal vallée, canyon
Tankstelle station-service
Tanz danse
Tänzer(in) danseur (danseuse)
Tanzmusik musique de danse
Tarif tarif
Taste-Nr. ... drücken appuyez sur la touche n° ...
Tauchausrüstung équipement de plongée
Tauchen plongée
Taxistand station de taxi
Teich étang
Telebriefversand fax envoyés
Telefax télécopieur
Telefon téléphone
Telefonbuch annuaire
Telefonkarten cartes téléphoniques
Telefonnummer numéro de téléphone
Telefonzelle téléphone public
Telegramme télégrammes
Tennis court de tennis
Tennishalle tennis en salle
Tennisschläger raquette de tennis
Terminal terminal
Terrasse terrasse
Textilien articles textiles
Theater théâtre
Theaterstück pièce de théâtre
Thermalbad station thermale
Tiefgarage parking / garage sous-terrain
tiefgefroren congelé
Tiefkühlprodukte articles surgelés
Tiefschnee neige profonde
Tierarzt vétérinaire
Tierbedarf animalerie
Tiere passage de bétail
Tierhandlung animalerie
Tip suggestion, conseil
Tische in der 1. Etage tables au 1er étage
Tischtennis tennis de table

A-Z

Toiletten toilettes
Tor bitte geschlossen halten fermer le portail, s.v.p.
Toto Lotto loterie
Touristenstraße route touristique
Tragflächenboot hydroptère, aéroglisseur, jetfoil
Tragödie tragédie
Trambahn tramway
Treffpunkt point de rendez-vous, lieu de rencontre
Tretboot pédalo
Tribüne galerie
Triebsand sable mouvant
Trinkwasser eau potable
trocknergeeignet peut être mis dans le sèche-linge
Tropfen gouttes
Trümmer ruines
Tunnel tunnel
(bitte) Tür schließen/zuziehen prière de fermer la porte
Turm tour

U

U-Bahn métro
Überführung passage pour piétons
Übergepäck excédent de bagages
Überholverbot dépassement interdit
Überweisungen virements et transferts
Umgehungsstraße route de contournement
Umkleide vestiaires
Umkleidekabine cabine d'essayage
Umleitung détour
Umriß contour
umsteigen in ... correspondance à...
unbefestigte Straße chaussée non revêtue
Unfallstation poste de secours
Universität université
Unterdeck pont inférieur
Unterführung passage sous-terrain
Untergeschoss sous-sol
Unterhaltungsmusik musique de détente
Unterhaltungsliteratur littérature récréative
Unterschrift signature
Untertitel sous-titré
unzerkaut einnehmen avaler sans croquer
Uraufführung première

V

Varieteevorstellung spectacle de variétés
vegetarisches Gericht plat pour végétariens
Verbandskasten trousse de premiers secours
verbessert amélioré
verbleit plombé
Verbot für Fußgänger passage interdit aux piétons
verboten interdit
verengte Fahrbahn route étroite
Vergiftung poison
Vergnügungspark parc d'attractions
Vergrößerung agrandissement
Verkauf devise vendue à
Verkehrskreis carrefour giratoire
Verkehrspolizei police de la circulation
Versicherungsagentur agence d'assurances
Verspätung reporté
verwendbar bis: ... utilisable jusqu'au: ...
verzollen biens à déclarer
Videothek location de cassettes vidéo
Viehtrieb passage de bétail
Villa villa
Viskose viscose
Volksmusik musique folklorique
Vollpension pension complète
von ... bis ... Uhr de ... h à ...h
vor Licht schützen protéger de la lumière
Vorabendmesse messe du soir
Vorderlicht feux avant
Vorderrad roue avant
Vorfahrt achten céder le passage
vormittags (du) matin
Vornamen prénoms
vorne einsteigen entrer par la porte principale
Vorratspackung emballage multiple
Vorsicht attention
Vorsicht! Stufen attention à la marche
Vorsicht! Taschendiebe attention aux pickpockets
Vorspeisen hors-d'œuvres, entrées
vorübergehend geschlossen temporairement fermé
Vorverkauf préventes/réservations
Vorwahl indicatif *(téléphonique)*

WX YZ

wählen Sie Ihre Fahrziele/Tarifgebiet/Fahrkarte choisissez votre destination/zone/billet
wahlweise de votre choix
Wahlwiederholung recomposition du dernier numéro
Wald forêt, bois
Wanderkarten cartes de randonnées
Wanderweg sentier pédestre
Warnung avertissement, avis
Warteraum/-zimmer salle d'attente
Wartezeit: ca. .... Minuten temps d'attente: environ ... minutes
Wäscherei blanchisserie

Wäscheservice service de blanchisserie
Waschmaschinen machines à laver
Waschmittel détergent *(pour lessive)*
Waschsalon laverie automatique
Wasser eau
wasserdicht étanche
Wasserhahn robinet à eau
Wassermühle moulin à eau
Wasserski/-schi ski nautique
Wasserturm château d'eau
WC toilettes
(bitte) Wechselgeld sofort nachzählen vérifiez votre monnaie
Wechselkurs taux de change
Wechselstube bureau de change
wegen ... geschlossen bis ... fermé jusque ... pour cause de ...
Wegweiser panneau indicateur
Wegwerf(-flasche) (bouteille) jetable
Weiher étang
Weihnachten Noël
Wein vin
Weinberg vignoble
Weingut établissement vinicole
Weinkeller pressoir
Weinprobe dégustation de vins
Weißglas verre transparent
weitere Vorstellungen autres représentations
Werk(sausfahrt) usine (sortie)
Werkstatt atelier de réparations, garage
werktags jours ouvrables
Wettannahmen paris hors hippodromes
Wettkampf concours
wichtige Telefonnummern services d'urgence
Wiederaufnahme seconde mi-temps *(après la pause)*
Wien Vienne
Wild gibier
Willkommen bienvenue
Windmühle moulin à vent
Winterschlussverkauf soldes d'hiver
wir haben reduziert vente au rabais
wir zeigen jeden Diebstahl an tout vol à l'étalage sera poursuivi
Wochenkarte carte (d'abonnement) hebdomadaire
Wohnmobil/-wagen caravane
Wohnort domicile *(adresse)*
Wohnung zu vermieten appartement à louer
Wolle laine
Wurst(waren) viandes/saucisses froides

Zahlmeister trésorier
Zahlungsanweisung mandat de paiement
Zahnarzt dentiste
Zahnpasta dentifrice
Zahnseide fil dentaire
Zapfsäule pompe à essence
Zeitschriften magazines
Zeitungshändler/-kiosk kiosque à journaux
Zelt tente
Zelten verboten camping interdit
Zeltplatz terrain de camping
Zentrum centre-ville
zerbrechlich – Glas fragile – verre
ziehen tirer
Zimmer frei chambres libres, à louer
Zimmerservice service en chambre
Zimmer sind mit Dusche und WC ausgestattet chambres avec douche et WC
Zimmer sind mit Kabel-TV/Farbfernseher ausgestattet chambres avec téléviseur couleur/télédistribution
Zirkus cirque
Zoll douanes
zollfreie Ware marchandises hors taxe
Zone 30 vitesse limitée à 30 kilomètres
Zoo zoo
Zoohandlung animalerie
zu den Gleisen vers les quais
zu den Verkaufsräumen vers les salles de ventes
zu Vermieten à louer
zum Halten, bitte drücken appuyer sur le bouton pour arrêter
zum Mitnehmen à emporter
Zug des Nahverkehrs train local
Zuschauer spectateurs
Zuschlag supplément
Zutaten ingrédients
Zweibett-Kabine cabine à deux couchettes
zweite Klasse/2. Klasse deuxième classe
zweiter Rang deuxième balcon

Général

Chiffres Zahlen

Si vous prenez note des dizaines et des unités, il est plus rapide d'écrire l'unité lorsque vous l'entendez, et d'insérer ensuite la dizaine devant celle-ci.

siebenundachtzig (7 et 80 = 87)

zweihundertvierundfünfzig (200, 4 et 50 = 254)

Au téléphone, **zwo** est souvent employé pour **zwei**, afin d'éviter toute confusion avec **drei**.

0	**null**	*noull*
1	**eins**	*aïnz*
2	**zwei**	*tsvaï*
3	**drei**	*draï*
4	**vier**	*fîr*
5	**fünf**	*funf*
6	**sechs**	*zèks*
7	**sieben**	*zîbeun*
8	**acht**	*açht*
9	**neun**	*noïn*
10	**zehn**	*tsé:n*
11	**elf**	*èlf*
12	**zwölf**	*tsveulf*
13	**dreizehn**	*draïtsé:n*
14	**vierzehn**	*fîrtsé:n*
15	**fünfzehn**	*funnftsé:n*
16	**sechzehn**	*zèçhtsé:n*
17	**siebzehn**	*zîptsé:n*
18	**achtzehn**	*açhttsé:n*
19	**neunzehn**	*noïntsé:n*
20	**zwanzig**	*tsvanntsiçh*
21	**einundzwanzig**	*aïnnounttsvanntsiçh*
22	**zweiundzwanzig**	*tsvaïounttsvanntsiçh*
23	**dreiundzwanzig**	*draïounttsvanntsiçh*
24	**vierundzwanzig**	*fîrounttsvanntsiçh*
25	**fünfundzwanzig**	*funnfounttsvanntsiçh*
26	**sechsundzwanzig**	*zèksounttsvanntsikh*
27	**siebenundzwanzig**	*zîbeunounttsvanntsiçh*

28	**achtundzwanzig**	*achtounttsvanntsich*
29	**neunundzwanzig**	*noïnounttsvanntsich*
30	**dreißig**	*draïssich*
31	**einunddreißig**	*aïnnountdraïssich*
32	**zweiunddreißig**	*tsvaïountdraïssich*
40	**vierzig**	*fîrtsich*
50	**fünfzig**	*funnftsich*
60	**sechzig**	*zèchtsich*
70	**siebzig**	*zîbtsich*
80	**achtzig**	*achtsich*
90	**neunzig**	*noïntsich*
100	**(ein)hundert**	*(aïn)houndèrt*
101	**hunderteins**	*houndèrtaïns*
102	**hundertzwei**	*houndèrttsvaï*
200	**zweihundert**	*tsvaïhoundèrt*
500	**fünfhundert**	*funnfhoundèrt*
1 000	**(ein)tausend**	*(aïn)taouzeunt*
10 000	**zehntausend**	*tsé:ntowzeunt*
35 750	**fünfunddreißigtausend-siebenhundertfünfzig**	*funnfoundraïssich-taouzeuntzîbeun-houndèrtfunnftsich*
1 000 000	**eine Million**	*aïneu milliôn*

premier	**erste**	*èrsteu*
deuxième	**zweite**	*tsvaïteu*
troisième	**dritte**	*dritteu*
quatrième	**vierte**	*fîrteu*
cinquième	**fünfte**	*funnfteu*
une fois	**einmal**	*aïnmaal*
deux fois	**zweimal**	*tsvaïmâl*
trois fois	**dreimal**	*draïmaal*
moitié	**die Hälfte**	*dî hèlfteu*
une demi-heure	**eine halbe Stunde**	*aïneu halbeu chtoundeu*
un demi-réservoir	**ein halber Tank**	*aïn halbèr tannk*
à moitié mangé	**halb gegessen**	*halp ghéghèsseun*
un quart	**ein Viertel**	*aïn fîrteul*
un tiers	**ein Drittel**	*aïn dritteul*
une paire de …	**ein Paar …**	*aïn pâr*
une douzaine de …	**ein Dutzend …**	*aïn doutseunt*
1997	**neunzehnhundert-siebenundneunzig**	*noïntsé:nhoundèrt-zîbeunountnoïntsich*
2001	**zweitausendeins**	*tsvaïtowzeuntaïnz*
les années 90	**die neunziger Jahre**	*dî noïntsighèr yâreu*

Jours Tage

lundi	**Montag** *môntâg*
mardi	**Dienstag** *dînstâg*
mercredi	**Mittwoch** *mittvoçh*
jeudi	**Donnerstag** *donnèrstâg*
vendredi	**Freitag** *fraïtâg*
samedi	**Samstag/Sonnabend** *zammstâg/zonnâbeunt*
dimanche	**Sonntag** *zonntâg*

Mois Monate

janvier	**Januar** *yannouâr*
février	**Februar** *fébrouâr*
mars	**März** *mèrts*
avril	**April** *april*
mai	**Mai** *maï*
juin	**Juni** *yoûni*
juillet	**Juli** *yoûli*
août	**August** *aougoust*
septembre	**September** *zéptèmbèr*
octobre	**Oktober** *oktôbèr*
novembre	**November** *novvèmbèr*
décembre	**Dezember** *détsèmbèr*

Dates Daten

Nous sommes …	**Es ist …** *èss ist*
le dix juillet	**der zehnte Juli** *dèr tsé:nteu yoûli*
mardi premier mars	**Dienstag, der erste März** *dînstâg dèr èrsteu mèrts*
hier / aujourd'hui / demain	**gestern/heute/morgen** *ghéstèrn/hoïteu/morgheun*
cette semaine / ce mois / cette année	**diese Woche/diesen Monat/dieses Jahr** *dîzeu voçheu/dîzeun mônat/dîzeuss yâr*
le / la semaine / mois / année dernier(ère)	**letzte Woche/letzten Monat/letztes Jahr** *lètsteu voçheu/lètsteun mônat/lètsteuss yâr*
le / la semaine / mois / année prochain(e)	**nächste Woche/nächsten Monat/nächstes Jahr** *nè:çhsteu voçheu/nè:çhsteun mônat/nè:çhsteuss yâr*
toutes / tous les semaines / mois / ans	**jede Woche/jeden Monat/jedes Jahr** *yédeu voçheu/yédeun mônat/yédeuss yâr*
pendant le weekend	**am Wochenende** *am voçheunnèndeu*

Saisons Jahreszeiten

printemps/été — **der Frühling/der Sommer**
dèr fru:linng/dèr zommèr

automne/hiver — **der Herbst/der Winter**
dèr hèrpst/dèr vinntèr

au printemps — **im Frühling** *im fru:linng*

pendant l'été — **während des Sommers**
vè:reunt dèss zommèrss

Souhaits et vœux Grüße und Wünsche

Bon anniversaire! — **Herzlichen Glückwunsch zum Geburtstag!**
hèrtsliçheun glukvounch tsoum ghéboûrtstâg

Joyeux Noël! — **Fröhliche Weihnachten!**
freûliçheu vaïnaçhteun

Bonne année! — **Ein glückliches Neues Jahr!**
aïn glukliçheuss noïeuss yâr

Félicitations!! — **Herzlichen Glückwunsch!**
hèrtsliçheun glukvounch

Bonne chance! — **Viel Glück!/Alles Gute!**
fîl gluk/alleuss goûteu

Bon voyage! — **Gute Reise!** *goûteu raïzeu*

Jours fériés Feiertage

Congés nationaux en Allemagne (D) en Autriche (A) et en Suisse (CH):

1er janvier	**Neujahr**	Jour de l'An	D	A	CH
2 janvier					CH*
6 janvier	**Dreikönigstag**	Epiphanie		A	
1er mai	**Tag der Arbeit**	Fête du travail	D	A	
1er août	**Nationalfeiertag**	Fête nationale			CH*
15 août	**Maria Himmelfahrt**	Jour de l'Assomption		A	
3 octobre	**Tag der Deutschen Einheit**	Fête de la réunification	D		
1er novembre	**Allerheiligen**	Tous Saint		A	
8 décembre	**Maria Empfängnis**	l'Immaculée Conception		A	
25 décembre	**1.Weihnachtstag**	Noël	D	A	CH
26 décembre	**2. Weihnachtstag**	Saint-Etienne	D	A	CH
Dates variables:					
	Karfreitag	Vendredi Saint	D		CH*
	Ostermontag	Lundi de Pâques	D	A	CH*
	Christi Himmelfahrt	Ascension	D	A	CH
	Pfingstmontag	Lundi de Pentecôte	D	A	CH*
	Fronleichnam	Fête Dieu		A	

*dans les plupart des cantons

Heures Uhrzeit

Le système officiel utilise un cycle de 24 heures. Dans une conversation ordinaire, toutefois, le temps s'exprime généralement comme ci-après, souvent en ajoutant **morgens** (matin), **nachmittags** (après-midi) ou **abends** (soir).

Pardon. Pouvez-vous me dire l'heure?	**Entschuldigen Sie. Können Sie mir sagen, wie spät es ist?** *èntchouldigeun zî. keunneun zî mîr zâgeun vî chpè:t èss ist*
Il est …	**Es ist …** *èss ist*
une heure cinq	**fünf nach eins** *funf nâçh aïnss*
deux heures dix	**zehn nach zwei** *tsé:n nâçh tsvaï*
trois heures et quart	**Viertel nach drei** *fîrteul nâçh draï*
quatre heures vingt	**zwanzig nach vier** *tsvanntsiçh nâçh fîr*
cinq heures vingt-cinq	**fünf vor halb sechs** *funf fôr halp zèks*
six heures et demie	**halb sieben** *halp zîbeun*
sept heures moins vingt-cinq	**fünf nach halb sieben** *funf nâçh halp zîbeun*
huit heures moins vingt	**zwanzig vor acht** *tsvanntsiçh fôr açht*
neuf heures moins le quart	**Viertel vor neun** *fîrteul fôr noïn*
dix heures moins dix	**zehn vor zehn** *tsé:n fôr tsé:n*
onze heures moins cinq	**fünf vor elf** *funf fôr èlf*
douze heures / zéro heure	**zwölf Uhr/null Uhr** *tsveulf oûr/noull oûr*
midi / minuit	**Mittag/Mitternacht** *mittâg/mittèrnaçht*

à l'aube	**bei Tagesanbruch** *baï tâgeusannbrouçh*
le matin	**morgens** *morgeuns*
pendant la journée	**tagsüber** *tâgsu:bèr*
avant le repas	**vor dem Mittagessen** *fôr dé:m mittâghèsseun*
après le repas	**nach dem Mittagessen** *nâçh dé:m mittâghèsseun*
dans l'après-midi	**nachmittags** *nâçhmittâgs*
dans la soirée	**abends** *âbeunts*
la nuit	**nachts** *naçhts*
Je serai prêt dans cinq minutes.	**Ich bin in fünf Minuten fertig.** *içh binn inn funf minnoûteun fèrtiçh*
Il sera de retour dans un quart d'heure.	**Er ist in einer Viertelstunde wieder da.** *èr ist inn aïnèr fîrteulchtoundeu vîdèr dâ*
Elle est arrivée il y a une heure.	**Sie ist vor einer halben Stunde angekommen.** *zî ist fôr aïnèr halbeun chtoundeu anngeukommeun*
Le train part à …	**Der Zug fährt um …** *dèr tsoûg fè:rt oum*
13h04	**dreizehn Uhr vier** *draïtsén oûr fîr*
0h40	**null Uhr vierzig** *noull oûr fîrtsiçh*
10 minutes en avance/en retard	**zehn Minuten zu früh/zu spät** *tsé:n minnoûteun tsoû fru:/tsoû chpè:t*
5 secondes d'avance/de retard	**fünf Sekunden vor/nach.** *funf zékoundeun fôr/nâçh*
de 9 h à 17 h	**von neun bis siebzehn Uhr** *fon noïn biss zîptsé:n oûr*
entre 8 h et 14 h	**zwischen acht und vierzehn Uhr** *tsvicheun açht ount fîrtsé:n oûr*
Je partirai avant onze heures.	**Ich reise vor elf Uhr ab.** *içh raïzeu fôr elf oûr ap*
Est-ce que vous serez revenu avant huit heures?	**Kommen Sie vor zwanzig Uhr wieder?** *kommeun zî fôr tsvanntsiçh oûr vîdèr*
Nous serons ici jusqu'à vendredi.	**Wir sind bis Freitag hier.** *vîr zinnt biss fraïtâg hîr*

Norvège
Suède
Danemark
Hambourg
Brème
Hannovre
BERLIN
Pologne
Pays-Bas
Essen
Cologne
Allemagne
Belgique
BONN
Francfort
LUXEMBOURG
Rep. Tchèque
France
Stuttgart
Munich
Suisse
Autriche

Danemark
Belgique
Luxembourg
Allemagne
Pologne
Rép. Tchèque
France
VIENNE
Autriche
BERNE
Zürich
LIECHTENSTEIN
Innsbruck
Suisse
Genève
Klagenfurt
Graz
Hongrie
Slovénie
Croatie
Bosnie-
H.
Italie
Sardaigne

En un coup d'œil
Zum schnellen Nachschlagen

Bonjour.	**Guten Tag.** *goûteun tâg*
Bonjour (le matin).	**Guten Morgen.** *goûteun morgeun*
Bonsoir.	**Guten Abend.** *goûteun âbeunt*
Bonjour./Salut.	**Guten Tag./Hallo.** *goûteun tâg hallô*
Au revoir.	**Auf Wiedersehen.** *aouf vîdèrzé:heun*
Excusez-moi.	**Entschuldigen Sie bitte!** *èntchouldigheun zî bitteu*
Pardon?	**Wie bitte?** *vî bitteu*
Pardon!	**Entschuldigung!** *èntchouldiggoung*
S'il vous plaît.	**Bitte.** *bitteu*
Merci.	**Danke.** *dannkeu*
Est-ce que vous parlez français?	**Sprechen Sie Französich?** *chprèçheun zî franntseûziçh*
Je ne comprends pas.	**Ich verstehe nicht.** *içh fèrchté:heu niçht*
Où est …?	**Wo ist …?** *vô ist*
Où sont les toilettes?	**Wo sind die Toiletten?** *vô zinnt dî toalètteun*

Urgences Notfall

Au secours!	**Hilfe!** *hilfeu*
Allez vous-en!	**Gehen Sie weg!** *ghé:heun zî vèk*
Laissez-moi tranquille!	**Lassen Sie mich in Ruhe!** *lasseun zî miçh inn roûheu*
Appelez la police!	**Rufen Sie die Polizei!** *roûfeun zî dî pollitsaï*
Au voleur!	**Haltet den Dieb!** *halteut dé:n dîp*
Allez chercher un médecin!	**Holen Sie einen Arzt!** *hôleun zî aïneun ârtst*
Au feu!	**Feuer!** *foïèr*
Je suis malade.	**Ich bin krank.** *içh binn krannk*
Je suis perdu(e).	**Ich habe mich verirrt.** *içh hâbeu miçh fèrîrt*
Est-ce que vous pouvez m'aider?	**Können Sie mir helfen?** *keunneun zî mîr hèlfeun*

Urgences ☎	Allemagne	Autriche	Suisse
Pompiers	112	122	118
Ambulance	112	144	144 (117 dans les grandes villes)
Police	110	133	117